Arnhild Ratsch
Zu Fuß nach Rom

D1640174

Cursica Insula

: Das lampartisch me

nier

Querto

Roma
Tiboli
Tirrebarra
Romhon
omonte firton

Sixna Pisa
Perschina
scasen
fforenza
Florenzola
pson Speria
Semia Alba
Saluza
Antern
Delph
grap
Smauricus
anthonius

Monaro
mza
Albanza
Antipolis

Arimino
Rauena
Bericllo
Tortona
Turino
onerren dia
Piazenia
Cremona
pauia
onerrali
Nonata
Actera
Como
Tarentasia
mons sancti bernhard

Marenzo
padua
bassan
Verona
Feria
Vincentia
milano

pola
vance
Agla
Tenum
bergual
Conmu
Trient
smichel
neumarck
eles
Reyn fl
lucern
bern
portaff
Chur
pfung
Solatorn

Spanbee
Clemorn
Poperstor
brannen
pozen
lusen
bruyen
Stergilyu
Lucenner
omatow
Uspruck
der felt
Kotburg
mittelwald
partenkurben
enalelin
prens
felt bar
chon
zurich
pruck

Salzpurg
Kophen
Awass
dosenham
munchen
olanczpurg
Staden
bibnh rotim
firburg
preysach
Schletstat

Stebr
wels
buck
lynz
haffen
brauna
Dorfen
Freysing
lanczhut
Auspurck
vlm
Scherding
passau
landau
Strnubig
Jngesta

Aystet
Norling
Schoendorf
hagna
Der pruk
Regenspg
Neum
Miburg
Ainburg
murenb
mergeli
heidelberg
wormes

Ysten
Cham
Sachaw
weyden
nabure
behuni
mildebg
worms
Sans magnus
bers

prag
Egre
Swoyn
Sal
kolmu
franffut
Schel senss
And
hellen
oben
Coln
Ansse

Sitta
pruge
pirna
drssen
plineno
Art fet
hensfeld
Mart
pirg
gelp

gorliz
gen
omeyen
Aldenburg
erfure
Forsla
Cassell

Sprader fk
kotwitz
lyps
Sbal
mol
husen
palborn
Temiod
wesse
emsrich
deuuer

Spre
horals
mitte
Stafnat
Munster

fis ffranckfurt
lebue
Branden
borg
meydli
Jgenrod
osenbruck

Arnhild Ratsch

Zu Fuß nach Rom

Wartburg Verlag 2004

Bibliografische Information Der Deutschen Bibliothek

Die Deutsche Bibliothek verzeichnet diese Publikation in der
Deutschen Nationalbibliografie;
detaillierte bibliografische Daten sind im Internet über
http://dnb.ddb.de abrufbar.

Titelfotos:
Audienz: Fotografia Felici, Rom
Empfang in Rom, Interview: Berthold von Stohrer
Ausgrabung in Tegkwitz: privat

Rückseite:
Foto: Karin Lorenz

ISBN 3-86160-153-2

1. Auflage
© Wartburg Verlag GmbH, Weimar 2004
Gestaltung: Katharina Hertel, Weimar
Druck: Gutenberg Druckerei GmbH, Weimar
Binden: Buchbinderei Fröhlich, Stollberg

ZUM GELEIT

> *„Im Grunde seines Herzens sucht er (der Mensch)*
> *ruhelos den ganz anderen, und alle Wege, zu denen der*
> *Mensch aufbricht, zeigen ihm an, dass sein ganzes*
> *Leben ein Weg ist, ein Pilgerweg zu Gott."*
>
> (AUGUSTINUS, 4. JAHRHUNDERT)

IN DER ANTIKE und im frühen Mittelalter war die peregrinatio (Pilgerschaft) ein Kennzeichen der Mönche. Sie zogen umher und verstanden sich als peregrini, als Pilger, als Fremde in dieser Welt. Aber auch viele andere Menschen machten sich auf den Weg. Sie pilgerten zu heiligen Orten. Entsprechend den „vier Enden" der bekannten Welt spielten Trondheim im Norden, Jerusalem im Osten, Rom im Süden und Santiago de Compostela im Westen als Pilgerorte eine große Rolle. Neben den Pilgerorten hatte der Weg schon seine eigene Bedeutung.

Wenn wir die Bibel aufschlagen, dann ist oft vom Weg die Rede, und wir finden in ihr viele Weggeschichten. Im Alten Testament denken wir an Abraham, der aufbrach in ein unbekanntes Land; an das Volk Israel, das aus Ägypten auszog und von Gott geführt wurde, und viele Psalmen sind Wallfahrtslieder; sie sprechen von den Wegen, die Gott mit uns geht. Im Neuen Testament hat sich Gott selbst auf den Weg zu den Menschen gemacht. Jesus ist unterwegs, um diese Botschaft zu verkünden. Die Jünger brechen auf und folgen ihm. Der Auferstandene ist mit ihnen auf dem Weg nach Emmaus. Und schließlich sagt Jesus von sich selbst: „Ich bin der Weg, die Wahrheit und das Leben!"

Pilgern ist eine Einstellung dem Leben gegenüber. Christen sind Leute auf dem Wege. Pilgern setzt den Aufbruch voraus. Wer sich auf den Weg macht, macht sich auf. Er verlässt Vertrautes und geht auf Fremdes zu und er sieht dabei vieles in einer neuen Perspektive. Er lässt sich überraschen und oftmals findet er, wo und was er nicht suchte. Auf diesem Weg entdeckt er, was er wirklich braucht. Ein Zeichen dafür sind die Attribute, die der Pilger mit sich trägt: Das *Kreuz* bezeichnet seine Zugehörigkeit zu Christus; der *Stab* ist Wegweiser und Stütze; die *Muschel* weist auf den Glauben, der verborgen im Herzen, wie eine Perle wächst; der *Hut* ist Symbol des Schutzes, unter dem der Pilger geht; der *Beutel* – je leichter desto besser – zeigt, was wir wirklich zum Leben brauchen und was überflüssig ist; die *Schuhe* gehen in den Spuren

Christi, die *Wasserflasche* (Kalebasse) erinnert an das „lebendige Wasser", das allen Durst stillt und das *Zelt* ist Ausdruck für das wandernde Gottesvolk.

Arnhild Ratsch ist nach Rom aufgebrochen. In ihrem Buch schildert die Diplomingenieurin ihre Motive und Beweggründe für diese ungewöhnliche Pilgerreise. Wir lernen sie kennen als eine Frau, die engagiert zupacken kann, lebensfroh ist und tief im Glauben verwurzelt. Fast 2000 Kilometer hat sie zu Fuß zurückgelegt. Im Gepäck einen Geleitbrief, unterschrieben von sechs katholischen und evangelischen Bischöfen in Thüringen, Sachsen und Sachsen-Anhalt, und eine Botschaft an Papst Johannes Paul II., in der der Dank für seinen „unermüdlichen Einsatz für die Ökumene" enthalten ist und die Bitte, weitere Schritte „auf dem Weg zu einer sichtbaren Einheit der Kirchen in versöhnter Verschiedenheit und zur Versöhnung der Menschen" zu unterstützen.

Von ihren Eindrücken und Erfahrungen auf dem Weg von Monstab nach Rom berichtet Arnhild Ratsch in ihrem Buch. Sie sind nicht nur geprägt durch wunderschöne Landschaften und historische Städte, die sie durchwandert hat, sondern vor allem durch die Begegnung mit Menschen. Gastfreundlich wurde sie in evangelischen und katholischen Pfarrhäusern aufgenommen. Sie hat Gottesdienste mitgefeiert, in Gemeinden berichtet und oft wurde sie sogar ein Stück auf ihrem Weg begleitet.

Nach fast vier Monaten in Rom angekommen, durfte ich Arnhild Ratsch zur Audienz von Papst Johannes Paul II. zusammen mit der Präsidentin der Synode der Ev.-Luth. Kirche in Italien, Frau Bärbel Naeve, begleiten. Das war ein sehr eindrückliches Erlebnis.

Mein Dank gilt allen, die diese Pilgerreise mit Gebet, Gastfreundschaft, organisatorischer und materieller Hilfe unterstützt haben – insbesondere natürlich unserer Pilgerin Arnhild Ratsch, die als Botschafterin für eine „Einheit in versöhnter Verschiedenheit" ein eindrückliches Zeichen gesetzt hat.

„WER AUFBRICHT, KOMMT AUCH HEIM"

Apolda, Michaelis 2003

Beate Stöckigt
Pastorin

UNTERWEGS ZUM REGENBOGEN

Im Sommer 2001 erhielten wir schweizerischen Jakobspilger ein Rundschreiben. Wir lasen, dass eine Frau Arnhild Ratsch mit einer Eingabe an den Papst quer durch die Schweiz pilgern wolle.

Am 29. Juli sei sie in Monstab / Thüringen zu dieser Pilgerreise losmarschiert. Am 20. September sei sie in Konstanz; am 8. Oktober werde sie die Schweiz von Locarno aus wieder verlassen. Die genauen Etappen waren aufgeführt. Es stand jedermann frei, Frau Ratsch auf einer oder mehreren Etappen zu begleiten. Frau Ratsch freue sich über die Begleitung durch andere Pilger.

Wer ist diese Frau?

Wie kommt jemand dazu, aus Luthers eigenem Land dem Papst eine Eingabe zu überbringen?

Ich bin immer wieder in Spanien unterwegs auf allen möglichen Wegen und Wegvarianten nach Santiago de Compostela. Ich kenne die Pilgerszene auf den Wegen zum heiligen Jakobus sehr gut. Etwa 15 Monate meines Lebens und 11 000 Kilometer habe ich zu Fuß in Spanien verbracht. Doch nie würde ich mich trauen, wie Arnhild Ratsch zwei Monate zum voraus meine Tagesetappen bekannt zu geben. Da liegen allzu viele Unwägbarkeiten links und rechts der Wege.

Wer ist diese Frau Ratsch?

Vielleicht ist sie eine Esoterikerin, die zuviel Paolo Coelho gelesen hat? Die Füße schon nicht mehr ganz auf dem Boden, dafür den Blick himmelwärts gerichtet?

Sie könnte eine Selbstdarstellerin sein; Beifall, Anerkennung und finanzielle Unterstützung heischend?

Es gab nur einen Weg, um dies herauszufinden. So fuhr ich an einem Samstagmorgen ins Zürcher Weinland. Im Dorf Ossingen traf ich Arnhild, gemäß ihrem Programm. Es war ein fürchterliches Regenwetter. Wir hüllten uns in unsere Regenhäute und marschierten los.

Nach wenigen Metern und einigen gewechselten Worten schämte ich mich meiner Vorurteile. Da war eine Frau, die mit beiden Beinen auf der

Erde stand. Sie strahlte ein großes Gottvertrauen aus. Sie war sich sicher, dass ihrer Pilgerfahrt ein Sinn innewohne. Sie war überzeugt, dass Gott sie in der Hand halten und beschützen werde. Vor allem stellte sie sich selbst hintan: Ihr Auftrag war wichtig, nicht ihre Person!

Sogar unter ihrem unförmigen, braunen Hut waren ihre großen, strahlenden Augen zu erkennen, wie sie bei vielen Pilgern auffallen, die zu Fuß in Santiago ankommen.

Einen Tag lang marschierten wir zusammen. Es goss wie aus Kübeln. Manchmal verstanden wir unsere eigenen Worte fast nicht, weil der Regen mit voller Wucht auf unsere Kleider und Hüte prasselte. Doch es war ein wichtiges Gespräch, das den ganzen Tag dauerte.

Einen Tag lang haben wir uns mit-geteilt, in des Wortes eigentlicher Bedeutung. Es waren die wichtigen Dinge des Lebens, die uns beschäftigten: Träume, Ängste, Freuden, Liebe, Leben und Tod. Pilgergespräche eben.

Wenn du lange genug und allein zu Fuß unterwegs bist, so öffnen sich bei dir nicht nur die Augen; alle Sinne werden wacher, Herz und Seele werden weit.

Arnhild marschierte weiter nach Rom. In der Schweiz wurde sie immer wieder von Leuten begleitet, die schon bald Weggefährten und FreundInnen wurden. Auch wurde sie in der Schweiz und in Italien oft weitergereicht von Ort zu Ort.

Das können Sie alles im vorliegenden Buch nachlesen.

Liebe Arnhild !

Du bist mit Deiner Pilgerreise einer weltumspannenden Bruderschaft beigetreten. Vielleicht hast Du das am Anfang gar nicht gemerkt? Wir sind kein Verein; wir haben weder einen Präsidenten noch Statuten. Wir sind Schwestern und Brüder, unterwegs auf den Wegen dieser Welt. Denn eine Pilgerin, ein Pilger ist ein Mensch, der ein Gespräch aufgenommen hat mit jenem Teil in sich selbst, der seine eigene Persönlichkeit übersteigt — man kann das auch Beten nennen.

Wir suchen jenen magischen Punkt, wo der Regenbogen die Erde berührt. Dort ist ja bekanntlich ein Schatz vergraben …

Wir wissen zwar, dass dieser Punkt zeitlebens unerreichbar ist. Doch wir nähern uns, Schritt um Schritt.

Werner Osterwalder

Liebe Monika von Zitzewitz-Lonmon,

Du bist der wundervollste Mensch, den ich unterwegs kennen lernen durfte. Ich danke Dir für Deine Mitarbeit an unserem Buch.

Deine Arnhild

AN DIE PILGER DER WELT

Geh, seit deiner Geburt bist du auf dem Weg.

Geh, eine Begegnung wartet auf dich.
Mit wem?
Vielleicht mit dir selbst.

Geh, deine Schritte werden deine Worte sein,
der Weg dein Gesang.
Deine Ermüdung dein Gebet,
dein Schweigen wird schließlich sprechen.

Geh, mit anderen,
aber tritt heraus aus dir,
du, der du dich von Feinden umgeben siehst,
wirst Freunde finden.

Geh, auch wenn dein Geist nicht weiß,
wohin deine Füße dein Herz führen.

Geh, ein anderer kommt dir entgegen und sucht dich,
damit du IHN finden kannst.
Im Heiligtum am Ende des Weges,
dem Heiligtum im Innersten deines Herzens,
ist ER dein Friede, ist ER deine Freude.

Geh, es ist ja der Herr, der mit dir geht.

(PILGERGEDICHT)

GEDANKEN EINER PILGERIN

MEINE FREUNDIN von der Evangelischen Akademie in Altenburg gab mir das zitierte Pilgergedicht mit auf den Weg, als ich am 29. Juli 2001 vom thüringischen Landesbischof in einem feierlichen Gottesdienst in der Monstaber Kirche ausgesendet wurde.

Ausgesendet nach Rom zum Papst.

Ein Jahr vorher war mir eines Tages die Idee gekommen, die anstrengende Wanderung auch einmal zu versuchen, die zwei Pfarrersöhne 1513 unternahmen, um sich beim Papst legitimieren zu lassen. Fünf Jahre später erhielt einer der beiden in Rom die Priesterweihe.

Ein Exemplar der alten Pilgerkarte von 1500 fand ich im Pfarrarchiv. Viele Wege nach Rom und nach Santiago de Compostela waren eingezeichnet.

Welche würden heute noch vorhanden sein?

Sind Pilgerspuren unterwegs zu finden?

Ist der Weg unter heutigen Bedingungen zu schaffen?

Viele Fragen, die mich beschäftigten.

Doch ich wollte auch etwas Gutes mit der Pilgerwanderung verbinden. Der ökumenische Gedanke war mir in diesem Zusammenhang am wichtigsten. Ich wünschte mir, mit dieser Aktion ein Zeichen zu setzen für die Einheit der Christen in versöhnter Verschiedenheit und gegen Gewalt.

Warum kam ich auf diese Idee?

Was geschah im Vorfeld?

Die Geschichte begann mit einem Schlüsselerlebnis im Jahr 1992. Ein schwerer Autounfall veränderte mein Leben schlagartig. Ich entging nur knapp dem Tod.

Die folgenden Jahre waren gekennzeichnet von Veränderungen der Persönlichkeit und des Umfeldes. Das Romprojekt war nur die Spitze des Eisbergs. Der Abschluss der zurückliegenden Etappe und zugleich auch ein Neubeginn.

Muss ich dieses Buch schreiben?
Ja, denn ich habe es geschafft!
Am 15. November 2001 erreichte ich Rom nach 1854 km zu Fuß. Mit Gottvertrauen hatte ich mich auf den Weg gemacht.

„Wenn der Herr es will, dann werde ich in Rom ankommen.
Wenn nicht, dann werde ich es nicht weit schaffen."

Mit dieser tiefen Überzeugung sprach ich vor der Reise und auch unterwegs zu den Menschen.
Glaubwürdig zu sein, ist gar nicht leicht.

Ich wusste nicht, was vor mir lag.
War gespannt auf das Abenteuer.
Der Weg ist das Ziel, so war es auch bei mir.
Ich freute mich auf die mir unbekannten Landschaften, Städte, Dörfer, Kirchen und Klöster. Besonders aber auf die Menschen. So oft wie möglich wollte ich ihnen von meinen Botschaften erzählen, von meiner Heimat und vom Glauben.

Die intensiven Erlebnisse und Begegnungen konnte meine Seele unterwegs nicht verarbeiten. Mein Gehirn saugte alles um mich herum auf wie ein Schwamm. Wenigstens den Gesamteindruck im Gedächtnis behalten, so nahm ich mir vor. Mein persönliches Tagebuch und die Eintragungen in mein Pilgerbuch waren mir wertvolle Hilfen bei der chronologischen Erarbeitung dieses Buches.
Aus der kleinen Idee ist ein historisch einmaliges Gemeinschaftsprojekt geworden. Als Schneeflocke lief ich in Monstab, einem kleinen Dorf im östlichsten Teil von Thüringen, los, als Lawine kam ich in Rom an.
Viele Menschen begleiteten meinen Weg.
Ihre Gebete und Wünsche haben mich ans Ziel getragen.
Ohne diese Hilfe wäre ich sicherlich nicht in so guter körperlicher Verfassung in Rom angekommen. Symbolisch haben auch sie das für alle Menschen wichtige Anliegen mitgetragen.
Für die großartige Unterstützung und liebevolle Betreuung danke ich allen von Herzen .

Brücken bauen, Vertrauen aufbauen, Gewalt abbauen.

Mit diesem Motto war ich unterwegs.

Ich möchte in diesem Buch von den Begegnungen und Erlebnissen erzählen, natürlich auch von Gott und meinen Empfindungen. Das Aufschreiben half mir bei der Verarbeitung des Erlebten.

Ich pilgerte stellvertretend für viele.

Vielleicht macht sich der eine oder andere Leser auch zu Fuß auf den Weg seiner Wahl, um zu sich selbst zu finden.

Schön wäre es, wenn dieses Buch dazu anregt.

Es muss nicht gleich bis nach Rom sein!

Zürich im Juli 2003   Arnhild Ratsch

DIE VORGESCHICHTE

DER 9. JUNI 1992 war ein wunderschöner Sommertag.

Telefonisch hatte ich mit meinem Mann vereinbart, dass er mich mit dem Auto von der Arbeit abholen sollte. Wir wollten bei einer Kollegin in Neukieritzsch einen Korb köstlicher Kirschen einladen. Sie hatte mehr als genug von den süßen und schmackhaften Früchten und war deshalb froh, ein paar Körbe voll davon loszuwerden. In der DDR-Zeit tauschten wir im Kollegenkreis intensiv Früchte und Gemüse aus dem Garten und Rezepte aus, da es von allem zu wenig in den Geschäften gab und man auf die Eigenproduktion von Konserven angewiesen war. Das gemeinsame Frühstück im Betrieb war daher immer eine wertvolle Kontaktbörse.

Meinen Mann quälte seit einigen Jahren ein chronisches Anfallsleiden. Der Arzt hatte ihm das Autofahren zwar nicht verboten, aber ihm nahe gelegt, dass er darauf verzichten sollte. Davon wusste ich allerdings nichts.

Ich meldete zwar meine Bedenken an, als er mit dem Fahrschulunterricht im Herbst 1991 begann, konnte ihn aber nicht davon abhalten. Er empfand seine Situation als minderwertig. Alle Männer in seinem Bekanntenkreis lenkten ein Auto.

Warum sollte er das nicht auch tun?

Er nahm Medikamente ein, die eventuelle Anfälle verhindern sollten. Alle Voruntersuchungen verliefen positiv, und die Prüfung bestand er auf Anhieb.

Wir hatten ein Jahr zuvor einen neuen Lada „Samara" gekauft, den wir gegen den uralten „F 9" aus den frühen Jahren der DDR eintauschten. Das Geld dafür war mühsam erspart. Ich hatte damit die Familie seit 1983 „rund um die Esse" chauffiert, denn weite Strecken konnte man dem Oldtimer nicht mehr zumuten. Damals existierten noch zahlreiche Schornsteine in Mitteldeutschland. Viele wurden inzwischen abgerissen.

Mit unserem 13-jährigen Sohn, der auf dem Beifahrersitz saß, holte mich mein Mann also auf dem Parkplatz vor dem Kraftwerk Lippendorf ab, in dem ich als Sachbearbeiterin für den Dienstleistungseinkauf arbeitete.

Wir fuhren zusammen nach Neukieritzsch.

Ich saß hinten. In einer Nebenstraße der Kleinstadt erschrak ich plötzlich, als er mit ca. 50km/h, ohne zu bremsen, auf eine graue Hauswand zufuhr. Sofort vermutete ich, dass er einen Anfall hatte. Dann ging alles dramatisch schnell.

Das Geräusch des schrecklichen Aufpralls höre ich noch heute.

Danach empfand ich einen lähmenden Schmerz und Dunkelheit um mich herum. Mir war, als würde ich fliegen. Kurz darauf fühlte ich mich wie in einen Tunnel gezogen. Ich fuhr immer schneller dahin, einem weiß, bläulich und rosa schimmernden Licht entgegen. Immer heller wurde es um mich herum. Plötzlich erkannte ich am Ende des Tunnels eine Gestalt. Sie stand dort mit abwehrend erhobenen Händen und sagte zu mir:

„Halt! – Dich will ich hier noch nicht. –
Mit Dir habe ich noch etwas vor."

Die Gestalt im weißen Gewand schickte mich wieder weg. Ich empfand darüber tiefe Traurigkeit.

Kurz darauf erwachte ich, auf den hinteren Sitzen des Autos liegend. Mit beiden Händen hielt ich meinen Kopf fest. Zum kaputten Fenster herein schauten zwei Männer. Einer von ihnen sprach zu mir. Ich sollte unbedingt meinen Kopf stützen, denn ich hätte wahrscheinlich eine schwere Halsverletzung. Mein Mann und mein Sohn waren aus dem Autowrack ausgestiegen und unterhielten sich mit den Männern. Wie ich später erfuhr, war einer von ihnen Arzt und der andere ein Kollege aus dem Kraftwerk Lippendorf. Sie hatten auf dem gegenüberliegenden Platz Tennis gespielt und den schrecklichen Aufprall gehört.

Dann ging alles sehr schnell. Der Notarztwagen brachte uns zum Krankenhaus nach Borna. Nach den notwendigen Untersuchungen und Behandlungen bekamen wir am Abend ein Gemeinschaftszimmer. Mein Hals war nach dem Röntgen mit einer dicken Manschette ruhig gestellt worden. Noch am späten Abend mussten die Ärzte meinen Mann operieren, da er innere Verletzungen hatte. Beinahe wäre er daran gestorben. Unserem Sohn war, Gott sei Dank, nichts passiert. Nach ein paar Tagen Beobachtung konnte er entlassen werden. Auch mein Mann wurde bald darauf nach Hause geschickt. Unsere Tochter lebte damals bereits in einer eigenen Wohnung. Sie kümmerte sich um die beiden.

Ein schweres Unglück hatte unsere Familie getroffen!

Die Ärzte im Bornaer Krankenhaus konnten keine hundertprozentige Diagnose zu meiner Verletzung stellen. Sie zogen einen Professor aus der Orthopädischen Klinik in Leipzig zu Rate. Dieser begutachtete die Röntgenbilder und diagnostizierte "Densfraktur" des obersten Zahnes der Halswirbelsäule. Normalerweise führt das Abbrechen dieses Wirbelzahnes durch ein Schleudertrauma zum Tode. Durch ein Wunder hatte ich den schweren Unfall überlebt. Noch am selben Tage nahm mich der Professor in die Leipziger Spezialklinik mit.

Kurze Zeit später erfuhr ich von der Einlieferung eines 16-jährigen Jugoslawen, dem Ähnliches widerfahren war. Er war total gelähmt. Mir wurde das ganze Ausmaß meines Unfalls bewusst und auch was mir erspart geblieben war.

Wochenlang lag ich ganz flach auf dem Rücken in meinem Bett und hatte viel Zeit zum Nachdenken.

„Sollte mein Leben mit 38 Jahren schon zu Ende sein?

Wie geht es weiter?

Sind Lähmungserscheinungen zu erwarten?

Kann ich später wieder im Haushalt arbeiten und die Familie versorgen?

Wie sieht meine berufliche Perspektive aus?

Viele Fragen, auf die ich keine Antwort wusste.

Nach vier Wochen endlich kam das bestellte „HALO" aus Amerika an. Die behandelnde Ärztin bohrte mir mit einer Bohrmaschine bei vollem Bewusstsein vier Löcher in den Kopf, damit das Gestell angeschraubt werden konnte.

Noch heute höre ich die furchtbaren Geräusche und fühle den Schmerz.

Auch das habe ich überstanden!

Sieben Tage danach konnte ich aus dem Krankenhaus entlassen werden.

Die einfachsten Bewegungen waren wegen der feststehenden Verankerung ein großes Problem.

Aber all das war unwichtig!

Endlich ging es aufwärts!

Nach ein paar Wochen war die Halswirbelsäule wieder zusammengewachsen, aber um 2 mm verschoben.

Ein zweites Leben war mir geschenkt worden!

Das Gras war grüner und die Sonne schien heller für mich. Ich konnte nun besser Wesentliches vom Unwesentlichen unterscheiden. Dieses Schlüsselerlebnis prägte danach meine Persönlichkeitsentwicklung, obwohl ich das damals noch nicht verstand.

Über das „Nah-Tod-Erlebnis" konnte ich jahrelang nicht sprechen. Erst später beschäftigte mich oft die Frage:

Hatte ich Christus gesehen?

Ungefähr sieben Jahre später erzählte mir ein Freund aus Mainz von einem ähnlichen Erlebnis und machte mich auf Fernsehsendungen aufmerksam, in denen Betroffene von ihren Erfahrungen berichteten. Plötzlich verstand ich die Veränderungen, die mit mir vorgingen und warum gerade ich diesen Weg nehmen musste.

Ich hatte einen Auftrag erhalten.

Einen Auftrag von Gott.

Ungewöhnliche Ideen und ihre ungehinderte Ausführung beschäftigten mich in den folgenden Jahren. Ich wurde das Werkzeug Gottes. Ein Mosaikstein in seinem großen Plan. So dachte ich.

Meine Familie wunderte sich über mich. Konnte mein Verhalten oft nicht verstehen.

Ich verlor die interessante Arbeit im Kraftwerk Lippendorf. Fing wieder bei Null an. Zog mit Mann und Sohn zurück in mein Heimatdorf Tegkwitz im Altenburger Land. Dort lebten meine Vorfahren nachweisbar schon seit 1548. Unsere Tochter fand eine Ausbildungsstätte in Baden-Württemberg. Im Dezember 1993 übernahmen wir das hundertfünfzig Jahre alte Fachwerkhaus von meiner Mutter, das ihr Urgroßvater im Jahre 1851 selbst erbaut hatte. Viele meiner männlichen Ahnen waren, wie Jesus, Zimmerleute und auch Lehmbauer. Für mich war die Übernahme des Familienerbes sehr wichtig. Es sollte auch durch unsere Generation bewahrt werden. Mein Mann hatte kein Interesse an der alten „Kuchenbude", wie er das Lehmhaus nannte. Doch unser Sohn erbte die handwerklichen Fähigkeiten der Vorfahren und erlernte den Beruf eines Zimmerers. Das machte mich sehr froh. In den nächsten Jahren konnten wir gemeinsam am Haus vieles erneuern und instandsetzen.

Seit meiner Geburt, im Jahre 1954, ist das kleine Dorf im oberen Gerstenbachtal meine Heimat. Eine behütete Kindheit durfte ich in ihm mit meinem drei Jahre älteren Bruder und den Eltern erleben. Vater arbeitete als Meister im Chemiewerk in Böhlen. Meine Mutter war Hausfrau. Sie kümmerte sich um Haushalt, Garten, Feld und die Haustiere, denn wir waren wie fast alle Familien nach dem Krieg Selbstversorger.

Nach der 8. Klasse in der Polytechnischen Oberschule in Gödern wurde ich wegen meines sportlichen Talents zur Kinder- und Jugendsportschule (KJS) in Leipzig delegiert. Leider wurde ich nicht Olympiakader, aber von den Lehren des harten, charakterbildenden Trainings zehre ich bis heute.

Man wollte an der KJS einen sozialistischen Menschen aus mir machen. Dabei muss man wohl etwas falsch gemacht haben. Denn ich bin später nie Mitglied der Sozialistischen Einheitspartei Deutschlands geworden. Die Staatssicherheit überprüfte nach der Delegierung mein Umfeld. Da ich keine „Westverwandten" hatte, wurde ich aufgenommen.

Nach dem Abschluss der zehnten Klasse erlernte ich den Beruf einer Chemiefacharbeiterin im Chemiewerk in Böhlen. Das war eigentlich keine gute Berufswahl. Denn im Chemieunterricht hatte ich immer die schlechtesten Zensuren bekommen.

1976 heiratete ich und begann 1977 das Frauensonderstudium zur Chemieanlagenbau-Ingenieurin. 1982 schloss ich ab. Während des Studiums arbeitete ich in der Arbeitskräfte- und Lohnfondsplanung der Ökonomischen Direktion des Chemiewerkes in Böhlen. Schließlich zogen wir 1978 in die Kleinstadt südlich von Leipzig.

1980 fand ich dort wieder den Weg hin zur Kirche. Ich sang im Kirchenchor und traf mich im „Offenen Abend" mit interessanten, gesellschaftskritischen Menschen. Damals ahnten wir nicht, wie sich alles weiterentwickeln sollte. Die ersten Umweltgottesdienste in der Nähe des stark industriegeschädigten Dorfes Espenhain und daran anschließende Diskussionsrunden eröffneten mir eine neue Sicht auf mein Umfeld.

Beruf und Familie waren in dieser Zeit mein Lebensinhalt. Ich wurde, wie viele andere Menschen in der DDR auch, bis dahin vom Staat – durch das Regime – „gelebt". Ohne Schwierigkeiten lief alles planmäßig ab. Der Arbeitsplatz war sicher und die Wohnung preiswert. Große Ansprüche und „Westverwandte" hatten wir nicht. Also auch keine Anfechtungen und Zweifel. Die Versorgung und die Reisemöglichkeiten hätten zwar besser sein können, aber wir machten eben aus allem das Beste.

Die politische Wende 1989 erlebte ich hautnah im Süden von Leipzig. Wir diskutierten heftig am Frühstückstisch im volkseigenen Kraftwerk Lippendorf, in dem ich seit 1985 als Kooperationsingenieur arbeitete, über die politischen Veränderungen und nahmen an den Montagsdemonstrationen in Leipzig teil. Es war eine schwierige, aber auch eine aufregende Zeit.

Im August des ereignisreichen Jahres 1989 fuhren wir mit den Kindern nach Ungarn, um meine Freundin zu besuchen, kehrten aber wieder, im Gegensatz zu vielen anderen DDR-Bürgern, nach Hause zurück. Wir wollten die Eltern und die Heimat nicht verlassen. Weitsichtige Menschen in meinem Freundeskreis konnten den gewaltigen Umbruch erahnen, aber auch alles Kommende mit Vorsicht vorhersehen. Ungebremste Euphorie kam also bei uns nicht auf. Wir freuten uns natürlich auch, wie alle Menschen in Ost und West, über die Wiedervereinigung Deutschlands.

Es kamen viele Veränderungen auf uns zu, nicht nur positive. Zum Jahresende 1993 wurde ich arbeitslos. Das soziale Punktesystem für den Abbau von Arbeitskräften bescheinigte mir schlechte Karten. Das erste Mal in meinem Leben wurde ich arbeitslos.

Ich fing am 2.1.1994 wieder bei Null an.

Vom Monstaber Pfarrer erfuhr ich, dass er eine Arbeitskraft für die Aufarbeitung des wertvollen Pfarrarchivs suchte. Mein geschichtliches Interesse gefiel ihm, und er beantragte daraufhin beim Arbeitsamt eine Arbeitsbeschaffungsmaßnahme (ABM) für mich.

Bis zum Beginn der Arbeitsbeschaffungsmaßnahme, neun Monate später, erwarb ich mir das nötige Fachwissen für die Archivarbeit. Im Selbststudium erlernte ich das Lesen der alten Handschriften bis zum 16. Jahrhundert, beschäftigte mich mit Archivierung und besuchte die wichtigsten Archive in der Region. In dieser Zeit lernte ich hauptamtliche Archivare und Hobbyhistoriker kennen, die mit Leidenschaft ihren Dienst taten. Die Begeisterung griff auch auf mich über. Ich erarbeitete mir historische Zusammenhänge und freute mich an all dem neuerworbenen Wissen. Es wurde eine vielbeschäftigte Arbeitslose aus mir.

Im September 1994 begann die ABM, ich sortierte und verzeichnete Akten, legte Bücherlisten an und las in den uralten Aufzeichnungen.

Der Pfarrer lieh mir den Roman „Der Diakon von Monstab" von der Leipziger Schriftstellerin Elisabeth Hering. Der in Geithain geborene Geistliche war ein mutiger, standhafter Mann zu seiner Zeit. Sein Schicksal hat mich stark berührt.

In den folgenden drei Jahren erarbeitete ich die kirchengeschichtliche Wanderausstellung „Auf den Spuren des Diakons von Monstab". Seit 1997 war ich mit ihr in ganz Deutschland unterwegs. Viele Menschen erfuhren auf diese Weise vom tragischen Schicksal des Diakons Johannes

Krause. Dieser war um 1600 in die Religionsstreitigkeiten nach Luthers Tod verwickelt und seines Amtes im Altenburgischen enthoben worden. In Augsburg hatte er eine Anstellung in der Barfüßer-Kirche erhalten. Doch auch dort konnte er nicht lange bleiben. Man wollte ihn nicht behalten, da man Zweifel an der Richtigkeit seiner Predigten hatte.

Arm und heimatlos verstarb er später in Österreich.

Beim Studium in den alten Handschriften las ich von den Fußwanderungen des Pfarrerssohnes Peter Wolf nach Rom. Was mag er alles unterwegs erlebt haben? Diese Frage beschäftigte mich seitdem im Unterbewusstsein immer wieder.

Doch da waren noch andere Sorgen und Fragen, die für mich wichtig wurden.

Was wird aus der Tegkwitzer Kirche? Sie befand sich in einem traurigen Zustand. Etwa 1960 fand der letzte Gottesdienst in ihr statt. Das Kirchenschiff wurde 1980 aufgegeben. In den romanischen Turm hatte man daraufhin einen kleinen Gemeinderaum eingebaut. Die wertvolle Orgel war in dieser Zeit für fünfhundert DDR-Mark an eine Kirchgemeinde in Leipzig verkauft worden. Ein Jahr später erwarb das Händel-Museum in Halle die Orgel für fünftausend DDR-Mark. Zehn Jahre nach der Wende sollte die Tegkwitzer Kirchgemeinde bei einem möglichen Rückkauf fünfhunderttausend DM aufbringen. Das war undenkbar!

Vom zuständigen Pfarrer erhielt ich die Erlaubnis für eine Umfrage zum Thema:

„Wollt ihr, dass die Kirche einfällt?"

Das war sechs Wochen lang meine Frage an die Dorfgemeinschaft. Nur einer Hand voll Desinteressierten war es egal, was mit dem Dorfbild prägenden Gebäude geschah. Alle anderen wollten bei der Wiederherstellung im Rahmen ihrer Möglichkeiten helfen.

Schon im selben Jahr begannen wir mit Reinigungsarbeiten und mit der Trockenlegung der Grundmauern.

Im nächsten Jahr wurden die Stützpfeiler verfugt. 1997 begann die Dachstuhlreparatur.

Erste Fördermittel von Staat und Kirche halfen bei der Finanzierung der dringend notwendigen Arbeiten.

1998 bauten wir, die Tegkwitzer Gemeindemitglieder, in Eigenleistung die ehemalige Rittergutsloge zum Winterkirchenraum um. Inzwischen ist auch das Kirchenschiffdach neu mit Schiefer eingedeckt und die Fenster erhielten eine neue Bleiverglasung.

Am Heiligen Abend des Jahres 2000 fand erstmals nach 40 Jahren eine Aufführung des traditionellen Krippenspieles in der Kirche statt. Ein historischer Moment für alle Tegkwitzer. Im Kirchenschiff war es eisig kalt. Der liebevoll geschmückte Weihnachtsbaum und zahlreiche Kerzen brachten eine festliche Atmosphäre in die Baustelle. Der Pfarrer hatte schon seit Wochen mit den Kindern und Jugendlichen die Aufführung geprobt. Nur wenige von ihnen sind getauft oder konfirmiert worden. Trotzdem spielten sie mit großer Begeisterung ihre Rollen.

Ich bin mir ganz sicher, dass in ihnen etwas vom Geist des Weihnachtswunders erhalten bleiben wird.

Das Landesamt für Archäologie begann im Fußboden des Kirchenschiffes nach Überresten vergangener Epochen zu suchen. Außer Knochen, Münzen und Tonscherben wurde auch ein Teil der Grundmauer der romanischen Kapelle gefunden. Die Fundstücke sind Zeitzeugen aus dreitausend Jahren Geschichte der slawischen Ansiedlung am Gerstenbach. Sie sind ein beeindruckendes Ergebnis der umfangreichen Ausgrabung.

Im November 2001 fand in unserem kleinen Dorf eine archäologische Fachtagung mit Wissenschaftlern aus mehreren deutschen Bundesländern statt, in der die bisherigen Grabungsergebnisse bekannt gegeben wurden.

Nach der ABM in Monstab war ich, nur auf dem Papier, ein Jahr arbeitslos. In dieser Zeit setzte ich all meine Tätigkeiten ehrenamtlich fort. Dann folgte eine weitere ABM im Pfarrarchiv in Gödern. Auch dort entdeckte ich viel Bemerkenswertes. Beim Lesen der Berichte der Chronisten fühlte ich mich oft ins Mittelalter zurückversetzt und hatte das Gefühl mitten unter ihnen zu leben.

Von 1998 bis 2001 erhielt ich nach sechs Monaten Arbeitslosigkeit eine „Strukturanpassungsmaßnahme" vom Arbeitsamt. Das hieß eigentlich eine drei Jahre dauernde ABM. Der Staat bezahlte den größten Teil der Kosten für die Arbeitsstelle in der Superintendentur Altenburg.

Mein Aufgabenbereich war umfangreich: Archivwesen, Kirchenbau und Öffentlichkeitsarbeit. Ich versuchte den umfangreichen Anforderungen gerecht zu werden und war somit rund um die Uhr beschäftigt. Dazu noch das Amt als Kirchenälteste in Tegkwitz und als Abgeordnete der Kreissynode. Auch im Bauausschuss der Superintendentur war ich tätig. Der mit Freunden gegründete Heimatverein stabilisierte sich und ich wurde Mitglied in der Altertumsforschenden Gesellschaft des Osterlandes. In der Gesellschaft für Kirchengeschichte in Thüringen arbeitete ich eben-

Kirche in Monstab

falls mit, sah mich als Bindeglied zwischen dem kleinen Dorf Tegkwitz im Altenburger Land und dem großen neuen Bundesland Thüringen.

Insgesamt funktionierte alles sehr gut. Die verschiedenen Arbeitsgebiete befruchteten sich gegenseitig. Ich lernte interessante Menschen kennen und die Arbeit machte mir richtig Spaß.

Als 1997 der Tegkwitzer Bürgermeister sein Amt niederlegte, weil er in Ostdeutschland keine Arbeit fand, bewarb ich mich für die Nachfolge. Obwohl ich keinerlei kommunalpolitische Erfahrungen besaß, wählten mich die Tegkwitzer Bürger in dieses Amt. Die folgenden Jahre waren eine Gratwanderung zwischen Staat und Kirche. Mit Engagement und Diplomatie versuchte ich das gute Miteinander der Menschen und Institutionen zu fördern, was nicht immer einfach war. Viele Menschen halfen mir, auf den neuen Wegen voranzukommen. Ein guter Motor allein ist nicht genug, wenn man eine Verbesserung der Verhältnisse erreichen will. Man braucht die Gemeinschaft. Das begriff ich sehr schnell.

Nicht nur bei den Kirchenbauarbeiten ging es gut voran. Auch in der kommunalen Gemeinde schufen wir gemeinsam Neues und bauten Altes um, was viel Kraft, Zeit und Nerven kostete. Aber es hat sich gelohnt.

Auch wenn es schwierig ist, muss jede Generation ihren Beitrag leisten im großen Plan.

Früher haben die Menschen gegen Krieg und Not gekämpft, heute kämpfen wir gegen Geldmangel und Kirchenferne.

Die DDR-Zeit hat deutliche Spuren hinterlassen.

Der größte Teil der Bevölkerung ist konfessionslos, Generationen von Christen fehlen, der Werteverfall nimmt rapide zu.

Wohin wird das führen?

Viele Menschen beschäftigt die Frage:

"Wozu brauchen wir denn noch einen Gott?"

Die Werbung suggeriert den verschiedenen Zielgruppen immer neue und bessere Produkte.

Es ist schwer, der Verlockung zu wiederstehen. "Shopping" hat sich zum Hobby und zur Freizeitgestaltung entwickelt. Angeblich sollen durch höheren Umsatz mehr Arbeitsplätze geschaffen werden. Stattdessen werden immer mehr abgebaut.

Die Reichen werden noch reicher und die Armen immer ärmer.

Nun ist Sand ins Getriebe gekommen. Die Kaufkraft der überwiegenden Bevölkerung hat stark nachgelassen. Die jahrelang anhaltende hohe Arbeitslosigkeit, besonders im Osten von Deutschland, hat ihre Konsequenz.

Bis jetzt fanden die Politiker kein heilsames Mittel gegen die Konjunkturschwäche.

Die Menschen leiden unter der Hoffnungslosigkeit. Die Arbeitslosen können mit dem Lebensstandard der anderen nicht mithalten. Sie suchen Halt.

Oft führt der Weg zu Alkoholismus, Drogenabhängigkeit oder psychischen Erkrankungen. Besonders betroffen ist die Jugend. Wegen fehlender Perspektive verlassen Tausende den Osten, um im Westen ihr Glück zu suchen. Vielleicht kehren sie nie in ihre Heimat zurück.

Die Zurückgeblieben haben es auch nicht leicht, Leistungsdruck und Existenznöte plagen sie. Doch sie finden leider selten den Weg in die christlichen Gemeinschaften, dort bekämen sie bestimmt die dringend notwendige Hilfe.

Mit Gott können sie nichts anfangen, zweifeln seine Existenz an. Glaube – Liebe – Hoffnung, sind Worte einer fremden Sprache für sie. Egoismus und Selbsterhaltung prägen die Gesellschaft. Die „Ich-AG" ist vor einiger Zeit zum gebräuchlichsten Unwort erklärt worden.

Es wird noch viel Mühe kosten, den Menschen wieder christliche Werte zu vermitteln.

Die Saat ist gesät, sie wird wachsen.

Geduld und Vertrauen auf Gott zu haben, ist nicht immer leicht, doch einen anderen Weg gibt es, meiner Meinung nach, nicht.

Meine Entwicklung nach dem Schlüsselerlebnis im Jahr 1992 brachte auch große Probleme mit sich. Es veränderte sich meine Lebenseinstellung.

Das 1998 im Kirchlichen Fernunterricht begonnene Theologiestudium wollte ich von vornherein nicht mit dem Examen abschließen, da meine vielfältigen Aktivitäten bereits sehr zeitintensiv waren. Das theologische Grundwissen, vor allem die kirchengeschichtlichen Kenntnisse, brauchte ich für meine Arbeit im Kirchenkreis. Psychologie, Seelsorge, Gesprächsführung und vieles andere waren außerdem für mich sehr hilfreich im Bürgermeisteramt. Doch jeden Sonntag in einer anderen Kirchgemeinde als Lektor die Predigt halten, das wollte ich nicht. Es hätte noch mehr ehrenamtliche Arbeit bedeutet und das mit steigender Tendenz bei dem zur Zeit herrschenden Pfarrermangel. Lieber wollte ich durch meine Arbeit predigen und den Menschen meine Liebe schenken.

Das Studium trug wesentlich dazu bei, mich selbst besser kennen zu lernen. Ein Kommilitone machte mich auf den Bibelspruch aufmerksam, den ich bis dahin nur halb gelesen hatte. Den zweiten Teil des Spruchs hatte ich immer vernachlässigt:

„Liebe Gott und deinen Nächsten wie dich selbst".

Besichtigung der Grabung in der Tegkwitzer Kirche am Tag des Offenen Denkmals 2001 mit Gebietsreferent Dr. Sachenbacher des Thüringer Landesamtes für Archäologie

Meine Person war nicht wichtig, ich wollte keine Egoistin sein. Die Sorge um Andere, das war meine Lebensphilosophie.

1998 trennte ich mich nach 22-jähriger Ehe von meinem Mann. Eigentlich hatten wir eine gute Ehe geführt und gemeinsam für den Unterhalt der Familie gesorgt. Während des Ingenieurstudiums hatte er mir viele Arbeiten abgenommen und sich um die Kinder gekümmert, damit ich Zeit zum Lernen hatte.

Für mich war seit langem die Entwicklung unserer Kinder und die Krankheit meines Mannes am wichtigsten. Aus Sorge um seine Gesundheit hatte ich viele Probleme von ihm fern gehalten. Erst spät bemerkte ich, dass das Desinteresse an meiner Persönlichkeit und meiner Arbeit immer mehr zunahm. Irgendwann konnte ich diesen Zustand nicht mehr ertragen. Was wusste er eigentlich noch von mir?

Der gespaltene seelische Zustand machte mir schwer zu schaffen. Es trieb mich bei einer Tagung in Tabarz schon morgens 6 Uhr auf den nahe gelegenen Berg. Wie Moses stand ich da in meiner Hilflosigkeit und bat Gott um ein Zeichen. Er sandte es mir. Ich fuhr nach Hause und hatte Klarheit.

Als ich das Problem zur Diskussion stellte, kam keine Resonanz. Daraufhin trennten wir uns. Damit war die Sache zunächst geklärt.

Mein Mann zog in eine kleine Wohnung in der Stadt, ich blieb mit unserem Sohn im Haus. Wir haben bis heute ein gutes Verhältnis zueinander. Als Christ war mir das am Wichtigsten. Ich habe meinem Mann sehr wehgetan, dessen bin ich mir bewusst. Doch ich konnte nicht anders.

Hätte ich nicht diese Zäsur erlebt, wäre ich sicherlich irgendwann daran zerbrochen. Es war mir inzwischen gelungen, auf die Signale des Herrn zu hören.

Früher hatte ich mein Leben geplant, doch immer kam alles ganz anders. Von Zeit zu Zeit fiel das mühsam aufgebaute Kartenhaus wieder ein. Nun vertraute ich mich Gott an und alles ging leichter. Manchmal plagten mich Zweifel bei wichtigen Entscheidungen. Ich wanderte auf einem schmalen Grat, stürzte jedoch nicht ab.

Lange Zeit beschäftigte mich der Inhalt des folgenden Gedichtes:

Gott gebe mir die Gelassenheit, Dinge hinzunehmen,
die ich nicht ändern kann.
Den Mut, Dinge zu ändern, die ich ändern kann
Und die Weisheit, das Eine vom andern zu unterscheiden.

Gelassenheit, Gelassenheit und Gelassenheit.
Gott gebe mir die Gelassenheit!

Mir fehlt es eindeutig ab und zu an der notwendigen Weisheit. Mit dieser Erkenntnis bin ich sicherlich nicht allein. Es gelingt mir aber immer besser mit schwierigen Situationen umzugehen.

Ein Punkt in meinem Leben macht mir die Entwicklung am deutlichsten, ich wünschte mir von Herzen einen neuen Lebenspartner. Doch dieser Wunsch ging lange Zeit nicht in Erfüllung.

Meine englische Verwandte versicherte mir schon 1998

„Eines Tages, wenn Du schon nicht mehr damit rechnest, wird Dir der Herr einen Menschen schicken, der zu Dir passt."

Das Warten und Aushalten in der Einsamkeit hat sich gelohnt.
Im Sommer des Jahres 2000 kam mir eines Tages die Idee, nach Rom zu wandern. Im folgenden Jahr feierte Monstab eintausendfünfundzwanzig

Ökumenische Botschaft

Jahre seiner Ersterwähnung. Die Reise auf den Spuren des Pfarrers Peter Wolf könnte mein Beitrag zum Jubiläum sein, so dachte ich. Im Mai 2001 sollte meine befristete Strukturanpassungsmaßnahme zu Ende gehen. In der Zeit der nachfolgenden Arbeitslosigkeit könnte die Pilgerwanderung ein interessantes Erlebnis für mich sein.

Abschiedsfeier mit Pfarrer und Freunden im Garten meines Hauses in Tegkwitz

Doch auch etwas Gutes wollte ich mit dieser Reise verbinden. Da wir im theologischen Studium die Unterzeichnung der Erklärung zur Rechtfertigungslehre am 31. 10. 1999 in Augsburg behandelt hatten, war das ökumenische Anliegen das nahe Liegendste. Mit der Romwanderung wollte ich ein Zeichen setzen, die Menschen unterwegs nach ihrer Meinung fragen. Nach dem Rückzug der römisch-katholischen Kirche in der Zeit nach dem Treffen in Augsburg war eine Stagnation im Versöhnungsprozess eingetreten. Viele Christen in aller Welt hatten sich über den kirchenpolitischen Fortschritt sehr gefreut, nun machte sich Enttäuschung breit.

Vielleicht konnte ein Staubkorn im Universum etwas dagegen tun.

In wenigen Stunden hatte ich das Projekt „Zu Fuß nach Rom" durchdacht, einen Freund um Rat gefragt und seine Bestätigung erhalten, dass es sich um eine gute Idee handelt. Ein Anruf am späten Vormittag bei der zuständigen Kirchenrätin im Kreiskirchenamt Gera setzte das Vorhaben in Gang. Um 22.30 Uhr erhielt ich einen telefonischen Rückruf von unserem Oberkirchenrat. Er empfahl mir, das Vorhaben unserem Landesbischof vorzustellen. Gleich am ersten Tag nach dessen Sommerurlaub sollte ich nach Eisenach fahren, um dem Bischof meine Idee vorzustellen.

Das tat ich dann auch Anfang September 2000. Der Bischof nahm sich zwei Stunden Zeit, hörte geduldig zu und hinterfragte, was er nicht ver-

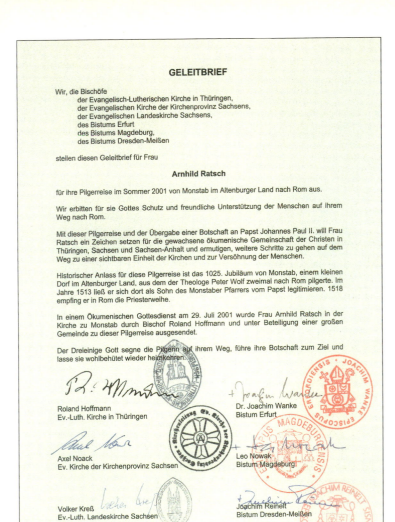

GELEITBRIEF

Wir, die Bischöfe
 der Evangelisch-Lutherischen Kirche in Thüringen,
 der Evangelischen Kirche der Kirchenprovinz Sachsens,
 der Evangelischen Landeskirche Sachsens,
 des Bistums Erfurt
 des Bistums Magdeburg,
 des Bistums Dresden-Meißen

stellen diesen Geleitbrief für Frau

Arnhild Ratsch

für ihre Pilgerreise im Sommer 2001 von Monstab im Altenburger Land nach Rom aus.

Wir erbitten für sie Gottes Schutz und freundliche Unterstützung der Menschen auf ihrem Weg nach Rom.

Mit dieser Pilgerreise und der Übergabe einer Botschaft an Papst Johannes Paul II. will Frau Ratsch ein Zeichen setzen für die gewachsene ökumenische Gemeinschaft der Christen in Thüringen, Sachsen und Sachsen-Anhalt und ermutigen, weitere Schritte zu gehen auf dem Weg zu einer sichtbaren Einheit der Kirchen und zur Versöhnung der Menschen.

Historischer Anlass für diese Pilgerreise ist das 1025. Jubiläum von Monstab, einem kleinen Dorf im Altenburger Land, aus dem der Theologe Peter Wolf zweimal nach Rom pilgerte. Im Jahre 1513 ließ er sich dort als Sohn des Monstaber Pfarrers vom Papst legitimieren. 1518 empfing er in Rom die Priesterweihe.

In einem Ökumenischen Gottesdienst am 29. Juli 2001 wurde Frau Arnhild Ratsch in der Kirche zu Monstab durch Bischof Roland Hoffmann und unter Beteiligung einer großen Gemeinde zu dieser Pilgerreise ausgesendet.

Der Dreieinige Gott segne die Pilgerin auf ihrem Weg, führe ihre Botschaft zum Ziel und lasse sie wohlbehütet wieder heimkehren.

Roland Hoffmann
Ev.-Luth. Kirche in Thüringen

Dr. Joachim Wanke
Bistum Erfurt

Axel Noack
Ev. Kirche der Kirchenprovinz Sachsen

Leo Nowak
Bistum Magdeburg

Volker Kreß
Ev.-Luth. Landeskirche Sachsen

Joachim Reinelt
Bistum Dresden-Meißen

Geleitbrief

stand. Er wollte alles ganz genau wissen. Am Ende des Gesprächs sagte er, dass ich heute für ihn der Lichtblick gewesen sei. Er versicherte mir seine Unterstützung. Da ich seine erste Pilgerin sei, wäre es ihm eine große Freude, mich auf die weite Reise auszusenden. Er ging zum Schreibtisch, um einen kleinen Bronzeengel zu holen und schenkte ihn mir. Obwohl der Engel für seine Größe ziemlich schwer war, versprach ich, den Engel bis nach Rom im Rucksack zu tragen. Anschließend betete der Landesbischof mit mir für das Gelingen des Projekts und für meinen Schutz.

Ein paar Wochen später besuchte mich die Beauftragte für Ökumene der Thüringer Evangelisch-Lutherischen Landeskirche. Sie wollte wissen, ob ich glaubwürdig sei oder vielleicht auch nur eine Spinnerin. Sehr schnell merkte sie, dass ich mit beiden Beinen fest auf dem Boden stand. Sie hatte inzwischen vom Landesbischof den Auftrag erhalten, eine ökumenische Botschaft zu erarbeiten, mit dem Wunsch, die Einheit der Christen in versöhnter Vielfalt zu verbessern. Den mit großer Diplomatie verfassten Entwurf der Botschaft schickte sie mit einem ausführlichen Begleitbrief auch an den Bischof der Evangelisch-Lutherischen Landeskirche in Sachsen und an den Bischof der Kirchenprovinz Sachsen. Noch nie habe ich einen so wunderbar formulierten Brief gelesen. Kurze Zeit darauf bekam ich die Nachricht, dass auch die Schwestern und Brüder der Katholischen Bistümer Dresden-Meissen, Erfurt und Magdeburg das Romprojekt unterstützen möchten. Unter den Geleitbrief setzten dann später die sechs Bischöfe ihre Unterschriften und Siegel.

Bis zum Mai 2001 war ich noch in der Strukturanpassungsmaßnahme für Archivwesen, Öffentlichkeitsarbeit und Bauwesen für die Superintendentur Altenburger Land und mit den Aufgaben als ehrenamtliche Bürgermeisterin in Tegkwitz beschäftigt. Die zahlreichen Nebentätigkeiten ließen mir wenig Zeit für die Vorbereitung der Reise. Bei der groben Routenplanung half mir ein Bergwanderfreund aus Altenburg. Auch vermachte er mir preisgünstig ein Paar gute Schweizer Bergwanderschuhe. Die notwendige Ausrüstung konnte ich aber erst eine Woche vor dem Aussendungsgottesdienst in einem Fachgeschäft in Leipzig kaufen. Da ich nicht über genügend Ersparnisse verfügte, war ich auf Spenden angewiesen. Mein Einkommen reichte gerade für die Unterhaltung des Hauses und für einen bescheidenen Lebensstandard. Unsere Ökumenebeauftragte hatte mir deshalb empfohlen, ein Spendenkonto bei der Kirchgemeinde Mehna einzurichten. In meiner über sieben Jahre andauernden ABM-Dienstzeit lebte ich sozusagen von der „Hand in den Mund". Doch je weniger ich hatte, um so erfüllter war mein Leben. Ich begriff, worauf es im Leben wirklich ankommt. Und das kann man eben nicht mit Geld kaufen.

Ich war also sehr froh, dass ich mit Hilfe der bescheidenen Spenden wenigstens erst einmal die Ausrüstung kaufen konnte. Ein leichtes Zelt,

Schlafsack, Rucksack und Regensachen schienen mir das Wichtigste zu sein. Was man sonst noch so brauchen könnte auf einer vier Monate dauernden Wanderung, damit hatte ich keinerlei Erfahrung. Pflegeleichte Bekleidung, Sanitärartikel, Messer, Schere und Verbandsmittel dürfen im Rucksack nicht fehlen, dachte ich und erstellte eine Liste mit all den Sachen, von denen ich glaubte, dass sie unterwegs unbedingt notwendig sein würden.

Wie ich sehr schnell merken sollte, war das Größte Problem das Gewicht des vollen Rucksacks, nämlich elf Kilogramm.

Mehr sollten es eigentlich nicht sein.

Meiner hatte jedoch fünfzehn Kilogramm, was am Beginn der Wanderung zu schwer war. Trotzdem wollte ich es damit versuchen.

Später waren es dann immer wieder fünfzehn Kilogramm.

Aber dann hatte ich mich „eingewandert" und das Gewicht machte mir nichts mehr aus.

Als die Vorbereitung der Reise konkrete Formen annahm, bat ich unseren Landrat um Unterstützung. Sofort sagte er mir Hilfe zu und ließ eine Grußbotschaft formulieren. Unser Verwaltungsgemeinschaftsvorsitzender bekam den Auftrag ein Logo zu entwerfen, das in wenigen Worten die geistliche Botschaft und das humanistische Anliegen ausdrücken sollte. Der sehr ideenreiche Mann verstand es ausgezeichnet, beides miteinander zu verknüpfen und kreativ umzusetzen. Das wetterfest gedruckte Plakat mit dem Logo band ich hinten auf den Rucksack und trug es so bis nach Rom. Alle meine Pullover und T-Shirts trugen ebenfalls den Aufdruck:

Brücken bauen, Vertrauen aufbauen, Gewalt abbauen
www.altenburgerland.de

Ab Mitte Mai meldete ich mich wieder arbeitslos. Während der Arbeitslosigkeit arbeitete ich trotzdem an den zahlreichen Aufgaben und Projekten weiter, wollte gern noch so viel wie möglich schaffen.

In letzter Minute übergab ich das Bürgermeisteramt an meinen Stellvertreter. Ich blieb zwar auch auf der Reise Bürgermeisterin, aber kommissarisch leitete er von diesem Zeitpunkt an die Amtsgeschäfte.

Natürlich stand ihm dafür die volle Aufwandsentschädigung des Bürgermeisters zu. Das Entgelt für den Stellvertreter in Höhe von 200 DM monatlich, entsprechend der Gemeindesatzung, wurde auf mein Konto überwiesen.

Abmarschbereit

Was ich allerdings zu diesem Zeitpunkt noch nicht wusste, war, dass diese bescheidenen Mittel mein einziges Einkommen in den folgenden vier Monaten sein sollten.

Nachdem ich das Altenburger Land verlassen hatte, sperrte mir das Arbeitsamt das Arbeitslosengeld.

Auch für Pilger gilt das Gesetz.

Als ich die schlimme Nachricht erfuhr, war ich schon zwei Wochen unterwegs.

Sollte ich die Reise abbrechen?

Wovon sollte ich die Unterhaltung meines Hauses bezahlen?

Nein, auch in dieser Frage vertraute ich auf Gottes Hilfe.

Meine Landeskirche schloss wenigstens für mich eine Auslandskrankenversicherung ab, so dass also neben dem Schutz von oben auch noch ein weltlicher vorhanden war.

Auch solche Dinge gab es zu beachten. Nichts durfte vergessen werden. Die Nachbarn übernahmen die Betreuung des unbewohnten Hauses, das Blumengießen und das Versorgen der Katze. Für die Sicherheit des Grundstücks sorgten die Gemeinde und alle Anwohner gemeinsam. Darüber war ich sehr froh. Alles war organisiert.

Nun konnte es endlich losgehen

DER AUSSENDUNGSGOTTESDIENST

AM 29. JULI fand in der Kirche zu Monstab um 14 Uhr der ökumenische Aussendungsgottesdienst mit dem Landesbischof der Evangelisch-Lutherischen Kirche in Thüringen, dem römisch-katholischen
Pfarrer aus Rositz, dem Landrat, zahlreichen Kirchenältesten und vielen
Freunden und Bekannten aus Nah und Fern statt. Vertreter der Kreissynode, vieler Kirchgemeinden und auch Bürgermeister waren anwesend.
So eine übervolle Kirche hatten die Einheimischen lange nicht erlebt.
Der Pfarrer und die Kirchgemeinde als Gastgeber bereiteten allen Gästen
einen herzlichen Empfang. Für das leibliche Wohl sorgten natürlich
echte Thüringer Rostbratwürste und der gute selbst gebackene Monstaber Kuchen.

Mein Wunsch war es, dass die Kollekte des Gottesdienstes für die Re-
novierung der Monstaber Kirche verwendet werden sollte.

Am Tag vorher hatte ich in Tegkwitz meinen Rucksack gepackt und
alles für die Abreise vorbereitet. Meine Tochter und Enkelin waren von
der Schwäbischen Alb angereist, um bei dem besonderen Ereignis dabei
zu sein. Mein Mann hatte einen Haselnussstock mit einer Metallspitze
versehen, damit dieser mir auf meinem Weg nützlich sein konnte. Der
Hut, den ich mir von meiner Reise nach Amerika mitgebracht hatte,
komplettierte die Ausrüstung.

Ein Freund aus der Schweiz war schon am Vortag eingetroffen, um
mir vom Zürcher Pilgerpfarrer eine Muschel aus Santiago de Compostela zu überbringen. In der St. Jakob Kirche in Zürich sollte am 23. September ein Pilgergottesdienst stattfinden. Es war der Wunsch des Pfarrers, dass die Muschel mich von Beginn an begleiten sollte. Mit einem
Bindfaden band ich sie hinten an den Rucksack.

Ein Bekannter brachte mir eine spezielle Taschenlampe von seiner
Nepalexpedition. Diese sollte mir später noch wichtige Dienste leisten.

Fernsehteams vom Zweiten Deutschen Fernsehen (ZDF) und Mittel-
deutschen Rundfunk (MDR) begleiteten meinen Abschied von Tegkwitz.

Es war schon ein merkwürdiges ganz ungewohntes Gefühl, so im Interesse der Öffentlichkeit zu stehen. Doch von Beginn an ließ ich alles gelassen über mich ergehen. Schon bei dem Live-Interview im Landesfunkhaus in Halle hatte ich keinerlei Aufregung gefühlt, was mich allerdings verwunderte. Von Anfang an war mir klar, dass es nicht um mich als Person ging, sondern immer nur um das wichtige Anliegen des Projektes. Das machte mich ruhig. Der Herr gab mir in den zahlreichen Interviews, sowie auch auf der gesamten Reise, immer die richtigen Worte zur rechten Zeit. Dafür bin ich sehr dankbar.

Glaubwürdig zu sein, das war mir unterwegs am Wichtigsten.

Wir fuhren mit dem Auto nach Monstab. Dort erwartete uns schon eine große Menschenmenge vor der Kirche.

Der Gottesdienst begann mit dem Einzug der Mitwirkenden, es waren sehr feierliche Minuten. Die Alte Poppe-Orgel von 1810 erklang. Alle erhoben sich von den Plätzen. Ich sah viele bekannte Gesichter.

Wir nahmen auf den Stühlen im Altarraum Platz. Nach der Begrüßung sang der Kirchenchor. Der Predigt vom Bischof lauschten alle sehr aufmerksam. Er zitierte und legte Bibelstellen zum Pilgern aus. Am Ende sagte er:

„Sie pilgern stellvertretend für uns alle."

Was das bedeutete, merkte ich erst am Ende meiner Reise ganz besonders deutlich.

Eine Freundin sang für mich speziell ein Solo. Kirchenälteste unserer fünf zum Pfarramt Mehna gehörenden Gemeinden und Freunde übergaben mir anschließend die gesegneten Pilgerutensilien. Hut, Stock, Wasserflasche, Schuhe und die Pilgermuscheln. Die zweite Muschel hatte der Bischof mitgebracht. Auf einem Zettel, den er hineingeklebt hatte, stand geschrieben:

Diese Muschel ist das Zeichen. Wer sie trägt, dem gilt ein besonderer Schutz. So wie eine offene Muschel sollst Du Dich für Gott öffnen.

Der Leim war so gut, dass auch der Zettel in der Jakobsmuschel die ganze Reise gut überstanden hat.

Ein Vertreter der Kreissynode übergab mir eine extra für die Romreise angefertigte Fahne mit dem lila Kirchenkreuz und dem Wappen des ehemaligen Herzogtums Sachsen-Altenburg. Leider war sie zu schwer, so dass ich sie bereits in Schmölln zurücklassen musste.

Botschaft des Altenburger Landes
an Seine Heiligkeit Johannes Paul II

Eure Heiligkeit!

Sehr herzlich grüße ich Sie aus dem Altenburger Land, einem Landkreis in Thüringen, mitten in Deutschland.

Mit großer Aufmerksamkeit haben die Bürgerinnen und Bürger unserer Region die Pilgerwanderung von Arnhild Ratsch zu Ihnen an den Heiligen Stuhl nach Rom verfolgt. Sie überbringt Ihnen heute sowohl eine christliche Botschaft als auch die des Altenburger Landes, welche lautet:

„Vertrauen aufbauen, Gewalt abbauen, Brücken bauen."

Wir sind davon überzeugt: Wenn viele Menschen diese Botschaft aufnehmen, so denken und handeln, wird es für diese Welt eine lebenswerte und segensreiche Zukunft geben.

Ein Beitrag dazu ist die Pilgerreise der Überbringerin unserer Botschaft. Bereits auf ihrem über 2000 Kilometer langen Weg konnte Arnhild Ratsch selbst große Hilfe und Unterstützung erfahren, gute Gespräche führen und über so manche Brücke gehen.

Möge von dieser Mission ein Signal für Verständnis, Toleranz und ein friedliches Miteinander ausgehen.

Wir freuen uns, dass gerade auch Eure Heiligkeit diesen Gedanken immer wieder aufnimmt und weiterträgt. Vielen Dank dafür.

Altenburg, den 29. Juli 2001

Mit besten Grüßen

Sieghardt Rydzewski
Landrat des Landkreises
Altenburger Land

Botschaft des Altenburger Landes

Dann überreichte mir der Landrat feierlich seine Grußbotschaft. Es war eine besondere Ehre für mich, dass das kirchliche Projekt auch von unserer zuständigen, staatlichen Institution mitgetragen wurde.

Nach dem Abendmahl geschah etwas sehr Berührendes. Alle Teilnehmer kamen zu mir, um mich zu umarmen und mir noch ein paar Mut machende, liebe Worte mit auf den Weg zu geben. Das hat viel Zeit in Anspruch genommen.

Nach der Aussegnung und dem Abschiedslied „Bis wir uns wiedersehen" erfolgte der Auszug aus der Kirche. Am Portal verabschiedete der Landesbischof mit mir alle Gottesdienstbesucher.

Noch Wochen danach hatte ich diesen ergreifenden Gottesdienst nicht verarbeitet.

Mehrere Fernsehsender berichteten in ihren Abendprogrammen über ihn. Unsere Kirchenzeitung „Glaube und Heimat" und die Regionalzeitung ebenfalls. Der EPD (Evangelische Pressedienst) und die dpa (Deutsche Presseagentur) sorgten mit ihren Interviews dafür, dass auch überregional die Menschen davon erfuhren.

Für mich war all der Rummel eher anstrengend. Ich hatte das Gefühl, vor meinen Augen läuft ein Film ab. Meine Seele war mit den vielen berührenden Eindrücken vollends überfordert. Ich war froh, als wir uns endlich auf die erste kurze Etappe nach Schmölln begeben konnten. Eine Gruppe von Freunden begleitete mich auf den ersten vierzehn Kilometern. Sie trugen die Kirchenfahne und den Verpflegungsbeutel und machten mir das erste Wegstück leicht. Besonders freute ich mich auch über die Begleitung von Jugendlichen aus meinem Heimatort. Am letzten Haus des Dorfes verabschiedeten mich die Tegkwitzer herzlich für eine lange Zeit.

Wir liefen auf der Landstraße durch das schöne, vertraute, sommerliche Altenburger Hügelland mit vielen kleinen Dörfern. Der sehr fruchtbare Lößlehm-Boden hatte die Bauern in der Region reich gemacht. Die Ortschaften bestehen aus großen Vierseit-Bauernhöfen und malerischen Fachwerkhäusern. Von der Hitze und dem Asphalt brannten unsere Fußsohlen. Das ZDF-Team begleitete uns an diesem Tag bis ans Ziel. Wir suchten kurz vor Schmölln nach einem geeigneten Platz für das Zelt. In einiger Entfernung von der Hauptstraße fanden wir ihn. Noch nie hatte ich ein Zelt aufgebaut. Zum Üben war vor der Reise auch keine Zeit gewesen. Deshalb passte ich genau auf, wie die Freunde das machten. Ab dem nächsten Abend wollte ich es selbst schaffen. Zu dem Zeitpunkt wusste ich noch nicht, dass ich das Zelt nie wieder auf der Reise aufbauen würde.

Die Freunde und auch das Fernsehteam verabschiedeten sich. Inzwischen war es dunkel geworden. Ich kroch in das Zelt, war froh endlich allein zu sein und schlief wie ein Stein bis zum nächsten Morgen.

DER WEG IST DAS ZIEL

MONTAG, 30. JULI

Bei Sonnenaufgang erwachte ich, freute mich auf den vor mir liegenden Weg an diesem Tag.

Ca. fünfunddreißig Kilometer entfernt lag im nördlichen Vogtland der Zielort Berga an der Weißen Elster. Schnell packte ich das Zelt ein, putzte mit Mineralwasser die Zähne und verstaute alle anderen Sachen sorgfältig wieder im Rucksack.

Nun ging es nach SCHMÖLLN hinunter.

Bekannt wurde die Stadt wegen der Herstellung von Knöpfen. Nicht weit von meinem Schlafplatz entfernt wurde 1127 ein Kloster erbaut, das aber schon zehn Jahre später nach Naumburg verlegt wurde.

In einem Einkaufszentrum nahm ich erst einmal ein kräftiges Frühstück ein. Kaffee und ein belegtes Brötchen, das gab Kraft für den vor mir liegenden, anstrengenden Weg. Am Stadtrand überquerte ich das Flüsschen Sprotte und hatte danach ein erstes sonderbares Erlebnis.

Ein Mann öffnete das Gartentor zu seinem Fischteich. Ich fragte ihn, ob ich mir die Füße im Wasser kühlen dürfte, denn es war sehr heiß an diesem Tag. Er erlaubte es mir. Im Gespräch stellte sich heraus, dass er der Schwiegervater des Pfarrers in Linda war, bei dem ich am Nachmittag zum Kaffee eingeladen war.

Die letzte Bank im Stadtgebiet von Schmölln lud mich nach einiger Zeit zum Rasten ein. Als ich beim Aufbruch mit Schwung meinen Rucksack aufsetzte, löste sich der Bindfaden, mit dem die Pilgermuscheln befestigt waren. Ich lief ca. hundert Meter weiter, ohne es zu bemerken.

Plötzlich wunderte ich mich, dass es nicht mehr klapperte.

Beim Gehen schlugen vorher immer die beiden Muscheln aneinander. An das Geräusch hatte ich mich im Unterbewusstsein gewöhnt.

Nun fehlte es.

Ich ging bis zur Bank zurück. Auf dem Wege und auch an der Bank waren die fehlenden Muschel nicht zu entdecken. Ich bekam einen

LEIPZIG

Leipziger Tiefland

Pleiße

Böhlen

Lippendorf

Neukieritzsch

Borna

Altenburg

Monstab

Tegkwitz

Mehna

Altenkirchen

Bohra

Schmölln

Ronneburg

Vollmers-
hain

Linda

Pleiße

Weiße Elster

Berga

Neumühle

großen Schreck. Da ging ja die Pilgerreise gleich schlimm los! Eine der beschützenden Muscheln verlieren, das war kein gutes Zeichen.

Mit dem Stock suchte ich nun das Gebüsch um die Bank herum ab. Ich wollte mich einfach nicht mit dem Verlust abfinden. Und siehe da, ich fand die Muschel. Meine Freude war groß. Der Herr hatte sie mich wiederfinden lassen, weil sie für meinen Weg wichtig war. Ich verstand das Zeichen sofort. Froh und erleichtert ging ich weiter.

Doch die Hitze machte mir immer mehr zu schaffen. Fünfzehn Kilogramm im Rucksack, dazu die große Wasserflasche, das war ganz einfach zu viel. Von Dorf zu Dorf wurde es schlimmer.

So wird das nichts, dachte ich, du musst unnötigen Ballast zurücklassen.

Dazu kam, dass ich noch nicht eingewandert war. Zunächst ließ ich das dritte Paar Schuhe zurück.

In LINDA gab es erst einmal Kaffee und eine kleine Stärkung. Der Pfarrer hatte eine großartige Idee. Er gab mir ein kleines Buch mit auf den Weg, in das ich unterwegs Eintragungen machen lassen sollte. Er hatte gehört, dass die Pilger nach Santiago ein solches bei sich tragen. Dieses Buch wurde später zum wertvollsten Objekt der ganzen Pilgerreise für mich. Sein Sohn, ein Gymnasiast, begleitete mich noch ein paar Kilometer.

Bei einer Rast am Straßenrand, kurz vor Berga, erlebte ich wieder etwas Sonderbares.

Ich stellte fest, dass ich die Uhr meiner verstorbenen Mutter verloren hatte, fand sie, Gott sei Dank, aber wieder. Sie lag im hohen Gras, das Armband war gerissen.

Beim Weiterwandern hielt ein Auto an. Ob ich mitfahren wollte, fragte die Fahrerin. Ich lehnte dankend ab, erklärte ihr, dass ich, wie die Pilger früher, die ganze Strecke zu Fuß gehen wollte. Hätte nichts davon, wenn ich eher am Ziel wäre, weil für mich der Weg das Wichtigste sein sollte.

Für den Pilger ist das vor ihm liegende Geheimnis das spannendste.

Wem wird er begegnen?

Welche historischen Gebäude und welche Landschaften wird er sehen?

Wird er unterwegs Gott finden?

Er will Schritt für Schritt den Weg genießen. Die Seele soll Schritt halten können. Geschwindigkeitserhöhung ergibt für ihn keinen Sinn. Er würde Schönes verpassen und Schwierigkeiten bei der Verarbeitung der Erlebnisse bekommen. So entwickelte sich auch bei mir nach und nach eine gewisse Philosophie. Aus dem Wanderer wurde ein Pilger.

Ich verzichtete auf das Mitgenommenwerden.

Total erschöpft kam ich in BERGA bei Freunden an.

Thüringer Wanderwege

DIENSTAG, 31. JULI

Am nächsten Morgen ließ ich das Zelt und einige mir nicht unbedingt lebensnotwendig erscheinenden Dinge zurück. Das bedeutete, dass ich von diesem Tag an der Nächstenliebe der Menschen unterwegs ausgeliefert war. Eine schwere Entscheidung! Ich gab meine Unabhängigkeit auf.

Von nun an vertraute ich auch in diesem Punkt auf Gott. Hoffte auf seine Hilfe in schwierigen Situationen.

Bevor es weiter ging erneuerte ein Uhrmacher in der Stadt das defekte Armband. Beim Abschied empfahlen mir die Freunde den schönsten Wanderweg nach Greiz.

Geführt durch die gute grün-weiße Beschilderung folgte ich dem Weg mit dem besonderen Panorama. Ich merkte sehr schnell, dass Umwege mit schönen Aussichten auf die Dauer nicht möglich sind. Zu viel Kraft geht zusätzlich verloren. Von dem Tag an versuchte ich immer, den optimalen Weg zu finden.

Als ich später unten im Tal den Fluss Weiße Elster erreicht hatte, war der Weg zu Ende, kein Hinweis auf seinen weiteren Verlauf war zu entdecken.

Sollte ich etwa durch das nicht sehr tiefe Wasser gehen?

War da vielleicht eine Furt?

Nein, das konnte ich nicht recht glauben.

Rechts von mir sah ich einen Bahndamm.

Ich ließ mich von Gott an der Hand nehmen und führen. Und siehe da, als ich den Bahndamm hinaufgestiegen war, sah ich, dass ein kleiner Pfad neben dem Gleis durch einen Tunnel führte. Auf der anderen Seite des Berges erreichte ich wieder den Fluss. Diesmal nutzte ich das kühle Wasser zu einem wohltuenden Bade.

Nicht weit entfernt an der Straße stand ein Kiosk. Ich trank heißen Kaffee und hinterher sofort eiskaltes Mineralwasser. Das hätte ich lieber nicht tun sollen, denn die Auswirkungen bekam ich bald darauf zu spüren.

Am Abend erreichte ich GREIZ. Die alte Residenzstadt, liebevoll „Perle des Vogtlandes" genannt, liegt in einer sehr waldreichen Gegend und war früher die Hauptstadt des Fürstentums „Reuß ältere Linie".

Die Eltern eines Freundes erwarteten mich schon. Sie wollten mir eine besondere Freude bereiten, indem sie die letzte, originale Thüringer Rostbratwurst über Holzkohle grillten und die ganze Familie dazu einluden. Ich biss zweimal herzhaft in die Wurst. Dann fuhr mir der Schreck in die Knochen! Ein Stück vom Zahn war abgebrochen. Wahrscheinlich eine Rissbildung, die durch den Temperaturunterschied der Getränke am Kiosk entstanden war.

Was nun?

Wieder einmal fügte sich alles zum Guten. Die Schwiegertochter der Gastgeber arbeitet beim Zahnarzt. Also war Hilfe in Aussicht.

MITTWOCH, 1. AUGUST

War das eine Freude! Am nächsten Morgen erwartete mich der Zahnarzt als ersten Patienten zur Behandlung. Kaum zu glauben. Er war einer der beiden einzigen Menschen in der Stadt Greiz, die ich schon vor meiner Reise kannte. Wir hatten uns bei einer Tagung der Gesellschaft für Thüringer Kirchengeschichte kennen gelernt. Er gab mir nach der Behandlung auch gleich noch ein Foto von meinem Gebiss mit. Vorbeugend sozusagen.

Auf dem Weg begleiteten mich an diesem Tage eine Kirchenälteste aus Meuselwitz und eine Redakteurin der Zeitung „Thüringer Allgemeine" aus Erfurt. Interessante Gespräche unterwegs ließen die Zeit recht schnell vergehen. Wir wanderten durch den herrlichen Stadtpark, am unteren Schloss mit der Stadtkirche vorbei, dann auf der Bundesstraße in Richtung ELSTERBERG. In dem kleinen Städtchen besuchten wir das Gotteshaus und sprachen mit einem Kirchenvorstand.

Die viel befahrene Bundesstraße war natürlich keine Freude für uns Fußgänger. Freunde vom Videoclub in Altenburg besuchten uns unterwegs, sie brachten Kaffee und Kuchen mit.

Das war eine willkommene Abwechslung.

Natürlich machten sie auch Aufnahmen für einen späteren Film.

Dann, an einem Ort mit dem seltsamen Namen „Schöpsdrehe", trennten sich unsere Wege. Meine Begleiter kehrten heim.

Die „Thüringer Allgemeine" berichtete von da an regelmäßig über die Pilgerreise.

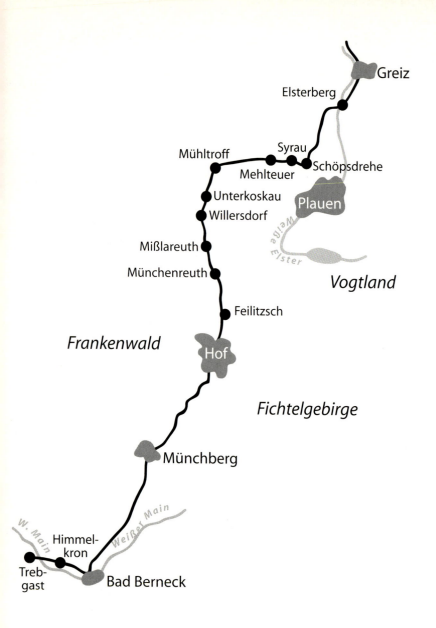

Greiz

Elsterberg

Mühltroff Syrau
Schöpsdrehe
Mehlteuer
Unterkoskau
Plauen
Willersdorf

Mißlareuth

Münchenreuth

Weiße Elster

Vogtland

Feilitzsch

Frankenwald

Hof

Fichtelgebirge

Münchberg

Weißer Main

W. Main

Himmel-
kron

Treb-
gast

Bad Berneck

Das Ziel an diesem Abend sollte für mich MÜHLTROFF sein. In dem vogtländischen Ort lebt der ehemalige Pfarrer von Böhlen im Ruhestand mit seiner Frau. Nach dem Abendessen hatte er Christen zu einem interessanten Gesprächskreis in seine gute Stube eingeladen. In dieser Runde wurde mir deutlich, dass die Reise mich verändern würde. Sie war der Abschluss der alten Epoche, aber auch zugleich der Beginn einer neuen. Es wurde mir immer klarer: ich werde mit Sicherheit nicht in das alte Leben zurückkehren.

Was das bedeutete, verstand ich damals noch nicht so richtig.

Wir sprachen auch von den gemeinsamen Erlebnissen im sächsischen Böhlen während der DDR-Zeit und von der politischen Wende 1989. Eine spannende Zeit, die wir nie vergessen sollten. Der Pfarrer hatte in der damaligen Kreisstadt Borna den so genannten „Runden Tisch" geleitet. Eine wichtige Aufgabe, die sicherlich nicht einfach war.

DONNERSTAG, 2. AUGUST
Am nächsten Morgen nach dem Frühstück begleiteten mich die Frau des Pfarrers und ein Gemeindemitglied noch ein Stück auf meinem Wege bis zum Dorf Unterkoskau. Zum Abschied sangen wir gemeinsam den irischen Segenswunsch:

Mögen sich die Wege vor deinen Füßen ebnen,
mögest du den Wind im Rücken haben,
und bis wir uns wieder sehn,
möge Gott seine schützende Hand über dir halten.

Möge warm die Sonne auch dein Gesicht bescheinen,
Regen sanft auf deine Felder fallen,
und bis wir uns wieder sehn,
möge Gott seine schützende Hand über dir halten.

Dann wanderte ich allein weiter.

In Willersdorf holte mich eine Bekannte ab und ging mit mir bis nach MISSLAREUTH. Sie hatte mich am Vorabend kennen gelernt und lud mich zur Übernachtung in ihre Kate ein. Das kleine Haus hatte sie gekauft und anschließend liebevoll in Stand gesetzt. In ihm war eine ganz besondere Atmosphäre zu spüren. Im Mißlareuther Pfarrhaus wurden wir vom ehemalige Pfarrerehepaar begrüßt, das im Nebengebäude wohnt und uns zum Mittagessen einlud.

Nachmittags eröffnete man im Pfarrgarten eine Holzskulpturausstellung, die im Rahmen des Festivals „Mitte Europa" stattfand. Dieser Kulturhöhepunkt wurde von den Regionen Sachsen, Bayern und Böhmen organisiert.

Für den Abend lud uns das Pfarrerehepaar zum Abschlusskonzert, einer Seminarwoche junger Opernsänger aus aller Welt, in die alte Feldscheune ein. In diesem besonderen Ambiente war die musikalische Darbietung für alle Zuhörer ein außergewöhnliches Kulturerlebnis.

FREITAG, 3. AUGUST

In Mißlareuth ließ ich auch den Schlafsack und die Isomatte zurück.

Auf meinem Weg nach Hof überquerte ich die sächsisch-bayrische Grenze bei Grobau. Es war für mich auch noch nach zwölf Jahren deutscher Einheit ein seltsames Gefühl. Nun war ich also im „Westen" angekommen, wie wir in der ehemaligen DDR zu sagen pflegten.

Die Bevölkerung in den alten und in den neuen Länder der Bundesrepublik Deutschland wächst immer weiter zusammen.

Da ich immer ungefähr 20 Exemplare der ökumenischen Botschaft und der Grußbotschaft des Altenburger Landes bei mir trug, verteilte ich diese unterwegs an Menschen, mit denen ich ins Gespräch kam oder in Pfarrämtern und Rathäusern. Auf diese Art erfuhren viele Menschen von unserem wichtigen Anliegen.

So war es auch in MÜNCHENREUTH.

Eine Mitarbeiterin des Pfarramtes lud mich spontan zur Vesper ein. Es gab Deckelkuchen mit Schmand und Marmelade. Bevor ich aufbrach organisierte sie für mich eine Übernachtung in HOF an der Saale.

Nahe am Stadtrand befindet sich der sehr gepflegte Park Theresienstein mit einer künstlichen Burgruine und einem prächtigen Wirtschaftshof im Jugendstil. Dort holte mich mein Gastgeber ab.

Er, von Beruf Architekt, wollte mich am nächsten Tag begleiten. Seine sehr engagierte Frau lud für den Abend eine Redakteurin der „Frankenpost" und eine Mitarbeiterin von „Radio Euroherz" ein.

Zum Abendessen servierte die Gastgeberin die Spezialität der Region: Hofer Rindswurst.

SONNABEND, 4. AUGUST

Mit dem Architekten ging ich nun durch das schöne Fichtelgebirge. Es war eine sehr angenehme Weggemeinschaft. Unterwegs sang er für mich das „Fichtelgebirgslied". In Oppenroth holte ihn seine Frau mit dem

Auto ab. Wir nahmen noch eine gemeinsame Brotzeit ein, bevor mich beide verließen.

Das Wetter wurde immer wechselhafter. Häufige Regenschauer und Wind erschwerten mir den Weg.

In MÜNCHBERG erwartete mich die Dekanin und nahm mich sehr herzlich in ihrem Gästezimmer auf. Die Hofer Gastgeberin hatte das für mich organisiert. Darüber war ich sehr froh. Von meinem Fenster aus konnte ich die ganze Stadt überblicken.

SONNTAG, 5. AUGUST

Im Morgengottesdienst erzählte die Dekanin von meiner Pilgerreise und dem wichtigen Anliegen. Im Anschluss musste ich viele Fragen der Christen beantworten.

Danach brach ich in Richtung BAD BERNECK auf. Der Weg führte von Zell aus durch das Ölschnitz-Tal bis zur Burgkapelle Stein. Am Fluss entlang verlief der Wanderweg, auf dem mich eine Burg hoch oben lockte. Mein Interesse an Historischem überwog. Neugierig nahm ich die zusätzliche Anstrengung auf mich, um die Burg zu besichtigen. Der Besuch hat sich gelohnt.

Der Burg-Führer, der inzwischen Feierabend hatte, begleitete mich hinunter in die Stadt. Meinen Rucksack packte er auf den Gepäckträger seines Fahrrades. Auf den letzten Kilometern war das für mich eine willkommene Erleichterung.

Die katholische Kirchgemeinde quartierte mich in einem Gasthof ein. Beim Abendessen sprachen alle Gäste von Richard Wagner, denn im nahe gelegenen Bayreuth fanden gerade die Wagner-Festspiele statt. Ich erzählte von Rom und von der Ökumene. Auch mir hörte die Tischgemeinschaft interessiert zu.

MONTAG, 6. AUGUST

Nach dem Frühstück schaute ich mir die schöne Kurstadt Bad Berneck an. In der Stadtkirche hielt ich eine kurze Morgenandacht. Vor der Kirchentür traf ich danach eine alte Frau, die einen rotbraunen Kater fütterte. Ihre Nachbarn hatten ihn aus der ehemaligen DDR mitgebracht. Nun waren sie weggezogen und hatten das Tier einfach allein zurück gelassen.

Wozu doch die Menschen fähig sind!

Am Liebsten hätte ich den Kater mitgenommen. Aber das war leider nicht möglich.

Kreuzgang in Himmelkron

Über den Weißen Main wanderte ich nun in Richtung HIMMELKRON.

Ein seltsames Gefühl regte sich in mir, als ich das erste Mal über eine Autobahnbrücke lief. „Wo rasen denn die vielen Autos hin?", so fragte ich mich.

Der ganze Geschwindigkeitsrausch unserer Zeit wurde mir plötzlich bewusst. Inzwischen rase ich natürlich auch wieder mit meinem Auto durchs Land. Aber im Gehen wird man sich der Sinnlosigkeit bewusst und man sieht viel besser die überfahrenen Tiere am Wegrand und den Müll.

Vor der modernen Autobahnkirche imponierte mir besonders das große Labyrinth. Im Innern der Kirche ruhte ich ein wenig aus, bevor ich zur Stiftskirche nach Himmelkron aufbrach. Der schöne Kreuzgang und die Fürstengruft interessierten mich sehr.

Als ich nach der Besichtigung die Kirche verließ, begegnete mir vor dem Portal ein Mann, den ich nach dem Pfarramt fragte. Er sagte, dass er der Pfarrer ist, aber zur Zeit Urlaub hat. Bevor ich ihm die Botschaft übergeben konnte, war er verschwunden.

Das machte mich traurig. Ich schrieb in das Gästebuch der Kirche ein paar Worte, in denen ich mein Bedauern über das soeben Erlebte ausdrückte. Als ich später nach Tegkwitz zurückkehrte, erhielt ich einen Entschuldigungsbrief von ihm.

In der nahe gelegenen diakonischen Einrichtung brachte man meiner Botschaft großes Interesse entgegen.

Auch solch unterschiedliche Erlebnisse muss man als Pilger verarbeiten können. Man sollte unkompliziert, offen, spontan und anspruchslos sein, wenn man sich auf eine solche Reise begibt. Und, auch manchmal mit Enttäuschungen fertig werden können.

Über TREBGAST wanderte ich nun durch den Frankenwald nach GÖSSMANNSREUTH bei Kulmbach zu einem Bekannten, bei dem ich übernachten konnte.

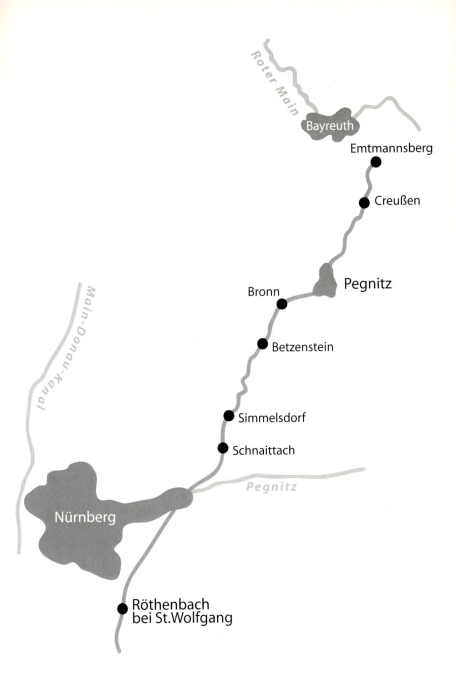

Roter Main

Bayreuth

Emtmannsberg

Creußen

Pegnitz

Bronn

Betzenstein

Main-Donau-kanal

Simmelsdorf

Schnaittach

Pegnitz

Nürnberg

Röthenbach
bei St. Wolfgang

DIENSTAG, 7. AUGUST

Mein Gastgeber, ein Doktor der Chemie, brachte mich nach EMT-MANNSBERG, damit ich nicht durch Bayreuth laufen musste. Die endlosen Straßenzüge in großen Städten sind furchtbar anstrengend und langweilig. Mein ausgewählter Wanderweg führte nun durch herrlichen Mischwald nach CREUSSEN. Ich besuchte das Pfarramt und besichtigte die Kirche mit der Altarfigur des heiligen Jakobus, bevor ich meinen Weg nach PEGNITZ fortsetzte.

Nun lief ich viele Kilometer bei strömendem Regen auf der Bundesstraße. Das war gar kein Vergnügen, weil die zahlreich vorbei fahrenden Autos mich immer wieder vollspritzten.

Endlich in der Stadt angekommen, klingelte ich am Dekanat. Eine Mitarbeiterin brachte mich zum Gemeindehaus. Dort kann ich im Großen Saal übernachten, sagte sie. Aus einer Ecke holten wir eine Matratze hervor. Sie war erstaunt, dass ich keine Decke dabei hatte. Später brachte sie mir deshalb noch den Schlafsack vom Herrn Dekan.

MITTWOCH, 8. AUGUST

Ein netter junger Mann von der Berliner Zeitung wollte an diesem Tag mit mir durch die Fränkische Schweiz wandern. Wir verabredeten uns zum Frühstück in einer Bäckerei am Markt.

Er begleitete mich bis BRONN und lud mich dort zum Mittagessen ein. Nie wieder habe ich so eine große Portion tagsüber auf der Wanderung gegessen. Das Schnitzel lag mir schwer im Magen und das Bier machte mich schläfrig. Ich war heilfroh, als ich die geplante Etappe auf dem Main-Donau-Wanderweg nach BETZENSTEIN bis zum Abend geschafft hatte.

Trotzdem waren die etwa zehn Kilometer durch den Veldensteiner Forst ein guter Weg auf weichem Waldboden. Dann zwang mich plötzlich ein starker Gewitterguss zum Pausieren und ich war froh, dass ich die Zeltunterlage aus Plastik noch dabei hatte. So konnte ich mich darunter in Sicherheit bringen, bis das Schlimmste vorbei war.

In Betzenstein angekommen, klingelte ich an der Pfarramtstür und bat um ein Quartier. Die sympathische Pfarrerin brachte mich ins alte Pfarrhaus, aus dem inzwischen ein Gemeindezentrum geworden war. Dort, auf einem gemütlichen Sofa, schlief ich, mit allem bestens versorgt, froh ein.

DONNERSTAG, 9. AUGUST

Am Morgen konnte ich mir noch das kleine Städtchen mit ca. achthundert Einwohnern ansehen. Der alte Marktflecken hat eine kleine, mittelalterliche Burg und schöne, alte Fachwerkbausubstanz. Beim Besuch des Rathauses freute ich mich über das Kreuz im Flur.

Auf meinem Weg nach SCHNAITTACH kam ich an einem Steinbruch vorbei. Dort hatte man bereits den halben Berg abgebaut. Es stellte sich mir die Frage, ob es notwendig ist, die schöne Landschaft derartig zu verunstalten.

Zum Mittag kehrte ich in einer Gaststätte ein. Ich wollte die fränkischen „Schäuferl" probieren. Doch die Portion war so groß, dass ich danach wieder nur mühsam meinen Weg fortsetzen konnte. Sie lag mir schwer im Magen.

In Simmelsdorf besuchte ich den Amtsbruder im Rathaus. Wir hatten eine interessante Unterhaltung, da auch er pilgerte. Er war die etwa sechzig Kilometer lange Strecke an einem Tag von Regensburg nach Altötting gewandert. Stolz präsentierte er sich für ein Foto vor der Partnerschaftsurkunde mit der Gemeinde Scheibenberg im Erzgebirge. In mein Pilgerbuch schrieb er mir einen Spruch von Mutter Teresa.

Nun unterquerte ich die Autobahn in Richtung Schnaittach. Im Pfarrhaus traf ich einen sehr interessierten jungen katholischen Pater an, der sich eine halbe Stunde Zeit nahm, um alles genau zu erfahren. Am Ende unseres Gesprächs segnete er mich und bat mich anschließend, auch ihn zu segnen. Ich war etwas überrascht, konnte aber dennoch seinen Wunsch erfüllen. Auch das war wieder ein besonderes Erlebnis für mich.

Unterwegs hatte ich einen Anruf erhalten von einem Freund aus dem Altenburger Land. Er bat mich, die katholische Kirchgemeinde St. Otto in NÜRNBERG zu besuchen. Sie ist die Partnergemeinde der Katholischen Kirchgemeinde von Schmölln. Ich freute mich über seinen Vorschlag. War doch damit das Übernachtungsproblem in Nürnberg geklärt. In Laufamholz warteten interessierte Schwestern und Brüder auf mich. Lange saßen wir am Abend noch im Garten der Gastgeber gemütlich beisammen.

FREITAG, 10. AUGUST

An diesem Tag hatte ich Gelegenheit mit meiner Gastgeberin die alte Handelsstadt anzusehen. Wir stiegen auf die Burg hinauf, um von dort aus die herrliche Aussicht zu genießen.

In einem Restaurant unterhalb der Befestigungsanlage probierte ich die berühmten Nürnberger Bratwürstchen. Sie sind wesentlich kleiner als unsere Thüringer. Mehrere Stück mussten es schon sein, damit der Hunger richtig gestillt werden konnte.

Am „Schönen Brunnen" trafen wir einen Vertreter der „Nürnberger Zeitung" zum Interview.

Besonders froh war ich auch, dass ich endlich wieder einmal eine Gelegenheit zum Waschen mit einer Waschmaschine hatte.

Normalerweise wusch ich an Brunnen und Flüssen, so wie die Pilger früher, natürlich ohne Weichspüler und ohne zu bügeln.

Am Abend fand spontan ein Gesprächskreis statt, zu dem sogar die Altenburger Freunde gekommen waren.

Ich bat den Kirchenvorstand um eine Eintragung in mein Pilgerbuch. Er erzählte mir, dass dieser Wunsch schon einmal von einer Frau aus seiner Gemeinde geäußert wurde, die mit ihrem Hund nach Santiago de Compostela wollte. Leider ist sie nicht sehr weit gekommen, denn sie fand in Frankreich kaum Futter für das arme Tier. Er hoffte nun, dass meine Reise mehr Erfolg hätte.

Ich versprach ihm, mein Bestes zu tun.

SONNABEND, 11. AUGUST

Nach dem Frühstück zeichneten die Videofreunde aus Altenburg ein Interview mit mir im Stadtzentrum auf. Später folgte Teil 2 des Stadtrundganges. Wichtig war für mich das imposante Reichsparteitagsgelände und das Nürnberger Gericht, in dem die Kriegsverbrecherprozesse nach dem II. Weltkrieg stattgefunden haben. Ein schlimmes Kapitel in der Deutschen Geschichte fand damit sein Ende.

Viel Interessantes gab es außerdem in der alten Handelsstadt zu sehen. Zahlreiche Kirchen, wie zum Beispiel die evangelischen Stadtpfarrkirchen St. Lorenz und St. Sebaldus, die ehemalige Meistersingerkirche St. Martha und schöne Bürgerhäuser. Unterhalb der Burg befindet sich das Albrecht-Dürer-Haus. 1509 hatte es der berühmte Maler erworben und bis 1528 darin gelebt. In dem im Jahre 1331 gestifteten Heilig-Geist-Spital am Fluss Pegnitz hatten sicherlich auch früher Pilger Aufnahme gefunden. Am „Schönen Brunnen" aus dem 14. Jh. auf dem Hauptmarkt machten wir Rast. Nürnberg war früher auch eine bedeutende Stadt der Erzgießer.

Vom Germanischen Nationalmuseum am Kornmarkt hatte ich mir die alte Pilgerkarte aus dem Jahr 1500 schicken lassen, in welcher die Wege nach Rom, Santiago de Compostela und Jerusalem eingezeichnet waren.

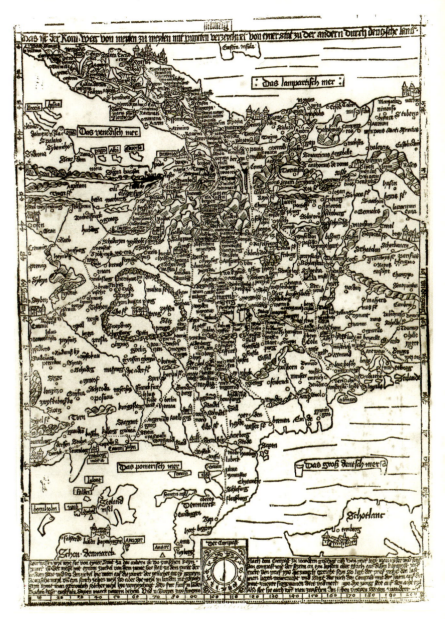

Romweg-Karte, Nürnberg um 1500, Germanisches Nationalmuseum Nürnberg.
Transskription der Legende siehe Seite 200.

Die Besonderheit dieser Karte war, dass in dieser Darstellung oben, nicht wie in heutiger Zeit, Norden, sondern Süden ist. Im 15. und 16. Jh. war das so üblich. Die damaligen Pilger erhielten sie von ihrem Pfarrer, bevor sie den schweren Weg begannen. Die Karte bestätigt auch das alte Sprichwort:

„Viele Wege führen nach Rom."

Leider konnte mir das Museum mit der zur Karte gehörenden Wegbeschreibung nicht weiterhelfen. Die Lektüre wäre sicherlich für mich sehr aufschlussreich gewesen.

Der Besuch des altehrwürdigen Johannisfriedhofs war ein besonderes Erlebnis, denn einige berühmte Nürnberger liegen dort begraben, darunter der Maler Albrecht Dürer, der Bildhauer Veit Stoss und der Philosoph Ludwig Feuerbach.

Hier sollte meines Wissens auch D. Wenzeslaus Linck begraben sein, der mit Luther in Augsburg bei den Gesprächen mit dem päpstlichen Legaten Cajetan war. Linck war in dieser Zeit Generalvikar der Augustinermönche. 1522 setzte ihn Kurfürst Friedrich in Altenburg als ersten evangelischen Pfarrer ein. Ein Jahr später kam Luther sogar von Wittenberg mit seinen Freunden, um ihn in Altenburg zu trauen.

Ich suchte nach seinem Grab. Was ich aber nicht wusste, war, dass sich auf dem hochinteressanten Friedhof ca. fünftausend historische Gräber befinden. Daher hatte ich keine Chance, in der mir zur Verfügung stehenden Zeit, seine letzte Ruhestätte zu finden.

SONNTAG, 12. AUGUST

Als ich von Nürnberg nach ROTH durch dichten Kiefernwald wanderte, standen am Weg ein Mann und eine Frau, die ich im Weitergehen grüßte. Ich hörte, wie sie über mich sprachen.

Da sie mich aber nicht zurückriefen, ging ich weiter.

Nach hundert Metern stach mich plötzlich eine Wespe in den Hals. Um den Stich zu kühlen, stieg ich zum Bach neben der Straße hinunter und tauchte mein Taschentuch in das kalte Wasser. Das Taschentuch fest an den Hals auf den Stich gedrückt, kehrte ich auf den Radweg zurück. Da kamen mir der Mann und die Frau unerwartet wieder entgegen. Sie waren mir nachgegangen, weil sie Fragen zu dem Schild auf meinem Rucksack hatten. So war also auch dieses kleine Missgeschick eine Fügung Gottes, denn wir durften uns doch noch näher kennen lernen.

Mein Weg führte weiter nach GEORGENSGMÜND.

Roth

Georgensgmünd

Spalt

Rednitz

Brombachsee

Rednitz

Schwäb.

Pleinfeld

Ellingen

Altmühl

Weißenburg
i. Bayern

Fossa Karolina

Treuchtlingen

Altmühl

Monheim

Kaisheim

Donau

Donauwörth

Donau

Jüdischer Friedhof in Georgensgmünd

Etwa zwei Kilometer vor dem Ort wurde ich von der Familie abgeholt, bei der ich an diesem Tag, durch Freunde vermittelt, übernachten sollte. Die gläubige katholische Familie hatte vier kleine Kinder. Ich fühlte mich sehr wohl bei ihnen. Das Jüngste hat, wie ich, am 19. Januar Geburtstag. Das war für mich eine besondere Freude.

MONTAG, 13. AUGUST
Am Morgen begleitete mich die Mutter, die aus Polen stammte, mit zwei Kindern noch aus dem Städtchen hinaus.

Auf dem „Planetenweg" marschierte ich nach SPALT. Auf meiner Karte hatte ich gesehen, dass der mir schon länger bekannte Ort fast auf meiner Strecke lag. Also nahm ich einen kleinen Umweg gern in Kauf, um die Geburtsstadt von Georg Spalatin, der eigentlich Burkhard hieß, zu besuchen.

In seiner Studienzeit nannte er sich, wie es damals üblich war, nach seinem Heimatort „Spalatinus". Martin Luther hatte ihn 1525 als ersten Superintendenten in Altenburg ins Amt eingesetzt. Er beauftragte ihn in der folgenden Zeit die Kirchen- und Schulvisitationen durchzuführen. Eine schwierige Aufgabe in der geschichtlich bedeutenden Epoche.

Typisch für die Region um Spalt ist der Hopfenanbau. Als ich das Haus, in dem der berühmte Reformator geboren wurde, gefunden hatte, entdeckte ich an der Fassade eine Gedenktafel.

Plötzlich ging die Tür auf und die Besitzer kamen heraus. Ich stellte mich ihnen vor. Sie waren sehr erstaunt, dass jemand aus Altenburg zu Fuß bis nach Spalt gelaufen war. Herzlichst baten sie mich einzutreten. Ich durfte das ganze Haus besichtigen, und sie luden mich sogar zum Essen ein. Beim Abschied schenkten sie mir einen Bierkrug mit Zinndeckel. Der war sehr schwer, aber ich trug ihn tapfer im Rucksack bis nach Augsburg. Er ist ein besonderes Geschenk für mich, weil er aus dem Spalatinhaus stammt.

Der Weg durch die Mittelfränkische Seenlandschaft war durch den flächendeckenden Wald sehr angenehm.

Im „Brombachsee", einem künstlich angelegten Gewässer, nahm ich ein ausgiebiges Bad. Die wunderschöne

Gedenktafel am Geburtshaus Georg Spalatins in Spalt

Landschaft lockt zahlreiche Urlauber und Wassersportler an. Nachdem ich über den Staudamm gegangen war, fand ich im Wald Heidelbeeren über Heidelbeeren. Natürlich konnte ich nicht widerstehen und aß mich richtig satt daran. Das hatte zur Folge, dass ich erst sehr spät in PLEINFELD ankam. Weder im evangelischen noch im katholischen Pfarramt traf ich einen Pfarrer oder Mitarbeiter an.

Was nun?

Das erste Mal war ich ohne Quartier, denn bis hierher hatte sich immer rechtzeitig eine Übernachtungsmöglichkeit ergeben. Entweder schon vor der Reise organisiert oder unterwegs durch Bekannte vermittelt.

Nein, im Hotel wollte und konnte ich nicht übernachten!

Ich suchte mir einen ruhigen Platz zum Schlafen. Den fand ich hinter der evangelischen Kirche. Ich zog alle meine Pullover und Hosen an. Legte mich auf eine Hälfte der Plastikunterlage vom Zelt, die ich Gott sei Dank noch bei mir trug, und deckte mich mit der anderen Hälfte zu. Ich habe sehr gut beschützt geschlafen. Es war nur etwas unruhig, weil es die ganze Nacht zu jeder Viertelstunde läutete.

DIENSTAG, 14. AUGUST

Am Morgen besuchte ich das katholische Pfarramt und übergab meine Botschaften. Man bedauerte sehr, dass ich nicht Gast der Kirchgemeinde sein konnte. Eine Besucherin des Pfarramts erkannte mich, denn sie hatte schon in der Kirchenzeitung über mich gelesen.

Von Pleinfeld aus brach ich ins Altmühltal auf. Hinter WEISSEN-BURG ging ich auf einem fünfzehn Kilometer langen, staubigen Weg neben den Eisenbahngleisen. Die schlimme Hitze und die Eintönigkeit machten mir sehr zu schaffen. Kaum ein Baum, der Schatten spenden konnte.

Dann aber kam etwas Interessantes: der Karlsgraben „Fossa Karolina". 793 hatte ihn Karl der Große anlegen lassen, als Versuch eines Kanalbaus zwischen Main und Donau. Es ist ein beeindruckendes, technisches Denkmal aus dem Mittelalter.

In einem bis heute erhalten gebliebenen Teil befand sich zu meiner Freude Wasser zum Abkühlen. Das war sehr wohltuend. Die letzten Kilometer nach TREUCHTLINGEN fielen mir nun leichter.

Im katholischen Pfarramt wurde ich sehr gut aufgenommen. Der römisch-katholische Bischof von Eichstädt hatte mir schon vor meiner Reise geschrieben, dass ich in seinem Bistum herzlichst willkommen bin und mit Unterstützung rechnen kann.

MITTWOCH, 15. AUGUST

An diesem Tag wurde ich begleitet vom Fernsehteam des MDR. Wir verließen das Altmühltal in Richtung MONHEIM. Ich lernte unterwegs, dass diese Region „Bayrisch Schwaben" genannt wird. Es war mir bereits aufgefallen, dass auf den Speisekarten der Gaststätten oft das Gericht „Käsespätzle" ausgezeichnet war.

Wegen der immer noch anhaltenden Hitze schwamm ich im eiskalten Wasser des Möhrenbaches. War das ein Genuss! Das Wichtigste für den Pilger ist das kühle Nass. Er braucht es zum Waschen, zum Kühlen und zum Trinken. Das lernte ich sehr schnell.

Als ich durch das Städtchen Monheim zur Kirche wanderte, fiel mir am Gasthaus „Goldenes Lamm" eine Gedenktafel auf. Hier hatte Martin Luther übernachtet, als er aus Augsburg nach den Gesprächen mit dem päpstlichen Gesandten Cajetan vertrieben worden war.

Ich übergab dem katholischen Pfarrer meine Botschaften. Anschließend nahm mich eine sehr engagierte Christin mit nach Hause. Dort lernte ich, dass ein richtiger Bayer nach 11 Uhr vormittags keine Weißwurst mehr isst. Die Wurst darf das Elf-Uhr-Läuten nicht mehr hören, so erzählten mir die Gastgeber.

DONNERSTAG, 16. AUGUST

Der Geistliche zeigte mir seine Kirche und erzählte allerhand Denkwürdiges aus der Geschichte des Ortes. Ein etwa zehnjähriger Junge, der offensichtlich Messdiener war, trat während seiner Ausführungen ins Kirchenschiff ein. Er musterte mich. Wahrscheinlich hatte er noch nie eine echte Fußpilgerin kennen gelernt. Der Pfarrer stellte mich vor, erzählte ihm vom Pilgern und vom Grund meiner Reise. Es ist erstaunlich, wie sehr sich Kinder für solch außergewöhnliche Unternehmungen interessieren.

Es war schon gegen elf Uhr, als ich meinen Marsch begann. Ich musste mich beeilen, damit ich nicht wieder zu spät am Zielort ankam.

Am Stadtrand holte mich der Besitzer einer Gaststätte, der noch ein Interview mit mir machen wollte, mit dem Auto ein. Er nahm mich noch einmal mit zurück zum Marktplatz.

Kurz vor dem Ende des Gespräches traf ich meinen Sohn und seine Freundin. Ich freute mich sehr über ihren Besuch.

Gegen 12 Uhr endlich konnte ich meinen Weg nach KAISHEIM beginnen. In dem kleinen Städtchen sah ich mir die ehemalige Zisterzienserklosterkirche aus dem 14. Jh. an. In den angrenzenden Klostergebäuden ist der prachtvoll ausgemalte Kaisersaal eine erwähnenswerte Sehenswürdigkeit. Bei einem Kaffee in der Bäckerei lernte ich einen Mann kennen, der beim Wasserwirtschaftsamt in Donauwörth arbeitete. Er lud mich ein. Ich freute mich über die nette Begegnung.

Nun zog ich weiter nach Donauwörth hinunter. Dort wurde ich im Kloster Heilig Kreuz erwartet. Ich ging auf der berühmten Reichsstraße, die von Nürnberg nach Augsburg führt. In der Stadtpfarrkirche ruhte ich mich kurz aus. Danach setzte ich meinen Weg an Reichsstadtbrunnen, Rathaus, Stadtzoll und Fuggerhaus vorbei, zum Kloster fort. Im Fuggerhaus hatte 1632 der Schwedenkönig Karl Gustav und 1711 Kaiser Karl VI. übernachtet. Bevor ich an der Klosterpforte ankam, konnte ich zahlreiche historische Gebäude entdecken.

Das ehemalige Benediktinerkloster mit seiner barocken Kirche machte auf mich einen sehr gepflegten Eindruck. Die Schwester fragte mich, ob ich ein Zimmer mit Dusche und Fernseher haben wollte. Dusche ja. Fernseher brauchte ich keinen auf meiner Pilgerwanderung. Es war festzustellen, dass auch in die alten Mauern Komfort eingezogen ist. Das Leben im Kloster ist sicher heute angenehmer als früher.

Den abendlichen Spaziergang durch Donauwörth nutzte ich gleich zu einem wohlschmeckenden Abendessen in einem Straßenrestaurant. Bevor ich müde ins Bett fiel bummelte ich noch zum Zusammenfluss von Wörnitz und Donau.

FREITAG, 17. AUGUST

Von der Schwester bekam ich ein reichhaltiges Frühstück, das ich nötig brauchte, um die Strapazen des Weges durchzuhalten. In der wunderschönen Klosterkirche erhielt ich von der Schwester eine Kopie des Heiligen Kreuzes als besonderes Geschenk.

Mein Weg führte nun stadtauswärts.

Auf der Donaubrücke rief mich ein Redakteur der Regionalpresse an. Er hatte von mir gehört und wollte unbedingt noch ein Interview machen. Der Pilger ist flexibel, ich erfüllte ihm also seinen Wunsch und wartete auf der Brücke.

Dann musste ich mich eben beeilen, um am Abend rechtzeitig den Zielort zu erreichen.

Ich hatte in den vergangenen Wochen eine gewisse Pilgerphilosophie entwickelt. Das heißt, ich plante immer nur den nächsten Tag. War auf alle Eventualitäten oder Programmänderungen eingestellt. Die weite, noch vor mir liegende Strecke bis nach Rom machte mir keine Angst. Aber über den bereits zurückgelegten Weg freute ich mich umso mehr.

Immer am Abend schätzte ich anhand einer Landkarte ein, wie weit ich es am nächsten Tag schaffen könnte. Möglichst ein größerer Ort sollte es sein. In ihm waren die Chancen besser, ein Quartier zu finden. In Deutschland wollte ich von Kirchturm zu Kirchturm ziehen und im Pfarrhaus um eine Übernachtungsmöglichkeit bitten. Durch die vielen Strukturreformen in den Landeskirchen werden die besetzten Pfarrstellen leider immer weniger. Deshalb hatten auch solche kirchenpolitischen Sparmaßnahmen Auswirkungen auf meine Pilgerwanderung.

Zunächst lief ich auf dem Donau-Radweg, später auf dem Zusam-Radweg. Die Landschaft war meist eben. Mein Trinkwasser wurde wegen der anhaltenden Hitze knapp. Endlich kam ich in WERTINGEN an.

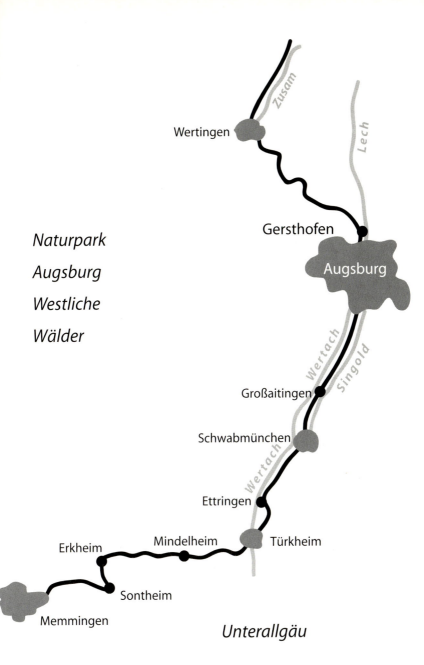

Naturpark
Augsburg
Westliche
Wälder

Wertingen

Zusam

Lech

Gersthofen

Augsburg

Wertach

Singold

Großaitingen

Wertach

Schwabmünchen

Ettringen

Erkheim
Mindelheim
Türkheim

Sontheim

Memmingen

Unterallgäu

SONNABEND, 18. AUGUST

Wieder hatte ich im Freien übernachten müssen, weil ich kein Quartier fand. Es war eine mir fremde Stadt, wie viele auf meiner Reise. Und doch wurde mir an diesem Abend bewusst, wie schwer so eine Reise sein kann. Ich schlief auf einer Wiese in der Nähe einer Tankstelle. Die ganze Nacht hörte ich ankommende und abfahrende Autos und Stimmengewirr. Ich dachte an die vielen erleuchteten Fenster, hinter denen Familien vielleicht gemütlich im Wohnzimmer beieinander saßen.

Ich war allein.

Niemand wartete auf mich.

Nach der nicht gerade erholsamen Nacht erwachte ich am Morgen trotzdem mit Freude. Noch eine Wegstrecke lag vor mir. In Gersthofen wollte mich meine Tochter abholen. Dieser Gedanke tröstete mich und spornte an. Ich wanderte durch Augsburgs Naturpark „Nördliche Wälder" bis nach Biberbach. Dort besuchte ich die alte Wallfahrtskirche. Spät abends erst kam ich in GERSTHOFEN an. Die Stadt, nahe dem Fluss Lech gelegen, war das Ende der ersten Etappe meiner Reise. Ich war in einundzwanzig Tagen bis kurz vor Augsburg gelaufen. Vierhundertachtundsechzig Kilometer lagen hinter mir. Für den 2. September war der Gottesdienst in der evangelischen St. Anna-Kirche geplant. Ich war also zwei Wochen zu früh angekommen. Fast ohne Pause war ich gelaufen. Hatte eigentlich mehr Zeit zum Ausruhen eingeplant oder auch mal einen Krankheitstag.

Umso besser!

Ich freute mich über den guten Fortschritt meiner Wanderung.

19. AUGUST BIS 1. SEPTEMBER

Ich verlebte erholsame Tage in HEIDENHEIM an der Brenz bei meiner Tochter und Enkelin. Das sechsjährige Kind freute sich natürlich, dass Oma fast jeden Tag mit zum Schwimmen ins Waldbad ging. Auch mein Sohn kam zu Besuch. Die Familie war für ein paar Tage zusammen.

Das tat uns allen gut.

Auch sonst kam keine Langeweile auf, denn ich musste den nächsten Abschnitt vorbereiten und die Kleidung auf herbstliches Wetter umstellen. Bis nach Augsburg trug ich abwechselnd „Römerlatschen" und Bergwanderschuhe an den Füßen. Mittags wechselte ich jeweils. In Heidenheim ließ ich nun die Sommerschuhe zurück und kaufte mir dafür ein Paar Turnschuhe von guter Qualität und eine rote, warme Wollhose für kalte Tage. Außerdem hatte mich der Abgeordnete der Württembergischen Landessynode eingeladen. Ich besuchte kirchliche Veranstaltungen, verteilte die Botschaften und gab der „Heidenheimer Zeitung" ein Interview. Auch im Reisetagebuch mussten Nachträge gemacht werden. Auf den Internetbericht warteten die Daheimgebliebenen und Interessierte in aller Welt. So vergingen die vierzehn Tage wie im Fluge.

SONNTAG, 2. SEPTEMBER

Morgens zeitig fuhren wir mit dem Auto nach AUGSBURG. Meine Tochter, Enkelin und Freundinnen begleiteten mich. Um 10 Uhr sollte der Gottesdienst beginnen. Wir hatten wegen der Parkplatzsuche Mühe, rechtzeitig die Kirche zu finden. Dort erwartete uns schon eine Freundin, die als Kunsthistorikerin im Diözesanmuseum arbeitet. Früher betreute sie das evangelische Gesamtkirchenarchiv im Annahof. Ich hatte sie vor ein paar Jahren kennen gelernt, als sie für mich zum „Diakon von Monstab" recherchierte.

Augsburg ist die kirchengeschichtlich wichtigste Stadt für mich als evangelische Christin, denn von ihr gingen wichtige Impulse während der Reformation aus. Auf dem Reichstag zu Augsburg im Jahr 1530 kam keine Einigung von Protestanten und Katholiken zu Stande. Philipp Melanchthon erarbeitete in dieser Zeit das erste protestantische Glaubensbekenntnis, die „Confessio Augustana". Bis heute ist das Augsburger Bekenntnis die Grundlage der evangelischen Glaubenslehre.

Die Unterzeichnung der Erklärung zur Rechtfertigungslehre am 31. Oktober 1999 in der evangelischen Hauptkirche St. Anna in Augsburg war ja für mich der Anlass zu dieser Pilgerwanderung gewesen. Eine Gedenktafel im Hof erinnert an dieses kirchenpolitisch wichtige Ereignis.

St.Anna, die ehemalige Karmeliterklosterkirche, ist auch bedeutend durch die daran angebaute Fugger-Grabkapelle aus dem Jahr 1509. Die Reformationsausstellung in der „Lutherstiege" betrachtete ich mit besonderem Interesse. Dort fand ich Hinweise zu D. Wenzelslaus Linck und auch Martin Luthers Reiseroute nach Rom.

Ob der wohl den ganzen Weg zu Fuß zurückgelegt hat?

Später habe ich immer wieder auf meiner Reise seine Spuren entdecken können.

Im Gottesdienst durfte ich die ökumenische Botschaft verlesen. Am Ende spendete die Gemeinde Beifall. Es war schon ein beeindruckendes Erlebnis für mich, an historischer Stelle sprechen zu dürfen.

Im Annahof gab ich danach dem Bayrischen Rundfunk, einer evangelischen Hörfunkagentur und der Evangelischen Presse Interviews.

Gedenktafel im Annahof

Beim Mittagessen lernte ich einen verheirateten, katholischen Priester kennen, der früher evangelischer Pfarrer gewesen war. Er konvertierte mit seiner Frau zum katholischen Glauben. Die Kinder blieben evangelisch. Auch bei ihm war, wie bei den Söhnen von Thomas Wolf aus Monstab Anfang des 16. Jh., die Genehmigung des Papstes erforderlich. Ein ungewöhnliches Beispiel gelebter Ökumene.

Mit dem MDR-Fernsehteam machten wir am Nachmittag einen Stadtrundgang.

Zunächst besuchten wird die „Fuggerhöfe". Ich erfuhr Bemerkenswertes über die sehr wohlhabende Augsburger Kaufmannsfamilie, die so einflussreich in Politik und Kirche Europas war. In der Jakobervorstadt, unterhalb des Rathauses, das zu Beginn des Dreißigjährigen Krieges erbaut worden war, befindet sich die so genannte Fuggerei. Jacob Fugger der Reiche hat sie gestiftet und 1516 bis 1525 erbauen lassen. Sie soll die erste Sozialsiedlung sein. Die rechtwinklig angelegte Siedlung von dreiundfünfzig Häusern mit einhundertsechs Wohnungen kann man durch drei Tore betreten, die um 22 Uhr geschlossen werden. Noch heute ist die Fuggerei bewohnt. Die malerische Anlage mit ihrer kleinen Kirche hat eine besondere Atmosphäre.

In unmittelbarer Nähe der Fuggerei befindet sich die Pilgerkirche St. Jakob mit einer schönen Brunnenanlage. Leider war sie an diesem Tag geschlossen.

In der Barfüßer-Kirche hatten wir mehr Glück. Vom alten Kirchenschiff sind nur noch die Umfassungsmauern übrig geblieben. Doch die Nebenräume und der bemerkenswerte Kreuzgang sind noch in Gebrauch. Hier predigte der Diakon von Monstab also von 1586–1588, als er im Altenburgischen seines Amtes enthoben war.

Augsburg ist eine der ältesten Städte Deutschlands. Als „Augusta Vindelicorum", im Jahre 15 v. Chr. von den Römern gegründet und später 500 Jahre lang Freie Reichsstadt, war sie seit dem 8. Jh. Bischofssitz. Der Dom St. Marien wurde im 10. Jh. errichtet.

Die älteste Kirche Augsburgs, St. Ulrich und Afra, in der Bischof Ulrich beigesetzt wurde, ist über dem Grab der Heiligen Afra entstanden, die im Jahre 304 n. Chr. den Märtyrertod erlitten hatte. Dort durfte ich ebenfalls die ökumenische Botschaft verlesen. Auch hier klatschte die Gemeinde. Am Ende der Abendmesse verlieh man mir das „Ulrich-Kreuz". Das war eine besondere Ehre für mich. Anschließend musste ich viele Fragen beantworten. Eine Christin lud mich spontan zum Übernachten ein.

MONTAG, 3. SEPTEMBER

Meine Gastgeberin, eine Krankenschwester, begleitete mich an ihrem freien Tag. Als katholische Christin ist sie eine geübte Wallfahrerin. In einer Kirche am Stadtrand von Augsburg hielten wir eine Andacht und sangen den beliebten Kanon: „Wenn zwei oder drei in meinem Namen zusammen sind, dann bin ich mitten unter ihnen" zweistimmig. Dann gingen wir auf einem Radweg mehrere Kilometer an der Wertach entlang.

Ein Herr, aus Chemnitz in Sachsen stammend, war beim Überholen mit dem Fahrrad auf das Plakat auf meinem Rucksack aufmerksam geworden und wollte gern mehr darüber erfahren. Da Chemnitz nicht weit von Altenburg entfernt liegt, hatten wir natürlich ein interessantes Gespräch. Er war in den Fünfzigern des vorigen Jahrhunderts sehr engagiert in der evangelischen Jungen Gemeinde gewesen, dann aber war er „nach dem Westen", wie wir in der ehemaligen DDR zu sagen pflegten, „gemacht". Dort hatte er geheiratet und eine Firma gegründet. Bis zur Wende 1989 ging es ihm sehr gut. Dann hatte er die Firma seines Vaters in Chemnitz zurück erhalten und wollte nun den Osten Deutschlands mit aufbauen. Leider ging es schief. Ungenügende Aufträge trieben nicht nur die Firma im Osten in den Ruin, sondern auch die in Augsburg.

Ein tragisches Schicksal, wie es inzwischen viele gibt.

Sein Lebenswerk war kurz vor der Pension „den Bach hinunter gegangen". Er hatte uns ca. zwei Kilometer zu Fuß begleitet. Dann verabschiedete er sich von uns und fuhr davon. Betroffen gingen wir allein weiter. Das Gespräch beschäftigte uns.

Die Ufer der Wertach waren beidseitig von einem Waldstreifen begrenzt. Als wir eine Lichtung entdeckten, verließen wir den Radweg, um zu rasten. Wir packten unseren Proviant aus und stärkten uns. Dem Herrn aus Chemnitz hätten wir gern Mut gemacht für seinen weiteren Lebensweg. Das schien uns nicht so richtig gelungen zu sein, als er neben uns ging. Darüber waren wir sehr traurig.

Plötzlich sahen wir ihn am gegenüberliegenden Flussufer mit seinem Fahrrad wieder. Wahrscheinlich hatte er die Wertach auf einer Brücke, die wir nicht sehen konnten, überquert. Er winkte herüber. Wir sprangen beide spontan auf und riefen ihm noch ein paar Mut machende Sätze hinüber. Er bedankte sich, winkte und verschwand ein zweites Mal.

Wir spürten das Wirken Gottes. Er hatte uns unsere Aufgabe erfüllen lassen. Dafür waren wir sehr dankbar. Zufrieden setzten wir unseren Weg fort, sprachen von Gott und der Welt.

Die Krankenschwester trug ein Buch bei sich, in dem Fürbitten-Gebete aufgeführt waren. Sie las eins nach dem anderen im Gehen vor und dazwischen sangen wir das „Kyrie, Kyrie eleison". Wir beteten mit den Füßen, wie schon der heilige Franziskus gesagt hat.

Am Nachmittag erreichten wir die alte Römerstraße, die von Augsburg nach Kempten führt. Ein Wegstein mit einer interessanten Inschrift machte uns darauf aufmerksam.

In GROSSAITINGEN erwartete mich die katholische Pfarramtssekretärin. Die Augsburger Freundin hatte das arrangiert. Beim abendlichen Gespräch erfuhr ich von der großen Schlacht auf dem nahen Lechfeld im Jahre 955. Dort hatte Kaiser Otto I. den entscheidenden Sieg über die Ungarn errungen. Seitdem führte er die Bezeichnung „der Große".

DIENSTAG, 4. SEPTEMBER

Bei regnerischem Wetter marschierte ich nach Schwabmünchen, von dort aus weiter durch den Luitpoltpark auf dem Singold-Wanderweg, später durch den Afrawald.

An einem Wassergraben traf ich in einem Bauwagen einen Mitarbeiter des Wasserwirtschaftsamtes Donauwörth. Zu meinem Erstaunen kannte er meinen Bekannten, mit dem ich in Kaisheim Kaffee getrunken hatte, sehr gut. Wir riefen ihn an. Natürlich war er genauso überrascht, wie klein doch die Welt manchmal ist.

Das schlechte Wetter machte mir sehr zu schaffen. Trotz Wachs wurden meine Schuhe immer feuchter. Der mir endlos erscheinende Wertach-Flusswanderweg war zu eintönig. Ich war sehr froh, dass die Pfarramtsmitarbeiterin in TÜRKHEIM auf mich gewartet hatte, obwohl ich mich eine Stunde verspätete. Ich durfte im katholischen Kinderhaus übernachten.

MITTWOCH, 5. SEPTEMBER

Der Messner zeigte mir das Kirchenschiff und die in der Unterkirche befindliche Nachbildung des Heiligen Grabes. Besonders bemerkenswert ist die dreihundert Jahre alte Kopie des heiligen Grabtuches.

Im Stadtbild fielen mir nun die Hinweisschilder zur „Sieben-Schwaben-Tour" und das nahe gelegene „Sieben-Schwaben-Museum" sowie eine „Keltenschanze" auf. Namen und Begriffe, die mir bekannt erschienen durch Erzählungen und die Besiedlungsgeschichte.

Unterwegs nach Mindelheim sah ich viel wilden Rittersporn und die ersten Herbstzeitlosen am Wege stehen. Immer wieder nahm ich mir Zeit, um die Wunder der Natur zu bestaunen.

Ich besuchte die Wallfahrtskapelle „St. Anna" und die Besitzerin der nahen Gaststätte erzählte mir die Geschichte der Entstehung der Kapelle.

In MINDELHEIM fand ich ein Quartier im katholischen Rüstzeitheim „Josephstift". Nach einer kurzen Ausruhzeit nahm ich an der Abendmesse im Stift teil und spazierte anschließend durch die historische Altstadt. Wieder gab es viel Bemerkenswertes zu entdecken. Ich besichtigte die Pfarrkirche St. Stephan, die zu Beginn des 18. Jh. erbaut wurde. Der ältere Glockenturm aus dem 15 Jh. wurde in den Bau einbezogen. Auch Martin Luther war 1511 hier im Jesuitenhaus zu Gast gewesen. Auf einer Erinnerungstafel fand ich diese Nachricht. In der Liebfrauen-Kirche befindet sich das sehr schöne spätgotische Schnitz-Relief „Die Mindelheimer Sippe". Teile der alten Stadtmauer aus dem 15. und 16. Jh. sind noch gut erhalten. Ebenfalls die um 1370 gegründete Mindelburg.

DONNERSTAG, 6. SEPTEMBER

Als ich Mindelheim verließ, machte ich einen großen Fehler. Zunächst stieg ich zu einer Kapelle hinauf, von wo aus ich einen sehr schönen Blick auf die Stadt hatte. Dann nahm ich aber den falschen Weg in Richtung Memmingen.

So etwas sollte einem Pilger nie passieren!

Denn der Umweg, an diesem Tag immerhin sechs Kilometer, kostet zusätzlich Kraft und Zeit. Ich überquerte erst die „Östliche Günz", dann die „Westliche Günz". Kurz vor Westerheim überholten mich eine Frau und ein Mädchen mit dem Fahrrad. Das Schild auf meinem Rucksack hatte sie neugierig gemacht. Sie stiegen ab, unterhielten sich mit mir und nahmen mich mit nach Hause. Bei einer gemütlichen Vesper stellte ich fest, dass zur Familie acht Kinder gehörten. Ich staunte nicht schlecht.

Vor dem Kinderheim St. Hildegard in Memmingen

Der Vater war Schuldirektor, die Mutter Lehrerin.

Auf dem letzten Abschnitt der Tagesetappe regnete es unaufhörlich. Die Augsburger Freundin hatte mich im Kinderheim „St. Hildegard" in MEMMINGEN angemeldet. Erst gegen 21.30 Uhr kam ich dort an. Es war inzwischen stockdunkel geworden. Ich hatte große Angst, dass ich niemanden mehr dort antreffen würde. Als ich das Kinderheim erreichte, brannte, Gott sei Dank, in einem Zimmer noch Licht. Vorsichtig klopfte ich an die Tür. Von drinnen forderte man mich zum Eintreten auf. Da saßen elf Franziskaner-Schwestern im Halbkreis mit zwei Pfarrern, einer aus Indien, ein anderer aus Polen. Sie hatten zwei Stunden auf mich gewartet, weil sie gespannt waren auf meinen Reisebericht. Natürlich hatten die Schwestern für mich auch ein Abendessen aufbewahrt. Noch während des Essens musste ich mit dem Erzählen beginnen. Wir verlebten zusammen einen schönen Abend. Mir wurde richtig warm ums Herz. Das lag nicht nur am gut geheizten Zimmer. Ich durfte sogar in der Klausur schlafen. Ein liebevoll geschmückter Tisch erwartete mich dort.

FREITAG, 7. SEPTEMBER
Nach der gemeinsamen Morgenandacht in der Hauskapelle frühstückte ich mit den Schwestern.

Dann fuhren drei Schwestern mit dem Auto der Mutter Oberin und mit mir in die Innenstadt. Wir besichtigten alle Kirchen und verteilten die Botschaften in den Pfarrämtern. Ich erfuhr, dass Luther in Memmingen seine letzte Predigt als katholischer Geistlicher gehalten hatte. Sein Messgewand wird in Ottobeuren aufbewahrt.

Eine der evangelischen Kirchen hatte noch eine besondere Geschichte aufzuweisen. Dieses sakrale Bauwerk teilten sich in der Zeit der Reformation Mönche, Nonnen und Protestanten.

Memmingen wurde 1160 gegründet, so erzählte mir eine Schwester. Durch die günstige Lage am Kreuzpunkt von zwei wichtigen Handelsstraßen, Salzburg-Schweiz und Fernpass-Ulm, entwickelte sich der Ort sehr schnell zu einem wirtschaftlichen und geistigen Zentrum. In der ehemaligen Reichsstadt besichtigte ich u. a. die St. Martins-Kirche am Martin-Luther-Platz und die Frauenkirche, die wegen ihrer schönen Fresken berühmt ist. Beide wurden im 15. Jh. erbaut. Das „Siebendächerhaus" aus dem Jahr 1601 gefiel mir besonders gut. Durch die sich überlappenden Dächer entstehen Vorsprünge, unter denen früher die Gerber ihre Felle zum Trocknen aufhängen konnten.

Nun musste ich mich beeilen, um noch am Abend Bad Wurzach zu erreichen.

Mein Weg führte bei regnerischem Wetter durch das waldreiche Unterallgäu. Den Hut aus Amerika musste ich sogar mit Schnürsenkeln festbinden, damit er nicht wegflog wegen des starken Windes.

Als ich über einen Hügel gewandert war, sah ich eine seltsame Landschaft. Im Tal lag die Stadt BAD WURZACH. Aber um sie herum gelblich schimmernd etwas Seltsames, das „Wurzacher Ried". Ich hatte noch nie ein Moor von oben gesehen. Dieses Naturschutzgebiet ist mit sechzehn Quadratkilometern das größte zusammenhängende, noch intakte Hochmoor Mitteleuropas. Katholische Schwestern hatten hier schon vor langer Zeit die erste Kureinrichtung geschaffen, um kranken Menschen mit den wohltuenden Moorbädern zu helfen. Ich durfte bei den Schwestern des Schulordens im Kurhaus übernachten. Das Kloster Maria Rosengarten besitzt ein bemerkenswertes Treppenhaus und eine schöne, kleine Rokoko-Kapelle.

SONNABEND, 8. SEPTEMBER
Der Tag begann mit der gemeinsamen Morgenmesse in der Hauskapelle und einem guten Frühstück. Nach der Verabschiedung von den Schwestern wanderte ich durch den Kurort.

Ich kam am ehemaligen fürstlichen Schloss und am Heilig-Geist-Spital von 1695 vorbei. Von einer Gedenktafel erfuhr ich, dass der bekannte „Bauernjörg" in der Geschichte der Stadt eine große Rolle gespielt hat. Zur Zeit des Bauernkrieges 1525 war er ein wichtiger Mann im Schwäbischen Bund.

Am Stadtrand entdeckte ich das Leprosenhaus, ein Fachwerkgebäude von 1696, mit Kapelle.

Ein Stück marschierte ich auf der „Oberschwäbischen Barockstraße". Später verließ ich sie, um in Richtung Bodensee zu wandern. In BAIENFURT traf ich auf der Straße eine Frau mit einem Hund. Wir kamen ins Gespräch und sie lud mich zum Kaffee in ihr Haus ein. Immer wieder hatte ich solche netten Begegnungen, die meiner Seele sehr viel Kraft

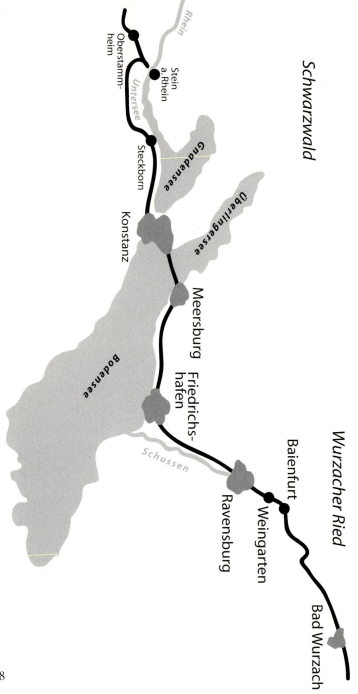

Schwarzwald

Rhein

Oberstamm-
heim

Stein
a. Rhein

Untersee

Gnadensee

Steckborn

Überlingersee

Konstanz

Meersburg

Bodensee

Friedrichs-
hafen

Schussen

Wurzacher Ried

Baienfurt

Ravensburg

Weingarten

Bad Wurzach

68

gaben und Mut machten. Gott schickte mir auf der gesamten Reise zur rechten Zeit Menschen, die mir gut taten und weiterhalfen.

Die Frau und ihr Mann begleiteten mich noch bis nach Weingarten.

Ein Freund, der inzwischen Präsident der Landessynode von Württemberg ist, gab mir telefonisch die Adresse vom Dekan von Ravensburg. Dort sollte ich an diesem Tag übernachten, weil die Pastorin in Weingarten leider kein Interesse hatte, eine evangelische Pilgerin kennen zu lernen. Sie wollte mich in der Jugendherberge unterbringen. Dazu war ich aber doch schon zu alt und besaß daher nicht den notwendigen Ausweis. Also versuchte ich, es noch bis zum Abend nach Ravensburg zu schaffen.

Doch die größte Barockbasilika auf deutschem Boden in WEINGARTEN besichtigte ich trotzdem noch mit dem Ehepaar aus Baienfurt. Die Benediktiner-Klosterkirche St. Martin von Tours und St. Oswald sowie die dazugehörige Klosteranlage entstanden auf einer Anhöhe über dem Schussen-Tal in den Jahren 1715 bis 1724. Dem „Schussen-Wanderweg" folgte ich nun hinunter nach Ravensburg. Flusswanderwege ging ich besonders gern, weil ich das Gefühl hatte, wie das Wasser unterwegs zu sein.

Als ich in RAVENSBURG ankam, sah ich Transparente mit der Aufschrift „Ravensburg spielt". Ich kam wieder einmal zum richtigen Zeitpunkt. Die Stadt feierte ein großes Fest. Meine Heimatstadt Altenburg und Ravensburg verbindet die Herstellung von Spielen. In Altenburg werden Spielkarten hergestellt, deshalb trägt sie den Beinamen „Skatstadt", und in Ravensburg Spiele.

Der Dekan von Ravensburg weilte zu dieser Zeit in Afrika. Seine Frau nahm mich stellvertretend herzlich auf. Wir verstanden uns sehr gut. Vor dem Schlafengehen spielte sie für mich auf dem Klavier. Ich liebe Musik.

SONNTAG, 9. SEPTEMBER

Im Gottesdienst um 10 Uhr in der evangelischen Stadtkirche durfte ich die ökumenische Botschaft verlesen und der Gemeinde vom Romprojekt erzählen.

Gegen Mittag brach ich nach FRIEDRICHSHAFEN auf. Wieder folgte ich dem Fluss Schussen. Der Weg führte an Meckenbeuren vorbei zum Zeppelinflughafen. Dort bestaunte ich die riesigen Zeppelin-Flugmobile.

Am späten Nachmittag besuchte mich unterwegs ein Freund aus Karlsruhe, mit dem ich kurzentschlossen einen Ausflug zum Pfahlbaumuseum in Unteruhldingen unternahm. Dort rekonstruierte man 1921 bis 1922 anhand von archäologischen Ausgrabungsergebnissen zwei Dörfer der Stein- und Bronzezeit. Zu Fuß hätte ich das Museum nicht erreichen können. Deshalb wollte mir der Freund eine Freude machen mit seiner Einladung. Ich war froh über diesen kleinen Abstecher mit dem Auto. Das Fahren erzeugte ein seltsam ungewohntes Gefühl in mir. Der Freund brachte mich nach dem Ausflug zurück zum Flugplatz.

In Friedrichshafen erwarteten mich am Abend der Dekan und seine Frau. Ein paar Tage vorher hatte man den Vorgesetzten aller Pfarrer des Kirchenkreises aus dem Krankenhaus entlassen. Er erschien mir nach einer überstandenen Operation schwach und mutlos. Wir hatten nach dem Abendessen ein sehr emotionales Gespräch. Er blühte richtig auf.

MONTAG, 10. SEPTEMBER

Zu dieser Zeit war das Wetter ungewöhnlich kalt am Bodensee. Die Frau des Dekans begleitete mich noch ein Stück auf meinem Weg durch die baden-württembergische Stadt. Sie erzählte mir die Sage vom Reiter, der über den zugefrorenen Bodensee geritten war. Ich konnte es kaum glauben, weil doch eigentlich in dieser Region subtropisches Klima herrscht. Bevor wir uns trennten, zeigte sie mir noch die sehr schöne evangelische Schlosskirche vom Ende des 17. Jahrhunderts. Sie gehörte ursprünglich zu einem Kloster, das 1824 bis 1830 in ein Schloss umgewandelt wurde.

Bei der Verabschiedung bedankte sie sich sehr herzlich für die trostreichen und auch Mut machenden Worte, die ich ihrem Mann am Abend vorher gesagt hatte. Das scheint mir nach längerem Nachdenken auch eine Aufgabe der Pilger unterwegs zu sein.

Auf dem Weg am nördlichen Seeufer entlang, den ich nun nahm, musste ich die dicken, warmen Sachen anziehen, so kalt blies der Wind.

Ich lernte den Bodensee- und den Weinlehrpfad kennen.

Der Bodenseerundwanderweg führte an der Hagnauer Kirche und den Weinbergen vorbei. Es waren kaum Schiffe auf dem See. Der stürmische Wind macht das Binnenmeer gefährlich.

In MEERSBURG angekommen, beeindruckte mich besonders die älteste Burg Deutschlands. Dort hatte Annette von Droste-Hülshoff, die berühmte deutsche Dichterin, bis zu ihrem Tod im Jahre 1848 gelebt. Es existierte möglicherweise sogar ein merowingischer Vorgängerbau, so las ich in einem Führer. An der Erbauung des Neuen Schlosses im frühen 18. Jh., einer Barockresidenz, haben im Auftrag der Fürstbischöfe von Konstanz, berühmte Architekten, wie zum Beispiel Balthasar Neumann, mitgewirkt. Leider reichte meine Zeit nicht aus, um die zahlreichen Museen zu besuchen. Mein Sohn kam am Abend mit seiner Freundin, um mich abzuholen. Ich sollte mich bei ihm im Schwarzwald ein paar

Tage erholen, bevor es in die Schweiz ging. Siebenhundertdrei Kilometer lagen bereits hinter mir.

DIENSTAG, 11. SEPTEMBER

Am Vormittag wusch ich in St. Georgen-Peterzell meine Wäsche und brachte die Ausrüstung in Ordnung. Völlig verstört kam in der Mittagspause mein Sohn nach Hause und schaltete den Fernseher ein.

Etwas Furchtbares war passiert!

Schon im Autoradio hatte er in den Nachrichten von den schlimmen Geschehnissen gehört. Wir konnten nicht glauben, was da gesagt wurde. Die beiden Wolkenkratzer des World Trade Centers in New York waren durch zwei Flugzeuge zerstört worden. Tausende Menschen waren ums Leben gekommen.

Es war eine Katastrophe von unvorstellbarem Ausmaß!

Wir sahen Bilder, die wir nie wieder vergessen werden. Da ich für Versöhnung, Vertrauen aufbauen und Brücken bauen unterwegs war, fragten mich von diesem Tag an die Menschen immer wieder, was ich über die schreckliche Katastrophe dachte. Großes Entsetzen hatte alle friedliebenden Menschen ergriffen. Auch mich.

Leider begleiteten auch meinen weiteren Weg nach Rom immer neue Katastrophen.

MITTWOCH, 12. SEPTEMBER

Filmfreunde vom Ortenau – Kreis holten mich in Peterzell ab. Ich sollte bei ihnen in ELGERSWEIER ein paar Tage verbringen und natürlich auch dort von der Reise erzählen. Zum Mittagessen kehrten wir in der „Schönen Aussicht" bei Schonach ein. Die Gaststätte befindet sich mitten im Schwarzwald. Dann fuhren wir das Kinzigtal hinunter bis zum Dorf Elgersweier, das kurz vor Offenburg am Rand des Schwarzwaldes liegt. Bereits seit 1988 ist die badische Stadt Partnerstadt von Altenburg. Als im Altenburger Landestheater am 3. Oktober 2000 die Festveranstaltung zum Jubiläum „10 Jahre Deutsche Einheit" stattfand, hatte ich den Oberbürgermeister, den Dekan der Evangelischen Kirche und weitere Persönlichkeiten des öffentlichen Lebens von Offenburg getroffen. Deshalb war es mir eine besondere Freude, auch in unserer Partnerstadt meine Botschaften zu verteilen. Abends fand in Elgersweier eine Begrüßungsfeier mit den Freunden der Filmgruppe statt.

Die Hobbyvideofilmer stehen in freundschaftlicher Verbindung mit den Filmfreunden im Altenburger Land. Die Altenburger hatten einige

Zeit vorher mit mir an einem Film über die „Dorfkirchen im Altenburger Land" gearbeitet, hierbei war ich für die Texte verantwortlich gewesen. Diese Aufgabe hat mir sehr viel Freude bereitet, da ich mein kirchengeschichtliches Wissen in das Projekt mit einbringen konnte. Die Videofreunde ernannten mich nach der Fertigstellung des Films zum Ehrenmitglied ihres Vereins. Zum 25. Jahrestag der Gründung der Filmgruppe Ortenau nahmen sie mich mit nach OFFENBURG. So lernte ich die badischen Freunde kennen.

Der Abend war sehr unterhaltsam und humorvoll, so, wie man im Badischen eben zu feiern versteht. Auch ein Vertreter der Offenburger Zeitung war anwesend, der ein Interview mit uns machte.

DONNERSTAG, 13. SEPTEMBER

Mit den Fahrrädern fuhren wir an der Kinzig entlang nach Offenburg. Dort besuchten wir die katholischen und evangelischen Pfarrämter und verteilten die Botschaften.

Von den Freunden aus Elgersweier erfuhr ich, dass Johann Jakob Christoffel von Grimmelshausen, der durch „Der Abenteurliche Simplicissimus Teutsch" bekannt wurde, hier ab 1639 Festungsschreiber war. Auf dem Vorplatz der Katholischen Stadtpfarrkirche Heilig Kreuz, einem ehemaligen Friedhof, steht eine bemerkenswerte Ölberggruppe aus dem Jahre 1524. Auch das Rathaus und das barocke Landratsamt gefielen mir sehr gut. Das unterirdische „Judenbad" aus dem 13. Jh., das für die rituellen Waschungen der Juden bestimmt war, hat mich besonders interessiert. Erstmals sah ich eine solche Anlage. Nach der umfangreichen Stadtrundfahrt radelten wir zurück nach Elgersweier.

Für den Nachmittag hatten wir uns einen Ausflug ins nahe gelegene Gengenbach vorgenommen. In einem Stadtführer las ich, dass der Ort seit 1360 Freie Reichsstadt war. Wir bummelten durch das Städtchen mit seinen schönen Fachwerkhäusern aus dem 17. und 18. Jh. Die ehemalige Benediktiner-Basilika St. Maria entstand Anfang des 12. Jh. In der Klosterbäckerei kauften wir ein rustikales Brot, das noch traditionell gebacken wird. Es schmeckte uns köstlich. Auf dem Rückweg kamen wir an der Burg Ortenberg vorbei, die im 12. Jh. von den Zähringern errichtet wurde. Sie steht weithin sichtbar am Ausgang des Kinzig-Tales.

FREITAG, 14. SEPTEMBER

Ein Besuch im Oberrheinischen Tabakmuseum in Mahlberg war an diesem Tag vorgesehen. Während der Fahrt konnten wir in der Ferne, auf der anderen Seite der Rheinebene, das Straßburger Münster erkennen.

Im Museum erfuhren wir viel Interessantes über den Tabakanbau und die Zigarrenproduktion. Einiges kam mir bekannt vor, da ich als Schulkind in den Ferien bei der Tabakernte geholfen hatte. Damals wurden von uns lange Ketten gefädelt und dann zum Trocknen in der Scheune eines Bauernhofes aufgehängt. Mein leider schon 1976 verstorbener Vater rauchte Zigarren und kaute auch manchmal Kautabak, „Priem" genannt. Die Erinnerungen lebten wieder auf, als der Museumsleiter uns alles sehr anschaulich erläuterte. So wurde meine Pilgerreise immer wieder zur Bildungsreise und zur Reise in die eigene Vergangenheit.

Ich wollte mir gern noch die Jakobskirche in Schutterwald ansehen, die in einem Pilgerführer, den ich unterwegs geschenkt bekommen hatte, Erwähnung fand. Leider war sie wegen Bauarbeiten geschlossen. Doch vor der Kirche an der Hauptstraße fand ich das Hinweisschild des Jakobsweges, mit der Muschel gekennzeichnet.

SONNABEND, 15. SEPTEMBER
Meine Gastgeberfamilie feierte den ersten Schultag des Enkels. Auch ich war natürlich zum Fest eingeladen.

Nach der Feier fuhren wir noch einmal nach GENGENBACH, um den Sinnpfad zur Portiunkula-Kapelle hinauf zu steigen. Zum Nachdenken anregend und zur Schulung der Wahrnehmungen ist dieser Weg für mich und sicherlich auch für viele andere Menschen sehr wichtig geworden. Er endet mit dem „Sonnengesang" des Heiligen Franziskus vor der Kapelle auf dem Hügel. Der Text auf einer so genannten Impulstafel sollte für mich unterwegs noch große Bedeutung erhalten. Das begriff ich aber zu diesem Zeitpunkt noch nicht. Er lautet:

Bedenke:
Nur ein kleines Stück deines Lebensweges kannst du überblicken, alles andere liegt im Geheimnis
Jeder Weg aber erschließt sich im Gehen.

Wegkreuzung:
Der Pfad kreuzt den Weg.
Wo willst du weitergehen?
Wäge ab, was jetzt für dich gut ist.
Entscheide dich bewusst.
Schau nach oben, dorthin wo Pfad und Weg zusammentreffen.

Wenn du dich entschieden hast,
dann geh deinen Weg zielbewusst und froh,
ohne auf den anderen Weg zu schielen.

Bedenke:
Unentschlossenheit und Halbherzigkeit macht unzufrieden.
Du kannst immer nur eine Sache tun.
Denke an so manche kleine und große Entscheidungen in deinem
   Leben.
Denke an bevorstehende Entscheidungen.

Jesus Christus sagt
   Niemand kann zwei Herren dienen. Mt 6,24

Ich schrieb die Worte in mein Tagebuch und las sie unterwegs öfters.
Immer wieder dachte ich über frühere Erlebnisse nach und machte mir
Gedanken über die Zukunft.

   Als wir auf dem „Trimm-dich-Pfad für die Seele" wieder zur Stadt
hinunter wanderten, banden wir ein Kreuz aus Zweigen mit Gras zusammen und steckten es in den weichen Waldboden. Es sollte ein spirituelles
Zeichen sein. Vielleicht steht es noch heute an dieser Stelle.

   Am Abend waren wir zu einer Geburtstagsfeier eingeladen. Die Familie der Jubilarin und viele Freunde waren in einem Gasthof versammelt,
um beim Sechzigsten dabei zu sein. Das Essen war sehr reichlich und gut.
Der badische Wein schmeckte natürlich auch hervorragend. Einige von
den Gästen hatten Beiträge zum Festprogramm mitgebracht. Wir amü-
sierten uns köstlich. Gegen zwei Uhr morgens machten wir uns auf den
Heimweg. Die anderen Gäste feierten immer noch ausgiebig. Noch nie
war ich auf einer Feier, auf der man erst eine Stunde nach Mitternacht
mit dem Tanzen begann. Ich glaube, sie haben bis zum Morgen durchge-
halten. Die „Badener" haben eine tolle Kondition beim Feiern. Da
konnte ich bei weitem nicht mithalten.

SONNTAG, 16. SEPTEMBER
Die Freunde aus Elgersweier brachten mich mit dem Auto zurück nach
PETERZELL. Im „Pilger Aufbau- und Erholungszentrum Elgersweier"
hatte ich mich gut erholt und neue Kräfte gesammelt für den dritten
Abschnitt der Reise. Mein Sohn feierte an diesem Sonntag Geburtstag.
Ich freute mich, dass ich an dem besonderen Tag bei ihm sein konnte.

MONTAG, 17. SEPTEMBER

Mit dem Fahrrad fuhr ich das Gropper-Tal hinunter nach VILLINGEN. Ich besichtigte das historische Stadtzentrum und erfuhr aus einem kleinen Buch viel über den geschichtlich interessanten Ort. Bereits 817 erstmals genannt, war er seit dem 12. Jh. Freie Reichsstadt. 1972 wurde er mit Schwenningen vereint. Der Vorgängerbau des heutigen Liebfrauenmünsters brannte 1271 nieder. Erhalten gebliebene Teile wurden in das bis zum 16. Jh. wieder errichtete Kirchengebäude einbezogen. Besonders schön sind die spätgotischen Maßwerkfenster und das darunter befindliche romanische Portal. Ich schaute mir auch das ehemalige, 1268 gegründete Franziskanerkloster mit Kirche, Kreuzgang und Kapelle an, sowie die Neckarquelle mit dem Quellstein von 1581. Danach radelte ich wieder durch den herrlichen Wald hinauf nach Peterzell.

Am Nachmittag lud mich der „Neckarbote" zu einem Interview nach Schwenningen ein.

DIENSTAG, 18. SEPTEMBER

Am letzten Tag der Ruhezeit im Schwarzwald besuchte ich den nahe gelegenen Ort KÖNIGSFELD. Dort besichtigte ich den schönen Kirchensaal der pietistischen Herrnhuter Brüdergemeine, die durch Graf Nikolaus von Zinzendorff gegründet worden ist. Seit einigen Jahren ist es mir zur Gewohnheit geworden, den Tag mit den Losungen zu beginnen, die von den Herrnhutern herausgegeben werden.

Anschließend brachte ich die Botschaften ins Königsfelder Pfarramt.

Dort verwies man mich an einen Pfarrer und Historiker, der mir das „Albert-Schweitzer-Haus" zeigte. Seit ich als Schulkind in unserer Kirche den Film über den berühmten Urwalddoktor gesehen hatte, verehre ich ihn sehr. Sein berühmter Leitspruch „Ehrfurcht vor dem Leben" sollte auch uns im 21. Jh. Vorbild sein.

Mit Sohn und Freundin besuchte ich den Triberger Wasserfall, den höchsten in Deutschland. Erst nach mehr als zwei Monaten sollte ich meine Familie wiedersehen. Es war ein Abschied für lange Zeit.

MITTWOCH, 19. SEPTEMBER

Das Fernsehteam holte mich an diesem Morgen zeitig mit dem Auto in Peterzell ab. Sie wollten meinen Grenzübertritt in die Schweiz filmen. Wir fuhren mit der Fähre von Meersburg nach Konstanz. Inzwischen hatte ich das Wesentliche über die Geschichte der bedeutenden Stadt am Westufer des Bodensees gelesen.

Leprosenhaus in Bad Wurzach

Kaiser Constantius Chlorus soll die Stadt laut Mauerfunden auf dem Münsterplatz im 3. Jh. n. Chr. gegründet haben. Um 600 wurde Konstanz Bischofsitz, von 1192 bis 1548 auch Freie Reichsstadt. 1414 bis 1418 fand in der Stadt am Bodensee das erste Konzil auf deutschem Boden statt, das den böhmischen Reformator Jan Hus als Ketzer verurteilte und anschließend vor den Toren der Stadt auf einem Scheiterhaufen verbrennen ließ. Das so genannte Konzilsgebäude, in dem früher mit Leinwand gehandelt wurde, entstand 1388.

Ich ging nun über die alte Rheinbrücke, am ältesten Theater Deutschlands aus dem Jahr 1609 vorbei, zum Münster. Das bedeutende sakrale Bauwerk lud auch mich zum Beten ein. Schon viele Jahrhunderte lang waren die Pilger hier eingekehrt, bevor sie ihren Weg nach Einsiedeln, Jerusalem, Rom oder Santiago de Compostela fortsetzten.

In einer Seitenkapelle waren Zeichnungen eines Jakobspilgers ausgestellt. Ich betrachtete sie mit großem Interesse. Leider besitze ich nicht dieses kreative Talent.

Die Kathedrale steht auf dem Boden eines versunkenen Römerkastells. Die Krypta stammt aus dem 10. Jh. Der berühmteste Teil des Münsters ist das Heilige Grab in der Mauritiuskapelle von 1280. Vor dem Münster beginnt der „Schwabenweg": der berühmte Pilgerweg zum Kloster Einsiedeln in der Schweiz.

Leider konnte ich den mit der Muschel gekennzeichneten Hinweisschildern nicht folgen, denn ich wurde in Zürich erwartet. Dort sollte es am 23. September einen Pilgergottesdienst in der St. Jakob-Kirche geben. Der Pilgerpfarrer hatte per Internet die Pilger in der Schweiz aufgerufen, mich auf meinem Weg durch das Alpenland zu begleiten. Der Freund aus Ossingen hatte die Route bis ins Tessin geplant und die Übernachtungen organisiert. Im Internet konnten sich alle Interessierten informieren. Und sie kamen, um symbolisch die Botschaften mit zu tragen und mit mir durch die herrlichen Landschaften zu wandern. Ich habe unterwegs viel von ihnen gelernt, und sie haben mich durch ihre Begleitung über die Alpen getragen.

76

Für den Abend war eine Begrüßungsfeier in der Schreinerwerkstatt meines Freundes in OSSINGEN organisiert. Deshalb wanderten wir an diesem Nachmittag nicht mehr sehr weit. Das Fernsehteam nahm noch den Einzug in Ossingen auf. Dann begrüßten mich Vertreter aus acht Nationen. Evangelisch-lutherische, römisch-katholische und reformierte Kirchenvertreter, Freunde, Journalisten und natürlich die Familie meines Freundes. Auch der Pilgerpfarrer mit seiner Frau und ein Vertreter der Arbeitsgemeinschaft Christlicher Kirchen des Kantons Zürich waren gekommen, um bei meiner Ankunft in der Schweiz dabei zu sein. Nach den Begrüßungsansprachen unterhielten sich alle bei einem kleinen Essen ganz zwanglos. Es war ein besonderes Fest für mich, das mir immer in guter Erinnerung bleiben wird.

Auf dem „Schwabenweg" vor dem Stadttor in Konstanz

DONNERSTAG, 20. SEPTEMBER

Der Erste richtige Wandertag in der Schweiz begann wieder in KONSTANZ. Eine Pilgerin aus Zürich begleitete mich an diesem Tag.

Wir marschierten auf dem Schwabenweg am Jan-Hus-Haus vorbei durch das Stadtzentrum in Richtung Landesgrenze. Der Hussitenkrieg hatte auch in meiner Heimat um 1430 großen Schaden angerichtet und viel Leid über die Menschen gebracht. Martin Luther griff 100 Jahre später die Ideen von Hus wieder auf. Luther hatte mehr Erfolg bei der Durchsetzung der Reformen, da er von seinem Landesherrn unterstützt und beschützt wurde.

An der Grenze lächelte der Beamte, als ich seine Frage beantwortete. Nein, ich hatte nichts zu verzollen. Er wünschte mir sogar eine gute Reise und einen angenehmen Aufenthalt in der Schweiz.

Am Stadttor trafen wir einen Pilger aus Stuttgart, der in seinem zweiwöchigen Urlaub nach Genf wandern wollte.

Er war ein so genannter „Luxuspilger". Schlief in Hotels und wollte unterwegs nicht auf Komfort verzichten. Jeder pilgert eben auf seine Weise und nach seinem Geldbeutel.

Nun wanderten wir am Untersee entlang in Richtung STECK-BORN. Das Wetter war regnerisch. Wir sahen von unserem Seewanderweg aus die gegenüberliegende Insel Reichenau. Sie ist durch einen Straßendamm mit dem Festland verbunden und zeichnet sich durch einen ungewöhnlich fruchtbaren Boden und einige Stätten alter, christlicher Kultur aus.

In Steckborn holte mich der Ossinger Freund mit dem Auto ab und wir fuhren nach STEIN AM RHEIN. Das mittelalterliche Brücken- und Klosterstädtchen gefiel mir sehr gut. Besonders die zum Teil in barocker Zeit bemalten Fassaden der Häuser und die schönen Erker. Die Fischer- und Bauernsiedlung nahm Aufschwung, seitdem 994 das Benediktinerkloster St. Georgen vom Hohentwiel nach Stein verlegt wurde. Die ehemalige Klosterkirche wurde im 11. Jh. erbaut, wie ich einem Faltblatt entnahm. Vögte der Abtei waren zunächst die Zähringer, später die Freiherren von Klingen. Sie ließen die alte Feste hoch oben über der Stadt zur Burg Hohenklingen umbauen. Am Abend machten wir dann noch einen Abstecher zur Burg hinauf und genossen den herrlichen Blick auf das Rheintal.

FREITAG, 21. SEPTEMBER

Früh morgens fuhr mich mein Freund mit dem Auto zurück nach Steckborn. Auf der anderen Seite des Untersees liegt das Dorf Gaienhofen. Dort hat der weltbekannte Dichter und Schriftsteller Hermann Hesse gelebt. Ich verehre ihn sehr. Besonders liebe ich sein Gedicht „Lebensstufen". Mehrmals wurde ich von Menschen, denen ich unterwegs begegnete, auf dieses Gedicht hingewiesen, wenn ich ihnen von meinem Lebensweg erzählte. Der Vater von einem Freund aus Göttingen war der Cousin von Hesse. Also auch hier besteht eine besondere Beziehung für mich zu der berühmten Persönlichkeit.

In Mammern besuchte ich eine Kirche, in der Abbildungen von Martin Luther und Ulrich Zwingli jeweils die gegenüberliegenden Fenster zieren. Nach Luther, dem deutschen Reformator, ist unsere evangelisch-lutherische Kirche benannt. Evangelisch-reformiert nennt sich die durch Zwingli um Zürich und den in Genf wirkenden Johann Calvin erneuerte Kirche.

Von Stein am Rhein ging es dann über den Höhenzug nach OBER-STAMMHEIM hinauf. In einer kleinen, romanischen Kapelle ruhte ich mich aus. Reste von Fresken waren an den Wänden zu sehen. Frauen der Gemeinde schmückten die Kirche für eine Hochzeitsfeier. Dann marschierte ich durch das Zürcher Weinland und viel Mischwald nach Ossingen.

SONNABEND, 22. SEPTEMBER

Pünktlich um 7 Uhr traf ein Bauunternehmer aus Zürich an der Schreinerwerkstatt ein, der mit mir an diesem regnerischen Tag nach Bassersdorf wandern wollte. Mit breitkrempigem Hut und einem Regenponcho ausgerüstet, erkannte ich sofort in ihm einen „Profipilger".

Die Frau meines evangelischen Ossinger Freundes, eine katholische Christin, begleitete uns noch nach ANDELFINGEN. Dort hielten wir in ihrer Kirche eine kurze Andacht und sangen dreistimmig bekannte Lieder.

Mit dem Unternehmer pilgerte ich, nachdem wir uns von der Freundin verabschiedet hatten, in Richtung WINTERTHUR. Es regnete ununterbrochen an diesem Tag.

Er sagte mir, dass er jedes Jahr im Januar seine Firma schließt, um nach Santiago de Compostela zu pilgern. Ich glaube, er kennt inzwischen alle Wege zum Grab des Heiligen Jakobus. Fasziniert lauschte ich seinen Erzählungen. Von dem sehr belesenen und lebenserfahrenen Mann konnte ich viel lernen. Er erzählte mir unter anderem die Geschichte von der Suche nach dem Punkt, wo der Regenbogen die Erde berührt. Nachdenklich lauschte ich ihm. Ich verstand, was er damit sagen wollte.

Als wir den Fluss Töss auf einer Holzbrücke überquert hatten und durch den im Dunst versunkenen Herbstwald wanderten, trug er mir plötzlich während des Gehens ein Lied von Börris von Münchhausen vor. Ich blieb verwundert stehen.

Er kannte tatsächlich unseren berühmten Altenburger Dichter. Als ich ihm erklärte, dass dieser nicht weit von meinem Heimatdorf im Wasserschloss Windischleuba gelebt hatte, war er sehr erstaunt. Gleich darauf rezitierte er noch ein Gedicht von ihm. Nach meiner Reise schenkte ich ihm, als Dank für seine Freundschaft, einen kleinen Gedichtband des berühmten Poeten aus dem Altenburger Land.

Wir kehrten zum Mittag in einem Gasthof ein, um uns aufzuwärmen und zu stärken. Ich trank heißen Kaffee, mein Begleiter „Kaffee Luz". Dieses Getränk mit viel Alkohol kannte ich bisher noch nicht, obwohl ich aus der „Kaffee-Hochburg" Sachsen kam. Im „Kaffeebaum" in Leipzig hatte schon Johann Wolfgang Goethe dem Genussmittel gefrönt. Die Sachsen und Thüringer lieben ihr „Schälchen Heeßen". Der Pilger aus

Zürich liebte die verbesserte, hochprozentige Form, sozusagen als Medizin für unterwegs. In BASSERSDORF am Bahnhof endete die Tagesetappe. Als ich später in Italien unterwegs war, stürzte in der Nähe von Bassersdorf ein Flugzeug ab. Das war eine schlimme Katastrophe für die Betroffenen.

SONNTAG, 23. SEPTEMBER
Es war noch stockdunkel, als wir am Morgen um 6 Uhr in Bassersdorf aufbrachen.

Es begleiteten mich der Ossinger Freund und eine Religionslehrerin, die früher bei den Waldensern in Rom gelebt hatte. Ungewöhnlich erschien mir, welch große Schritte die kleine, geübte Pilgerin machen konnte. Wir wanderten lange Zeit durch Industriegebiete am Stadtrand von ZÜRICH. Genau deshalb meiden die Pilger möglichst die großen Städte.

Abmarsch in Ossingen

Endlose Straßenzüge sind ein Graus. Der Pilgergottesdienst sollte um 9.30 Uhr beginnen. Wir hatten große Mühe, unser Ziel noch rechtzeitig zu erreichen. In der letzten Minute trafen wir ein.

Zahlreiche Pilger erwarteten uns schon. Auch die Freunde aus Elgersweier waren gekommen. Nach der Begrüßung durch den Pilgerpfarrer musizierten die „Fünf ehrwürdigen Frauen" auf ihren historischen Instrumenten. Nach der Predigt überreichte mir der Sekretär der Arbeitsgemeinschaft aller christlichen Kirchen der Schweiz eine Grußbotschaft an den Papst. Das war eine besondere Ehre für mich und für unser ökumenisches Projekt eine weitere, große Aufwertung.

Beim anschließenden Steh-Imbiss musste ich viele Fragen beantworten.

Inzwischen war es Mittag geworden. Das Pfarrerehepaar hatte mich eingeladen. Sie wussten aber nicht, dass die Elgersweier Freunde gekommen waren und auch mein Sohn mit Freundin den Gottesdienst besuchen wollte. Plötzlich saßen vier Personen mehr am Tisch. Unkompli-

ARBEITSGEMEINSCHAFT CHRISTLICHER KIRCHEN IN DER SCHWEIZ
COMMUNAUTE DE TRAVAIL DES EGLISES CHRETIENNES EN SUISSE
COMMUNITA DI LAVORO DELLE CHIESE CRISTIANE IN SVIZZERA

An Seine Heiligkeit den Bischof von Rom
Papst Johannes Paul II

Città del Vaticano

Im September 2001

Eure Heiligkeit !

Auf ihrer Pilgerreise nach Rom hat Frau Ratsch aus Thüringen/Deutschland uns
aufgesucht und von ihrem ökumenischen Anliegen berichtet, das sie bewogen hat die
lange und beschwerliche Fussreise zu unternehmen.

Durch dieses spirituelle und physische Engagement richtet sie ein unübersehbares
Zeichen auf für das, was Christinnen und Christen in vielen Dörfern und Städten
Europas heute bewegt:

• wie können wir in einer zunehmend postchristlichen, säkularisierten Gesellschaft
verständlich von unserem Vertrauen in Gott reden ?

• wie können wir glaubwürdig vom gekreuzigten und auferstandenen Jesus Christus
Zeugnis geben ?

• wie können wir angesichts der skandalösen Zerspaltenheit der Kirchen unsere
tatsächliche lebendige Gemeinschaft von glaubenden Frauen, Männern und Kindern
so leben, dass unsere Umwelt glaubt, das Gott der Vater seinen Sohn Christus zu uns
gesandt hat ?

Sie, Eure Heiligkeit, haben vom Anfang Eures Pontifikates an immer wieder dem
Anliegen des Oekumenismus in Wort und Schrift Ausdruck gegeben. Durch Ihre
Reisen und die Besuche in Kirchen anderer Konfessionen haben Sie den Zugang von
Kirche zu Kirche aufgezeigt. All das hat bei den Christinnen und Christen
insbesondere in Europa grosse Erwartungen und Hoffnungen geweckt.
Wir haben seit Jahren in Taizé gelernt, wie wir christliche Spiritualität aus katholischer,
protestantischer und orthodoxer Tradition gemeinsam feiern können. Wir haben in der
Schweiz viele Erfahrungen gemacht im Zusammenwirken der Kirchen im Dienst an
Benachteiligten und Hilfsbedürftigen zu Hause und in der Ferne. Wir haben der

Grußbotschaft der Arbeitsgemeinschaft Christlicher Kirchen in der Schweiz an den
Papst

Schweiz durch den Oekumenismus einen Beitrag zur Friedenskultur in unserem multikulturellen Land erbracht.

Aber noch bleibt uns die Verantwortung, alles dafür zu tun, dass die Kirchen sich nicht durch Stolpersteine aufhalten lassen und mutig zusammen mit den Kirchengliedern auf dem oekumenischen Weg vorangehen auf das Ziel zu, das Christus uns gesetzt hat.

Die Kirchen haben uns durch die KEK und die CCEE an Ostern 2001 in Strasbourg die Charta Oecumenica übergeben. Wir nehmen die dort umschriebene „unerlässliche ökumenische Aufgabe" auf, die darin besteht, „die Einheit (der Kirche), die immer Gottes Gabe ist, sichtbar werden zu lassen."(Charta I,1).

Wir schliessen uns den Segenswünschen unserer Mitchristen und Mitchristinnen aus dem Osten Deutschlands an und grüssen Sie

In Christus verbunden

Ihre

ARBEITSGEMEINSCHAFT CHRISTLICHER KIRCHEN IN DER SCHWEIZ
COMMUNAUTE DE TRAVAIL DES EGLISES CHRETIENNES EN SUISSE
COMUNITÀ DI LAVORO DELLE CHIESE CRISTIANE IN SVIZZERA
AGCK-CH

BUND DER BAPTISTENGEMEINDEN - CHRISTKATHOLISCHE KIRCHE DER SCHWEIZ – ANGLIKANISCHE KIRCHE - BUND EVANGELISCH-LUTHERISCHER KIRCHEN IN DER SCHWEIZ UND IM FÜRSTENTUM LIECHTENSTEIN (BELK) - EVANGELISCH -METHODISTISCHE KIRCHE - SCHWEIZERISCHER EVANGELISCHER KIRCHENBUND (REFORMIERTE KIRCHEN) - DIE HEILSARMEE -ORTHODOXE KIRCHE - (GRIECHISCH - ORTHODOXE KIRCHE ; SERBISCH - ORTHODOXE KIRCHE IN DER SCHWEIZ) - RÖMISCH-KATHOLISCHE KIRCHE

FÜR DIE AGCK-CH:
DER SEKRETÄR:

(Dr. Eduard Wildbolz)
ADRESSE: NIESENWEG 1, CH-3038 KIRCHLINDACH - T+F: 031 – 829 14 09
E-MAIL: eduard.wildbolz@bluewin.ch

Nach dem Gottesdienst vor der Kirche St. Jakob in Zürich

ziert und flexibel, wie Pilger nun mal sind, wurde die Suppe samt Wurst brüderlich und schwesterlich so geteilt, dass es für alle reichte. Vor dem Essen sangen wir noch einen Kanon. Es war richtig feierlich an der großen Tafel.

Der Pfarrer erzählte, wie er vor etwa zehn Jahren mir seiner Frau das erste Mal nach Santiago gepilgert war. Auch für sie war es ein beeindruckendes Erlebnis gewesen.

Inzwischen sind es einige Hundert Pilger, die vom Pilgerzentrum in Zürich betreut werden. Dort erhält jeder Interessierte Informationen und kann sich entweder allein oder mit einer Gruppe auf den Weg begeben. In der Schweiz oder auch zu entfernteren Zielen. Am 25. Juli, dem Jakobstag, feiern die Pilger ein großes Fest.

Am Nachmittag zeigte uns der Pfarrer Zürich. Die Stadt, am Zürcher See gelegen, mit den beiden Flüssen Limmat und Sihl, ist ein multikulturelles und interreligiöses Wirtschaftszentrum. Vor allem ist Zürich wegen der zahlreichen Banken bekannt, hat

Der „Pilgerpfarrer" mit seiner Frau

aber auch eine interessante Geschichte. Wir besichtigten das Großmünster, eine romanische Basilika aus dem 12. / 13. Jh., in deren Krypta eine Sitzfigur Karls des Großen aus dem Jahr 1460 steht.

Das Fraumünster wurde am gegenüberliegenden Ufer der Limmat erbaut. Es war ab 853 ein bedeutendes, reichsfreies Kloster, so erzählte uns der Pfarrer. Wir bewunderten die berühmten Chagall-Fenster und den mit Fresken verzierten Kreuzgang.

Auf einem kleinen Moränenhügel unterhalb des seit römischer Zeit befestigten Lindenhofes steht die reformierte Pfarrkirche St. Peter. Die ehemals kleine, karolingische Saalkirche wurde mehrmals verändert in ihrer langen Baugeschichte. Bemerkenswert ist vor allem auch das sehr große Zifferblatt der Kirchturmuhr.

Unter dem Gebäude der Freimaurerloge auf dem Lindenhof wurden von den Archäologen Reste der Grundmauern des römischen Kastells sichtbar gemacht. Auf einem Grabstein aus dieser Zeit kann man unweit dieses Areals die römische Bezeichnung „Turicum" für die Siedlung lesen.

Wir spazierten durch malerische Gassen der Altstadt, anschließend durch die Bahnhofstraße. Die Preisschilder in den Schaufenstern der renommierten Geschäfte in der Zürcher Prachtstraße ließen uns blass werden. Diese Waren sind nur für Leute mit Vermögen erschwinglich. Für mich aus der ehemaligen DDR bedeutet das Preisniveau eben doch eine andere Welt.

MONTAG, 24. SEPTEMBER

Nach zehn Stunden Schlaf an diesem Ruhetag in Zürich konnte ich wieder einmal meine Wäsche waschen und die weitere Reise vorbereiten. Auch ein Interview mit dem ERF, dem Evangeliums-Rundfunk, füllte den Vormittag aus.

Nachmittags waren noch ein paar Einkäufe zu erledigen und die weitere Route mit dem Pfarrer zu besprechen.

Dann, am Abend, fand ein Essen bei meinem Pilgerfreund, dem Bauunternehmer, zu Hause statt. Wir sprachen über Gott und die Welt. Man lauschte interessiert meiner Lebensgeschichte. Danach zitierte der Pilgerfreund für mich das Gedicht von Hermann Hesse, „Stufen". Auch er machte mich aufmerksam, wie passend der Text zu meiner Situation ist und gab mir Mut machende Worte mit auf den Weg.

Seine Frau, ebenfalls eine Pilgerin, ist eine große Verehrerin der Heiligen Elisabeth von Thüringen und interessiert sich sehr für das wieder erstehende Kloster Helfta bei Eisleben. Ich freute mich über die Brücke zu meiner Heimat. Ein guter Tag ging damit zu Ende und mir war ganz warm ums Herz.

DIENSTAG, 25. SEPTEMBER

Zwei Pilgerinnen aus Zürich begleiteten mich auf der Etappe nach HOR-GEN. Zunächst gingen wir am Schanzengraben, einer alten Stadtbefesti-gungsanlage, entlang bis zum See. Bei schönem Wetter ist der Blick über das bläuliche Wasser mit den vielen Schiffen beeindruckend. In der Ferne kann man die schneebedeckten Berge sehen. Ein Bild, das man so schnell nicht mehr vergisst. Wir wanderten zunächst am Ufer entlang, dann über eine Hügelkette. Wenn man, von Konstanz kommend, mit der Fähre übergesetzt hat, beginnt in Horgen der Pilgerweg zum Kloster Einsie-deln. Eine andere Möglichkeit für die Pilger ist die Überquerung des Zürcher Sees an seiner schmalsten Stelle auf einem 841 m langen und 2,4 m breiten Holzsteg von RAPPERSWIL nach HURDEN. Von 1360 bis 1878 bestand hier bereits ein Brettersteg. Im Jahr 2000 erneuerte man ihn für die zahlreichen Fußpilger im Heiligen Jahr.

Ich übernachtete bei einem Ehepaar, das zur Evangelisch-Lutheri-schen Gemeinde Zürich gehört.

MITTWOCH, 26. SEPTEMBER

Wieder hatte ich an diesem Tag Begleitung auf dem Weg. Eine Pilgerin aus Basel und zwei aus Horgen wanderten mit mir zunächst am Zürcher See entlang bis RICHTERSWIL und dann die Hügelkette hinauf bis SCHINDELEGGI. Von dort aus hatten wir einen wunderbaren Blick auf den Zürichsee und das vor uns liegende, gewaltige Bergpanorama der Innerschweiz. In der Ferne waren die Mythen zu sehen. Zu diesem Zeit-punkt lagen auf dem St. Gotthard-Pass noch dreißig bis vierzig Zentime-ter Schnee. Die Pilgerfreunde machten sich Sorgen, wie man mich über den schneebedeckten Pass bringen sollte, da man bei dieser Schneehöhe keine Wanderwege erkennen kann und der Weg sehr gefährlich ist. Sie überlegten sogar, mich eventuell durch den Rettungstunnel zu schleusen. Gott sei Dank war das dann nicht notwendig, denn der Schnee ver-schwand noch rechtzeitig.

Die ersten Aufstiege waren schon ordentlich anstrengend. Auch das Voralpengebiet hat es in sich. Langsam gewöhnte ich mich an die steilen Wanderwege. Mit den Schweizer Bergwanderschuhen hatte ich einen sicheren Tritt und kam gut zurecht. Wir pilgerten auf dem Jakobsweg an Hochmooren vorbei zur großartigen Klosteranlage von EINSIEDELN.

An der Stelle, wo 861 der Heilige Meinrad den Märtyrertod erlitt, entwickelte sich eine klösterliche Gemeinschaft, die 934 die Benediktinerregel annahm. Den Äbten verlieh Otto I. sogar die Reichsfürstenwürde, wie ich im Kunstführer las. Das Kloster ist eine der schönsten Barockanlagen Europas. Die reich mit Kostbarkeiten ausgestattete Kirche ist schon seit dem 15. Jahrhundert ein berühmter Marienwallfahrtsort.

Wir kamen gerade rechtzeitig im Kloster an, um an der Abendmesse teilzunehmen. Damit fand der Tag einen besonders feierlichen Abschluss. Natürlich war auch ich beeindruckt von der „Schwarzen Madonna", von der eine besondere Faszination ausgeht. Zahlreiche Votivtafeln berichten von Wundern, die durch den Glauben an ihre Hilfe geschehen sein sollen.

Zur Übernachtung war ich im Jugendrüstzeitheim am Ortsrand angemeldet.

DONNERSTAG, 27. SEPTEMBER

Von der Klosterkirche aus führte der Jakobsweg nun am Flüsschen Alp entlang in Richtung Trachslauer Moos. Ich besichtigte das rechts am Weg liegende Benediktinerinnenkloster „Zu allen Heiligen in der Au". Dieser Konvent wurde der Überlieferung nach von „Walsschwestern" gegründet, die um 1200 nach Einsiedeln kamen. Am Trachslauer Weiher steht eine alte Pilgerschutzhütte. Wie viele Suchende mögen dort wohl in den vergangenen Jahrhunderten Schutz gefunden haben?

In südlicher Richtung führt der gut ausgeschilderte Pilgerweg durch das schöne Hochtal der Alp den beiden Mythen zu. Schon von weitem sah ich einen Betonklotz am Wege stehen. Was mochte er wohl bedeuten? Immer wieder hatte ich bereits unterwegs Hinweisschilder mit der Jakobsmuschel zur Einkehr und zum Nachdenken gesehen. Der Pilger wird durch sie angeregt, die sinnlichen Wahrnehmungen noch intensiver zu registrieren und zu reflektieren. In der Vertiefung des Wegsteines lagen mehrere kleine und größere Steine.

Ich las auf der Impulstafel, dass der Pilger hier Gelegenheit hat, mitgetragene Steine abzulegen. Sie verkörpern persönliche Probleme, die er bereits verarbeitet hat. Schwierigkeiten, mit denen er sich noch nicht genügend auseinander gesetzt hat, sollte er weiter mit sich tragen, bis er sie ausreichend bedacht hat. Vielleicht kann er diesen Stein auf dem Rückweg ablegen.

Auch ich legte einen Stein in die Schale. Zwei kleine Steine trug ich weiterhin mit mir.

Stadt Schwyz mit dem Großen und dem Kleinen Mythen

Die Kirche von ALPTAL ist der heiligen Appollonia, der Patronin aller Zahnschmerz-Leidenden, geweiht. Nur gut, dass ich ihre Hilfe auf meiner Pilgerreise nicht in Anspruch nehmen musste.

Dann ging es steil zur Holzegg hinauf.

Der schwierige und an diesem Tag sehr glitschige Passweg führt zu einem der höchsten Übergänge der Jakobswege in der Schweiz. Ich kam ganz ordentlich ins Schwitzen.

Oben angelangt entschädigt die herrliche Aussicht für alle Mühen. Der Große und der Kleine Mythen waren schon aus der Ferne gewaltig anzusehen. Beim Näherkommen wird der Eindruck noch verstärkt.

Dazu kam noch von oben der herrliche Blick zum Vierwaldstättersee, zur Rigi und zum Urirotstock, sowie zu den Glarner Alpen.

Nach einer kurzen Rast ging es nun nach Schwyz hinunter. Wegen des Gerölls rutschte ich mehr, als dass ich lief. Auch der Abstieg hatte es in sich. Bei der Fridolinskapelle von 1779 machte ich erst einmal eine kurze Rast, bevor ich am imposanten Kollegium vorbei nach SCHWYZ wanderte. In der barocken Martinskirche von 1774 dankte ich dann dem Herrn für seinen Schutz auf dem schwierigen Weg an diesem Tag, doch war das Ziel noch nicht erreicht. Es folgte die Überquerung des Flusses Muota und danach die lange Ebene zum Kloster Ingenbohl.

Dort erwartete mich am Abend eine Schwester zur Übernachtung. Sie konnte mit dem Fernglas die kilometerlange Ebene einsehen, durch die der Jakobsweg führt. Mit letzter Kraft schleppte ich mich den Hügel hinauf zur Herberge. Beim Essen der Pilgersuppe erzählte mir die Schwester, dass öfter Pilger an die Pforte des Klosters klopfen. Das Zentrum der Ingenbohler Schwestern mit Kloster, Kirche und Mädcheninstitut ist heute auch ein bekannter Wallfahrtsort.

FREITAG, 28. SEPTEMBER

Vom Kloster nach BRUNNEN am Vierwaldstättersee sind es nur wenige Minuten. Im Ort selbst erinnert die Bundeskapelle von 1632 an den Rütlischwur der ersten Eidgenossenschaft. Eine Pilgerin vom Albis war an diesem Tag gekommen, um mich auf dem „Weg der Schweiz" zu begleiten.

Wegstein am „Weg der Schweiz"

Wir stiegen den vielleicht schönsten und bedeutendsten Wanderweg der Schweiz hinauf, um hoch über dem See das gewaltige Panorama bei strahlend blauem Himmel zu bewundern. Es glich einer Postkarte. Der See mit zahlreichen Schiffen und die schneebedeckten Gipfel des St. Gotthard-Massivs sowie der Blick auf den „mystischen" Berg Rigi ließen uns immer wieder Halt machen, um den Anblick zu genießen.

Auf der am gegenüberliegenden Ufer des Urner Teils des Vierwaldstätter Sees gelegenen Rütliwiese soll nach der Überlieferung 1291 der Bund der Talschaften Uri, Schwyz und Unterwalden beschworen worden sein, der später zur Befreiung der Urschweiz von der habsburgischen Herrschaft führte. Die Wiese ist heute Nationaleigentum.

An einem Brunnen bei Morschach rasteten wir. Dort hätte ich beinahe einen frei laufenden Hund mitgenommen. Er tat mir leid. Sicherlich wäre er ein dankbarer „Pilgerhund" geworden, aber im Nachhinein bin ich froh, dass ich ihn in seiner Heimat zurückgelassen habe. Wer weiß, ob er die noch vor mir liegende Strecke geschafft hätte? Auch die Futter- und Wasserversorgung wäre schwierig geworden.

Nun ging es nach Sisikon hinunter, dann weiter zur Tellskapelle. Dort, wo sich Wilhelm Tell vom Schiff des Landvogts Gessner mit einem Sprung an Land rettete, wurde im 16. Jh. eine Kapelle erbaut. Ende des 19. Jh. erhielt sie bei einer Erneuerung die berühmt gewordenen Fresken des Basler Malers Ernst Stückelberg.

Flüelen
Altdorf
Erstfeld
Reuss
Wassen
Reuss
Andermatt
Hospental
Passo del
S. Gottardo
Passo del
Lucomagno
Olivone
Quinto
Airolo
Osco
Ticino
Lottigna
Anzonico
Giornico
Biasca
Ticino
Locarno
Ascona
Lago
Maggiore
Bellinzona

Weiter führte uns der Weg am See entlang nach FLÜELEN. Der Blick auf die zwischen den Uferfelsen hängende Achsen-Straße begeisterte mich. Die Seestraße ist ein großartiges Zeugnis des modernen Straßenbaus.

An der Schiffslände holte mich eine Freundin aus Attinghausen zur Übernachtung ab.

SONNABEND, 29. SEPTEMBER

Unsere Gruppe, die aus fünf Personen bestand, traf sich an der Schiffslände in Flüelen. Der Chefkoch des Klosters Ingenbohl nutzte seinen freien Tag, um mit mir zu gehen. Er brachte eine Schwester aus dem Kloster mit, die ebenfalls eine leidenschaftliche Pilgerin ist. Als sie mir unterwegs von ihrer Berufung zur Nonne erzählte, strahlten ihre Augen voller Begeisterung. Außerdem war eine Pilgerin aus Zürich und eine aus dem Aargau gekommen. Auch meine Gastgeberin aus Attinghausen begleitete uns bis Erstfeld mit ihrem Fahrrad. Sie wollte unbedingt den schweren Rucksack ein Stück transportieren, damit ich meine Kräfte schonen konnte vor dem steilen Aufstieg nach Wassen.

Doch bevor wir uns auf den Weg machten, hielten wir eine kurze Andacht an der Schiffslände. Die Pilger aus Ingenbohl brachten die furchtbare Nachricht mit, dass am Tag vorher in der nahe gelegenen Stadt Zug vierzehn Abgeordnete von einem Wahnsinnigen erschossen worden waren. Diese schlimme Tat rief in uns allen Bestürzung hervor. Der Chefkoch zündete eine mitgebrachte Kerze an, und wir beteten gemeinsam für die Opfer und ihre Hinterbliebenen.

Als wir auf dem Wanderweg zwischen dem Fluss Reuß und der Autobahn marschierten, konnte ich von Ferne die Burgruine Attinghausen sehen. Sie soll 1358 bei einem Aufstand der Talbevölkerung belagert und zerstört worden sein. Die früheren Besitzer waren ein mächtiges Geschlecht, das maßgeblich an der Gründung der Eidgenossenschaft beteiligt war, so erzählte mir der Chefkoch.

Das Tal wurde immer schmaler. Der Lärm von Autobahn und Eisenbahn wurde unerträglich. Plötzlich entdeckten wir eine Autobahnkirche am Weg. Es war eine Stätte der Stille und der Einkehr. Beim Eintreten umfing uns eine wunderbare Atmosphäre. Das Zentrum des Raumes bildeten zwei große, angestrahlte Bergkristalle. Die Fenster waren aus grünen Flaschenglasscherben. Wir setzten uns in die eingebauten Nischen in den Umfassungsmauern und genossen die Stille. Einige Zeit später stimmte die Schwester aus dem Kloster Ingenbohl das Lied „Laudate omnes gentes" an. Wir sangen das uns allen bekannte Lied aus Taizé dreistimmig mit. Danach wanderten wir im meditativen Schritt, drei vor, einen zurück, langsam um die Vitrine mit den Kristallen herum zum Pilgerlied „Wechselnde Pfade, Schatten und Licht, alles ist Gnade, fürchte dich nicht!".

Es waren besonders feierliche Minuten, die uns viel Kraft gaben vor dem schweren Aufstieg zum Gotthardpass.

Jetzt ging es über ERSTFELD nach Amsteg. Der Weg wurde steiler, die Berge schroffer und das Tal noch enger. Wir wanderten nun auf der alten Passstraße. Wie beschwerlich musste es wohl früher für die Menschen gewesen sein und vor allem für die Lasttiere, wenn sie die Handelswaren über das gewaltige Bergmassiv transportieren mussten. Schweiß- und blutgetränkt sind die alten Wege auch durch die zahlreichen Kriege.

Wie viel Leid mögen sie wohl erfahren haben?

Schon von weitem konnten wir endlich am Abend die Kirche von WASSEN sehen. Das 930 m hoch liegende Ziel unserer ersten Gebirgsetappe. Für mich als Flachländer ist die gigantische Landschaft immer ein besonderes Erlebnis. Schon bei meinen Bergwanderungen um Maloja im Oberengadin in den zurückliegenden Jahren empfand ich die Bergwelt als unwahrscheinlich faszinierend. Die jährlichen Wanderwochen gaben mir so viel Einkehr und Kraft, dass ich danach schon damals Stress und Sorgen besser bewältigen konnte. Es kam mir nie darauf an, Gipfel zu erstürmen, sondern ich wollte jeden Meter auf den schmalen rot- bzw. blau-weißen Gebirgswanderwegen und die wunderschönen Aussichten genießen. Immer dann hatte ich das Gefühl, Gott besonders nahe zu sein und seine Schöpfung auch richtig zu verstehen. So war es auch jetzt.

In Wassen übernachtete ich auf Einladung der dortigen reformierten Kirchengemeinde im Gasthof „Hirschen". Die anderen kehrten nach Hause zurück.

SONNTAG, 30. SEPTEMBER

Fünf Pilger begleiteten mich auf alten Saumpfaden nach Göschenen (1129 m ü. M.) hinauf. Hier verschwinden die Züge im 1882 erbauten Bahntunnel. Am so genannten Urner-Loch befindet sich die Einfahrt zum 1980 eröffneten etwa sechzehn Kilometer langen Straßentunnel nach Airolo im Tessin. Oberhalb von Göschenen beginnt die wildromantische Schöllenen-Schlucht. Zwischen gewaltigen Felsen führt der Weg durch die schmale Schlucht hinauf nach Andermatt. Erst ihre Gangbarmachung ermöglichte im 12. und 13. Jahrhundert die Öffnung der GOTTHARDROUTE. Vom alten Saumweg erhalten ist die Häderlisbrücke aus dem 16. Jh.

Auf der nur wenige Monate im Jahr geöffneten Passstraße sahen wir, wie sich die Autos langsam nach oben quälten. Den Motorisierten ist es leider nicht vergönnt, die herrliche Landschaft zu genießen. Das kann wohl nur der Zu-Fuß-Gehende intensiv tun.

Wir kamen an der berühmten Teufelsbrücke vorbei, die 1830 erbaut wurde. Die ältere Brücke stürzte 1888 ein. Sie war zu schmal für Postkutschen. 1799 erzwang sich der russische General Suworow, im Kampf um sie, den Durchgang über den Gotthardpass, als er von Oberitalien her in die Schweiz einfiel. Ein Denkmal, in

„Geschafft!"

den Felsen gehauen, erinnert an diese Alpenüberquerung. Auch imposante moderne Bauwerke, wie das Wassener Wasserkraftwerk, bewunderten wir im Hochgebirge.

Dann, am Ende der Schlucht, in ANDERMATT (1444 m ü. M.) angekommen, öffnet sich eine weite Ebene, von hohen Bergen umsäumt, vor unseren Augen. Nach der mittäglichen Rast marschierten wir nach HOSPENTAL. Der geschichtsträchtige Ort ist nach dem lateinischen Wort „hospitium" benannt. Das bedeutet Herberge.

Wie viele Pilger mögen wohl hier ein letztes Quartier gefunden haben, bevor sie einen der nahe gelegenen Pässe überquerten?

Der im 13. Jh. von den Edlen von Hospental erbaute Turm erinnert an die Bedeutung des Tals als wichtige Station der West-Ost- und Nord-Süd-Verbindung. Ein interessanter Spruch an einer alten Kapelle weist darauf hin.

„Hier trennt der Weg, o, Freund, wo gehst du hin?
Willst du zum ew'gen Rom hinunter ziehn?
Hinab zum heiligen Köln, zum deutschen Rhein,
nach Westen weit ins Frankenland hinein?"

Dieser Spruch an der im Jahr 1718 durch den Bischof von Mailand geweihten Scheidewegkapelle war auch wie für mich geschrieben.

Bei strahlend blauem Himmel stieg unsere Gruppe nun weiter hinauf, dem Pass zu. Nur die Gipfel des Massivs waren noch schneebedeckt. Uns wurde durch die Anstrengung sehr warm. Wir kühlten die schmerzenden Füße im den Berg hinunterrinnenden Flüsschen. In der Ferne konnten wir ein seltsames Bauwerk erkennen. Es passte so gar nicht in die ursprüngliche Hochgebirgslandschaft. Als wir näher kamen, erkannten wir es als Entlüftungsschacht des Tunnels.

Auch das letzte Stück des Weges bewältigten wir sehr gut. Erschöpft, aber sehr glücklich kamen wir auf dem Pass in 2108 m Höhe an. Wir legten gemeinsam ein Steinkreuz, zündeten eine mitgebrachte, kleine Kerze an und beteten das Vaterunser.

Die Kraft des Teams hatte uns auf den Pass hinaufgetragen. Allein hätte ich es sicherlich nicht in so guter Verfassung geschafft. Den gesamten Tag hatte uns auch das Fernsehteam mit der Kamera begleitet. Nach einem köstlichen Abendessen, zu dem auch die Freunde aus Attinghausen gekommen waren, nahmen zwei Pilger mit mir Quartier im Massenlager. Alle anderen kehrten nach Hause zurück. Glücklich schlief ich im „Himmelbett" auf dem „Dach der Welt" ein.

MONTAG, 1. OKTOBER

Zwei Pilger aus dem Kanton St. Gallen hatten mit mir im Gotthardhospiz übernachtet. Wir besuchten nach dem Frühstück die kleine Kapelle, die bereits um 800 erstmals urkundlich erwähnt wurde. Nach einer kurzen Andacht führte unser Weg auf der Tremola, der alten gepflasterten Passstraße, hinunter nach Airolo im Leventina-Tal.

Wir waren nun im Tessin, dem italienisch-sprachigen Kanton der Schweiz, angekommen. Vor der Reise hatte ich leider auch keine Zeit Italienisch zu lernen. Deshalb erarbeitete ein Freund aus Ossingen ein paar Sätze, die er für wichtig hielt, und übersetzte sie ins Italienische. Seine Tochter, die im Tessin lebt, ergänzte sie mit Zahlen und gebräuchlichen Redewendungen. Dieses kleine, persönliche Wörterbuch von vier DIN A 4 Seiten begleitete mich sehr hilfreich bis nach Rom. Nachdem ich die Vokabeln mehrmals laut vorgelesen hatte, konnte ich sie auswendig und lernte jeden Tag ein paar neue dazu. So schaffte ich es, mich unterwegs verständlich zu machen. Meine Ausstrahlung, sowie Gesten mit Händen und Füßen unterstützten zusätzlich meine Bemühungen. So konnte ich also auch weiterhin mein Anliegen vermitteln. Die Menschen in Italien freuten sich immer, wenn sie erfuhren, dass ich mit einem besonderen Auftrag zum „Papa" unterwegs war.

Oberhalb der Festung Motto Barthola, die im Krieg eine wichtige Rolle gespielt hat, hielten wir Rast.

Fünf Stunden dauerte der Abstieg ins Tal. Airolo lag tief unten in der Leventina, hinter uns das schneebedeckte Gotthardmassiv. Nun waren wir von einem Tag zum anderen im Süden angekommen. Das milde Klima und die veränderte Vegetation beeindruckten mich sehr. Die Berghänge sind mit unendlich vielen Maronenbäumen und anderen Laubbäumen bewachsen, die schon in den warmen Herbstfarben leuchteten. Wir genossen die herrliche Landschaft.

Am Bahnhof in Airolo verabschiedete ich mich von meinen Begleitern. Der Freund aus Ossingen, dessen Tochter im „Familien-Rustico", einem ausgebauten, alten Schafstall lebt, holte mich ab. Wir fuhren mit dem Auto über Biasca ins wunderschöne Valle di Blenio, ins Tal der Sonne. In LOTTIGNA sollte für vier Tage mein Quartier sein. Ich fühlte mich sehr wohl in dem kleinen Haus mit seiner besonderen Atmosphäre. Es steht direkt an der alten Passstraße zum Lucomagno unterhalb von schroffen, hohen Felsen. Ein malerischer Ort mit besonders liebenswerten Menschen.

DIENSTAG, 2. OKTOBER

Ich gönnte mir einen Ruhetag, informierte den Pilgerpfarrer in Zürich darüber. Leider wusste er nicht, ob mich an diesem Tag jemand begleiten wollte. So erfuhr ich erst viel später, dass ein Pilger an diesem Tag in Airolo umsonst auf mich gewartet hatte. Ich hoffe, er verzeiht mir mein Fernbleiben.

Es war dringend notwendig, Wäsche zu waschen und ein wenig auszuruhen. Nach den schweren Etappen über das Gebirge war das sicherlich verständlich. Doch so richtig zum Faulenzen kam ich nicht.

Das wollte ich auch nicht.

Mit der Tochter meines Freundes besichtigte ich eine alte Kapelle in den Weinbergen. Dann spazierten wir auf einem Römerweg zu einer hohen Brücke aus Naturstein.

Anschließend wollte sie mir eine kostbare, romanische Tessiner Kirche aus Naturstein zeigen, in der wertvolle Fresken zu sehen sein sollten. Mit dem Auto fuhren wir eine ganz schmale, steile Straße hinauf. Ich war froh, dass ich nicht fahren musste, denn es war ziemlich gefährlich. Sie musste zwei Mal ansetzen, bevor sie um die Kurven der Serpentinen-

Alte Brücke im Bleniotal

straße kam. Leider war die Kirche geschlossen.

Ihr Vater fuhr mit mir bei bestem Wetter zum Lucomagno-Pass hinauf. Er ist mit 1917 m einer der niedrigsten und leichtesten Pässe über die Alpen. Schon im Altertum wurde er deshalb begangen, so erzählte er mir. Vom 4. Jh. an fielen Hunnen, Goten und Langobarden in das römische Reich ein. Über den Lukmanierpass, so lautet der deutsche Name, kam auch das Christentum in das Bleniotal. Eine Kirche mit kostbaren Gemälden aus dem 16. Jh. in Olivone erinnert an den heiligen Kolumban, der um das Jahr 600 auf dem Weg nach Bobbio das Tal durchzog. Auch Kaiser Barbarossa überquerte 1176 den Pass, um gegen den Langobardenbund zu kämpfen. In der Burg Serravalle bei Semione wurde er vier Tage von den Talbewohnern aufgehalten. Vielleicht war das ein Grund dafür, dass er dann in der Schlacht bei Legnano geschlagen wurde.

Die Fahrt war ein bemerkenswertes Erlebnis. Der strahlend blaue Himmel über dem Stausee und die Gipfel der umliegenden Berge boten ein traumhaftes Panorama. In der modernen Kapelle hielten wir Einkehr, bevor wir wieder zurück fuhren.

In Lottigna besichtigten wir den Amtsgerichtspalast, auch Haus der Landvögte genannt. Jetzt wird es als Museum für Kunst und bäuerliche Kultur genutzt. Nach einem kurzen Besuch in der Kirche lud uns spontan eine Familie zum Espresso ein. Ein Beispiel für die Gastfreundschaft der Menschen im Bleniotal.

MITTWOCH, 3. OKTOBER
Ich setzte meine Pilgerwanderung fort. Der Freund brachte mich mit dem Auto nach AIROLO. Von dort aus ging ich zu Fuß die „Strada alta" linksseitig im Leventinatal. Der alte Saumweg steigt von Airolo aus steil an und führt hoch über dem Talboden bis nach Biasca hinunter. Ich lief an diesem Tag über Osco bis nach Rossura. Bei trübem Wetter ging es auf

und ab, durch malerische Bergdörfer und an romanischen Kirchen vorbei.

Gefährliche Schluchten waren zu überwinden. Trotzdem genoss ich die wunderbare Aussicht. Die Wanderung war sehr anstrengend, obwohl der Rucksack nur halb gefüllt war. Mein Freund holte mich am Abend in Rossura ab.

DONNERSTAG, 4. OKTOBER
Die Tagesetappe begann in FAIDO und führte hinunter nach GIOR-NICO. Ich verließ die „Strada alta", um auf der „Strada bassa", dem Flussweg unten am Ticino zu gehen. Die kleine, bedeutende Stadt Giornico mit ihren zahlreichen Kirchen lud mich ein zur Besichtigung. Sie wurde schon seit der Römerzeit erwähnt.

Romanische Kirche im Tessin

Bekannt ist Giornico auch durch den Sieg der Eidgenossen im Jahr 1478 über die Mailänder. Besonders interessierte mich die Kirche San Nicolao, denn sie ist das bedeutendste romanische Bauwerk des Tessins, wie ich von meinen Freunden erfuhr. Sie wurde schon 1210 erstmals erwähnt und war einem heute verschwundenen Kloster unterstellt. Die Außenwände sind mit lombardischen Arkaden geschmückt, die Apsis trägt Wandmalereien von 1478. Unter dem Chor befindet sich eine dreischiffige Krypta, deren Säulen Kapitelle mit geometrischen und figürlichen Motiven tragen. Auch die auf einem Hügel neben einem 1518 zerstörten mailändischen Schloss stehende Kirche Santa Maria di Castello besuchte ich. Sie wurde ebenfalls im 12. Jh. erbaut. Leider konnte ich die rechts oben auf dem Berg in Altorolo stehende Wallfahrtskirche San Pellegrino nicht erreichen. Gern hätte ich die an der alten Gotthardroute gelegene Pilgerkirche besichtigt mit ihren bedeutenden Wandmalereien. Vielleicht ist es bei einer späteren Wanderung im Tessin möglich.

Kurz vor Biasca war dann ein interessantes Bauwerk der Neuzeit zu bestaunen: der im Entstehen befindliche, gigantische, ca. zweiundfünfzig Kilometer lange Eisenbahntunnelbau nach Disentis. Er soll die Gotthardstrecke entlasten.

In BIASCA angekommen, besuchte ich mit dem Ossinger Freund die Kollegiatskirche San Pietro e Paolo aus dem 11. Jh. Danach die mächtige katholische Pfarrkirche San Carlo mit dem Grundriss in Form eines griechischen Kreuzes. Leider war der große Kuppelbau geschlossen. Der Pilger kann nicht immer warten, bis wieder geöffnet wird. Das ist sein Schicksal. Nur gut, dass mir dies nicht oft passierte.

Zurück in Lottigna gab es zum Abendessen leckere, gebackene Maroni. In dieser armen Region waren die Esskastanien früher ein Hauptnahrungsmittel. Somit war meine Pilgerreise wieder einmal eine kulinarische Reise. Ich lernte so ganz nebenbei die regionalen Sitten und Gebräuche kennen, durch die ich auch die Menschen besser verstehen konnte.

FREITAG, 5. OKTOBER

Nach dem traurigen Abschied von Lottigna und den lieben Freunden ging es nun neben dem Ticino hinunter nach Bellinzona, der Hauptstadt des Kantons Tessin. Das trübe Wetter passte zu meiner Stimmung. Immer wieder kamen mir die Tränen, als ich auf dem „Sentiero Riviera" Wanderweg ging. Nicht grundlos, denn bald würde ich die durch Freunde vorbereiteten Wege in der Schweiz verlassen. Ich hatte mich wohl behütet gefühlt.

Was wird mich in Italien erwarten?

Ich kam zu dem Schluss, dass ich mit Gottvertauen schon 1000 km geschafft hatte. Warum sollte ich die Strecke durch Italien eigentlich nicht bewältigen können? Es gelang mir die ängstlichen Gefühle zu überwinden. Mutig schritt ich daraufhin voran.

Die Luftfeuchtigkeit wurde höher. Der Lago Maggiore kam immer näher. Südliche Vegetation, Olivenbäume und Palmen gediehen hier prächtig. Man nennt nicht umsonst das Tessin das Fenster zum Süden.

In BELLINZONA beeindruckten mich am meisten die drei Burgen, die untereinander durch Wälle verbunden sind. Bereits zur Bronze- und Eisenzeit war die Stadt besiedelt und in römischer Zeit schon ein befestigter Ort, so las ich in einem Prospekt. An einem strategisch wichtigen Punkt gelegen, wird er 590 n. Chr. „castrum" genannt. Von 1501 an gehört er den Schweizer Eidgenossen. Vorher war er u. a. in Besitz der Lombarden, der Franken und später der Mailänder. Auch den berühmten adligen Familien Visconti und Sforza hatte Bellinzona gehört. Nach der Erschließung der Schöllenen-Schlucht im 13. Jh. nahmen der Nord-Süd-Verkehr und der Handel zu. Die zahlreichen Befestigungsanlagen und Burgen dienten damals der Sicherung der wichtigen Handelsstraßen.

Der Sigrist der reformierten Kirche kam mit dem Fahrrad zum Bahnhof, um mich abzuholen. Wir liefen gemeinsam durch die Stadt zur Jugendherberge unterhalb der Burg „Castello di Montebello", in der ich dann später übernachtete. Nach einer kurzen Erholungspause machte ich mich auf den Weg zur evangelisch-reformierten Kirche, die mir der Sigrist noch zeigen wollte. Er erzählte mir, dass seine Gemeinde in der Diaspora lebt. Der überwiegende Teil der Bevölkerung im Tessin gehört der römisch-katholischen Kirche an.

SONNABEND, 6. OKTOBER
Ich machte mich auf, um das letzte Ziel in der Schweiz, die Stadt LOCARNO am Lago Maggiore, zu erreichen. Bei immer noch dunstigem Wetter marschierte ich nun auf dem „Sentiero Modagino" neben dem Ticino. Nach dem Fluss ist übrigens der Kanton benannt.

Unterwegs erhielt ich einen Anruf von unserer Thüringer Ökumenebeauftragten. Sie teilte mir mit, dass ich unbedingt die „Casa Locarno" besuchen soll. Man erwarte mich dort zu Reisebericht und Übernachtung. Ich freute mich sehr über diese Nachricht. Wartete doch dort wieder ein Bett auf mich.

Die seit 1945 bestehende Begegnungsstätte für Christen aus Ost und West war ein wichtiges Bindeglied bis zum Umbruch 1989. Getragen wurde sie, bis zu ihrer Schließung, vom Ökumenischen Rat der Kirchen in Genf und dem Schweizer Hilfswerk. In einem Zeitungsartikel las ich, dass auch der Staatssekretär für Kirchenfragen in der DDR einmal die Casa Locarno besuchen wollte, um zu sehen, was seine Christen denn dort so treiben. Die Schweizer Behörden erteilten ihm jedoch kein Visum.

Wie schön, dass die schlimme Zeit hinter uns liegt und wir alle nun die uns vorenthaltenen Landschaften sehen dürfen.

Leider wurde das Haus Ende 2002 geschlossen, da durch die Öffnung der Grenzen die gestellte Aufgabe entfiel. So war ich einer der letzten Gäste in der schönen Villa hoch über dem See.

An der Schiffslände holte mich die Leiterin der Casa ab. Mit dem Auto fuhren wir die sehr kurvenreiche Straße hinauf zur Villa. Mondäne Häuser, hinter Palmen versteckt, konnte ich sehen und immer wieder den See. Meine Gedanken waren bei meiner im Jahr 2000 verstorbenen Mutter, die von 1934 bis 1939 in Nizza gelebt hatte. So ähnlich wie hier in Locarno hatte ich mir als Kind immer die Stadt am Mittelmeer vorgestellt. Leider konnte meine Mutter „ihr" Nizza nie wiedersehen, denn nach dem furchtbaren Zweiten Weltkrieg war der Eiserne Vorhang gefallen.

Die Leiterin des Hauses brachte meine Wanderschuhe zum Schuster hinunter in die Stadt, denn die Sohle hatte sich an einem Schuh vorn gelöst. Ich genoss noch den abendlichen Blick vom Balkon über den See, dann beendete ich den Tag wie immer mit einem Dankgebet.

SONNTAG, 7. OKTOBER

Schon sehr früh wurde ich von meinem Freund, dem Schreinermeister aus Ossingen und einer Freundin mit dem Auto abgeholt, damit wir rechtzeitig zum Gottesdienst in der reformierten Kirche von ASCONA sein konnten. Die Pastorin stammte auch aus Deutschland und lebte schon einige Jahre in diesem sehr schönen Ort am Lago Maggiore. Sie bat mich, im Gottesdienst über meine Pilgerreise zu erzählen. Eine Journalistin der Tessiner Zeitung machte hinterher ein Interview mit mir. Danach fuhren wir wieder zurück nach Locarno, um unten in der Stadt Mittag zu essen. Dabei fragten mich die Freunde, ob ich denn noch Zeit hätte, die Dame, bei der sie in Orselina übernachtet hätten, zu besuchen. Ich versprach am Nachmittag bei ihr anzurufen.

Locarno war, so lernte ich hier, auch in der Römerzeit schon besiedelt und gehörte im 9. Jh. dem Erzbistum Mailand. Im 11. Jh. geriet es unter die Herrschaft des Bischofs von Como. Auch die Visconti waren einige Zeit die Stadtherren. Sogar Hauptstadt des Tessins war Locarno abwechselnd mit Lugano und Bellinzona.

Mit der „Funicolare" fuhr ich bis zum Kloster „Madonna del Sasso" hinauf, schaute mir die Anlage an und kehrte zurück in die Casa. Mit der Dame verabredete ich mich für den nächsten Nachmittag zum Kaffee in ihrem Haus.

Den Abend nutzte ich für die Vorbereitung der nächsten Etappen in Italien.

MONTAG, 8. OKTOBER

Vormittags schrieb ich den fälligen Internetbericht und vervollständigte mein Tagebuch. Gegen siebzehn Uhr ging ich zu Fuß nach ORSELINA, einem Nachbarort von Locarno, der ebenfalls hoch über dem See liegt. Die Einladung bei der über achtzigjährigen Logopädin und Psychologin, die abwechselnd in Zürich und Locarno wohnt, wurde zu einem besonderen Erlebnis für mich.

Wir unterhielten uns über alles Mögliche. Zunächst freute sie sich sehr über mein Kommen. Die außergewöhnliche Frau, die früher Opernsängerin war, zeigte mir neue Wege auf für meine weitere Persönlichkeitsentwicklung und half mir, mich selbst und meine Lebensumstände besser zu verstehen. Dafür bin ich ihr sehr dankbar. Ich erzählte ihr auch von meinem Pilgerfreund, dem Bauunternehmer aus Zürich. Als sie mich nach seinem Namen fragte, stutzte sie und sagte, dass er im selben Haus wie sie in Zürich wohnt. Sie rief bei ihm an und er war natürlich sehr erstaunt, dass ich in Locarno bei seiner Nachbarin zu Gast war.

Da hatte doch bestimmt der Herr seine Hände im Spiel!

Die ungewöhnliche Geschichte ging noch weiter. Ich erzählte meiner Gastgeberin, dass ich mit großer Leidenschaft einige Bücher des christlichen Heilers Daskalos, der auf Zypern lebte, gelesen habe. Die halfen mir, mein Schlüsselerlebnis im Jahr 1992 zu verstehen, und ein bewussteres Leben zu führen. Zu meinem großen Erstaunen sagte sie plötzlich, dass sie diesen Mann persönlich kennen gelernt hat. Sie wurde zu ihm gerufen, als er krank war. Ich konnte das kaum fassen. Dann ging sie zum Kamin, um mir ein Foto von ihm zu zeigen. Ich starrte das Bild lange an, wollte mir unbedingt einprägen, wie dieser Mann, der inzwischen verstorben war, aussah.

Plötzlich klingelte mein Handy. Der Pfarrer aus Ispra/Varese, der ersten evangelisch-lutherischen Gemeinde in Italien, die ich besuchen sollte, war dran. Er hatte ein Problem. Ob ich bereit wäre, drei Tage lang eine kranke Oma und drei Kinder zu versorgen, da die Eltern nach Frankfurt zur Buchmesse fahren müssten, fragte er mich. Wichtig war wieder einmal für mich, dass ich ein Dach über dem Kopf hatte, und so sagte ich spontan zu. Kurz darauf klingelte das Telefon ein zweites Mal. Es meldete sich eine Stimme ohne Namen, die mich fragte, ob ich mit Pferden umgehen kann. Ich antwortete, dass ich das noch nicht probiert habe, aber es gern versuchen will. Darauf gab sich die Stimme zu erkennen. Es war die kranke Großmutter, die mir dann erklärte, dass ich mehrmals am Tag das blinde Rennpferd aus dem Stall führen müsste und wieder hinein. Sie hatte Sorge, dass ich nun nicht mehr kommen würde. Ich beruhigte sie, dass ich meine Zusage trotzdem einhalten würde.

Wunderliche Dinge waren an diesem Nachmittag geschehen. Ich war total aufgeregt. Musste aber dann schnellstens zur Casa Locarno zurück gehen, da der Beginn meines Vortrages herangerückt war.

Wie sollte ich meine Emotionen in den Griff bekommen?

Meine Gedanken waren immer noch bei dem eben Erlebten, diesen unglaublichen Zufällen. Es fehlte mir die Zeit, um damit fertig zu werden.

Ich nahm mich zusammen und erzählte den Christen aus Polen, Ungarn, Holland, Rumänien und Deutschland von meiner Reise und dem ökumenischen Anliegen. Alle waren sehr interessiert. Es dauerte ziemlich lange, bis mein Bericht in die verschiedenen Sprachen übersetzt worden war und ich alle Fragen beantwortet hatte. Es war eine sehr intensive Diskussion.

In dieser Nacht schlief ich unruhig. Immer wieder wurde ich wach und dachte nach. Das Foto von Daskalos beschäftigte mich. Immer wieder sah ich sein Gesicht vor mir.

DIENSTAG, 9. OKTOBER

Nun sollte es also nach Italien gehen. Ich kannte das Land nur vom Fernsehen und von Büchern. Die Leiterin der Casa brachte mich mit dem Auto zur Schiffslände und kaufte mir eine Schiffskarte nach Luino. Ein paar Minuten mussten wir noch am Steg warten.

Plötzlich hörte ich meinen Vornamen rufen. Ich drehte mich um und konnte es kaum glauben. Da stand die Freundin aus Orselina mit ihrem Mann und winkte mir zu. Sie brachten mir einen Briefumschlag und verabschiedeten sich dann noch einmal liebevoll von mir. Die Überraschung war ihnen gelungen. Wir hatten uns doch eigentlich am Vortag bereits verabschiedet. Auch hatte sie mir da schon ein Reisegeld gegeben, für das ich sehr dankbar war.

Was bedeutete also der unverhoffte Besuch?

Auf der Überfahrt öffnete ich neugierig den Umschlag und fand darin das Foto von Daskalos. Ich fühlte mich wie vom Blitz getroffen, als ich das für mich sehr wichtige Geschenk in der Hand hielt.

Von LUINO aus wanderte ich nun auf der sehr schmalen Küstenstraße bis nach LAVENO. Dann weiter nach Besozzo. Der Pfarrer hatte mich gewarnt. Fußgänger leben in Italien gefährlich. Gehsteige gibt es selten, weil kaum jemand läuft. Wenn nur wenige laufen, braucht man natürlich auch keine Wanderwege. Von nun an gab es nur noch Asphaltstraßen für mich. Ich richtete mich fortan nach der Beschilderung. Versuchte immer die kleineren Straßen zu gehen, in der Hoffnung auf weniger Verkehr. Abkürzungen mied ich, da die Gefahr des Verlaufens groß war. Die ausgezeichneten Wanderwegschilder in Deutschland und in der Schweiz vermisste ich sehr. Schnell gewöhnte ich mich aber an die neue Situation.

Besozzo erreichte ich am Abend, wo mich die Herbergsfamilie schon sehnsüchtig erwartete. Nach der herzlichen Begrüßung erhielt ich eine kurze Einweisung, bevor die Eltern nach Frankfurt verschwanden. Nun war ich plötzlich „Hausmutter" geworden. Mit allen Pflichten beauftragt,

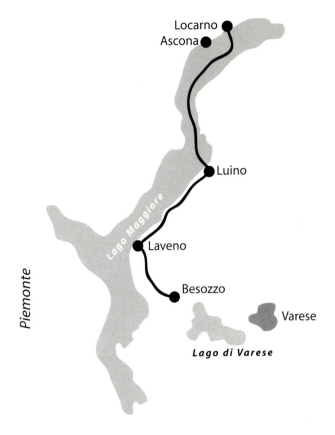

die ein großes Landhaus so mit sich bringt. Kinder versorgen, kochen, Tiere füttern usw.

Die drei Kinder und die Großmutter halfen mir, so gut sie konnten. Die kranke Oma ist übrigens eine hochinteressante Frau.

Sie stammt aus Deutschland, ist Schriftstellerin und war Kulturkorrespondentin für große deutsche Zeitungen. Außerdem habe ich sie als wunderbaren Menschen kennen gelernt.

Unter all meinen vielfältigen Aufgaben hatte ich nur ein Problem. Die drei Kinder mussten zum Schulbus gefahren werden.

Wer denkt denn daran, dass man auf einer Pilgerwanderung einen Führerschein braucht?

Kloster S. Caterina del Sasso am Lago Maggiore

Ich nicht!

Wir waren froh, dass ich in keine Kontrolle gekommen bin.

MITTWOCH, 10. OKTOBER
Ich erledigte also die Hausarbeiten, versorgte die Kinder und fütterte die Tiere. Zwischendurch kam ein Kirchgemeindemitglied, um mit mir zum etwa fünf Kilometer entfernten Kloster S. CATERINA DEL SASSO am Ufer des Lago Maggiore zu fahren. Es wird von Benediktiner-Laienschwestern betreut.

Am Abend fand ein ökumenisches Treffen im Kirchgemeindehaus in Caldana statt. Auch ein Pressevertreter aus Varese war anwesend. Intensive Gespräche und ein wohlschmeckendes Abendessen machten die Zusammenkunft zu einem besonderen Erlebnis. Die evangelisch-lutherische Kirchgemeinde Ispra/Varese ist in den sechziger Jahren des vorigen Jahrhunderts mit dem Aufbau des europäischen Forschungszentrums EURATOM entstanden. Ebenso die internationale Schule in Varese, in der auch die drei Kinder aus der Herbergsfamilie in Besozzo unterrichtet werden. Wunderbar war es für mich zu erleben, wie gut es für die Kinder ist, wenn sie mehrsprachig aufwachsen.

Man erzählte mir auch vom Heiligen Berg, dem „Sacro Monte" bei Varese. Auf ihn führt ein sehr schöner Kreuzweg hinauf, den vierzehn Kapellen säumen. In ihnen sind lebensgroße Darstellungen der „Geheimnisse des Rosenkranzes" aufgestellt. Leider konnte ich den Sacro Monte in den wenigen Tagen nicht besteigen. Es gibt in Norditalien mehrere heilige Berge.

DONNERSTAG, 11. OKTOBER
Nach den Hausarbeiten bekamen wir Besuch. Ein Franziskanerpater aus Varese, der aus Regensburg stammte und eine ehemalige Lehrerin aus Ispra tranken mit uns bei herrlichem Wetter im Garten Tee. Die Unter-

haltung war sehr anregend. Der Pater wollte mich gern ein Stück begleiten. Am liebsten wäre er mit mir bis Assisi gewandert. Leider kam es nicht
dazu wegen seines Dienstes. Wir haben uns vorgenommen, die Strecke
später nachzuholen.

Am Abend traf noch einmal Besuch ein. Eine Freundin der Großmutter aus der Nähe von Mailand kam mit ihrem großen Hund, einem Neu-
fundländer, zu uns. Sie züchtete viele Jahre Wasserbüffel auf ihren weiträumigen Ländereien am Ticino für die Mozarellaproduktion. Sie war
eine Contessa, eine Gräfin. Leider ist sie inzwischen verstorben. Ich bin
sehr froh, dass ich diese außergewöhnliche Frau noch kennen lernen
durfte. Ihr Schwiegervater war ein wichtiger Mann in der italienischen
Flugzeugindustrie. Aus diesem Grund erhielt er den Adelstitel. Er kaufte
den alten Bahnhof von Mailand, als der abgerissen werden sollte, ließ ihn
abtragen und auf seinem Grundstück wieder aufbauen. Heute ist es ein
exklusives Hotel am neuen Mailänder Flugplatz Malpensa. Ich lernte also
eine engagierte, interessante Frau kennen, die früher sogar einmal Bürgermeisterin war. Wir verbrachten einen sehr angenehmen Abend mit
ihr.

FREITAG, 12. OKTOBER
Der Pfarrer aus Caldana besuchte uns mit einem Gemeindemitglied, das
aus Neubrandenburg stammt. Mit letzterem war ich schon im Kloster am
See gewesen. Die himmlische Ruhe im Garten, der einem Park gleicht,
und die angenehme Unterhaltung ließen den Vormittag schnell vergehen.

Die beiden Besucher erklärten mir, dass die lutherischen Gemeinden
zum Bund der Evangelischen Kirchen Deutschlands, der EKD, gehören
und auch von dort die Pfarrer entsandt werden. Es sind sehr junge
Gemeinden in den großen Städten Italiens, da es sehr schwierig war und
einen langen Kampf bedeutete, bevor in dem katholischen Land evangelische Gemeinden zugelassen wurden. Die Präsidentin der „Chiesa Evangelica Luterana in Italia", der ELKI, hatte mir geschrieben, dass ich herzlich eingeladen bin, alle am Wege liegenden Gemeinden zu besuchen.
Die erste war also Ispra/Varese in Norditalien. Mit großer Freude stellte
ich fest, dass die italienischen Gemeinden sogar unser thüringisch-bayri-
sches Gesangbuch in Gebrauch haben. So kamen in mir immer wieder
heimatliche Gefühle auf, wenn ich in Gottesdiensten das Buch in den
Händen halten konnte. Die evangelischen Christen sind meist deutscher
Abstammung. Oft haben sie italienische Partner, die der römisch-katholischen Kirche angehören. Sie leben sozusagen ökumenisch. Das war

Besozzo

Varese

Sesto Calente

Naviglio

Ticino

Gallarate

Milano

Binasco

Vigevano

Certosa
di Pavia

S. Angelo

Pavia

Po

Po

Voghera

Tortona

Villalvernia

Serravalle Scrivia

Isola del Cantone

früher sehr problematisch. Die evangelischen Christen wurden als „Sektierer" beschimpft. Aber die schwierigen Verhältnisse haben sich in den letzten Jahren stark verbessert. Ein gutes Zeichen für alle.

Am Abend bekamen wir noch einmal geistlichen Besuch. Der ehemalige Pfarrer von Ispra/ Varese war mit seiner Frau auf der Durchreise von der Toskana nach Deutschland. Auch er ist ein interessanter, intellektueller Mann mit einer sehr liebenswerten Frau. Unsere Gespräche dauerten bis in die Nacht.

Meine Aufgabe war auch, für ein schmackhaftes Essen zu sorgen bei den zahlreichen Besuchern jeden Tag. Das war gar nicht einfach. So gab es mal deutsche und mal italienische Gerichte. Meine Eierkuchen mit Apfelmus haben wohl allen geschmeckt. Bei den italienischen Speisen war ich auf die Hilfe der Kinder angewiesen. Die kannten sich bestens aus mit Olivenöl und Gewürzen. Ich konnte viel von ihnen lernen.

So vergingen die drei Tage mit Sonderauftrag wie im Fluge. Sie wurden für mich ein unvergessliches Erlebnis. Sogar mit dem Pferd verstand ich mich prima. Es war ein wunderbares und kluges Tier. Sein Name war „Sliepely". Das bedeutet Schlafmützchen. Ein ungewöhnlicher Name für ein Rennpferd.

SONNABEND, 13. OKTOBER

Ein letztes Mal frühstückte ich mit der Großmutter vor dem Haus. Danach machte ich mich zum Aufbruch bereit. Ich packte alle meine Sachen sorgfältig in den Rucksack.

Nur nichts vergessen, das könnte böse Folgen haben.

Der Abschied fiel mir schwer. Ich wusste genau, dass ich später wiederkommen würde in dieses idyllisch gelegene Anwesen mit seinen wunderbaren Menschen.

Ein Kirchenvorstand kam gegen Mittag mit dem Auto vorgefahren, brachte einen Freund aus Ansbach und drei Fahrräder mit.

Wir hatten uns vorgenommen, gemeinsam am Naviglio entlang durch den Ticino-Naturpark nach Mailand zu radeln. Somit konnte ich den einen Tag Verspätung wieder aufholen, der durch den Sonderauftrag verursacht worden war. Mein Rucksack wurde fest auf dem Gepäckständer verzurrt. Danach fuhren wir am Kanal entlang, der zum Transport des Mamors für den Bau des Mailänder Doms erbaut worden war.

Ich freute mich über den ebenen Radweg neben dem Kanal und betrachtete im Fahren die von bewaldeten Hügeln umgebene, Flusslandschaft. Manchmal hielten wir an historischen Gebäuden an, um sie zu

Pilgern „per Fahrrad" nach Mailand

betrachten oder überquerten zu Fuß eine der zahlreichen Brücken. Mir fiel auf, dass die Mauern am Ufer oft aus Flusssteinen erbaut worden waren. Man hatte sie als billiges Baumaterial genutzt. Die akkurate Aufschichtung war sicherlich für die Erbauer sehr mühsam gewesen. In meiner Heimat findet man überwiegend Mauern aus Sandstein, deren Erhaltung ebenso aufwendig ist.

Bei VIGEVANO verließen wir den Naviglio, um uns die schöne Piazza Ducale der lombardischen Stadt anzusehen. Sie entstand ab 1492 und soll von Leonardo da Vinci entworfen worden sein, erzählten meine Begleiter. Sie ist an drei Seiten durch gleichmäßig gestaltete Arkaden mit darüber liegenden Wohngeschossen geschlossen. Die Wände sind bemalt. Das Pflaster ist streng symmetrisch angelegt. Auch die Fassade des Doms ist dem Arkadenschema des Platzes angeglichen. Der Sakralbau entstand 1532 und wurde 1612 dem heiligen Ambrosius geweiht. 1716 schloss man die Kuppel. Den Campanile erbaute man 1497.

Wir ließen uns auf der Piazza in einem Straßencafé nieder und tranken zur Stärkung Cappuccino. Leider war der Dom geschlossen. Für die Besichtigung des an der Südseite des Platzes gelegenen Kastells der Familie Sforza aus dem 14. Jh. reichte die Zeit leider nicht mehr aus. Der Turm der Burg bildet die Verbindung zwischen Kastell und Piazza.

Unsere Tour ging weiter in Richtung Mailand. Wieder überquerten wir den Ticino, der inzwischen zu einem sehr breiten Fluss geworden war. Wir stiegen ab, um den Anblick zu genießen. Plötzlich brachte mir der Kirchenvorstand der Gemeinde Ispra/Varese eine kleine Blume. Diese liebenswürdige Geste hat tief in meinem Herz einen würdigen Platz gefunden. Ich legte das besondere Geschenk in mein Pilgerbuch, um es zu pressen und es damit für immer aufzubewahren. Es waren oft solch kleine Begebenheiten, die die Pilgerwanderung zu einem unvergesslichen Erlebnis werden ließen.

Am Stadtrand von MAILAND endete unsere Radstrecke. Ein Ehepaar der evangelisch-lutherischen Gemeinde von Mailand holte mich mit dem Auto ab. Sie ist Ärztin und stammt aus Heidenheim an der Brenz, wo auch meine Tochter damals lebte. Mir fiel sofort das Heidenheimer Kennzeichen am Auto auf. Ihr italienischer Ehemann ist promovierter Chemiker.

Noch mehr staunte ich, als wir zum Tor des mehrstöckigen Hauses, in dem sie lebten, kamen. In der norditalienischen Industriemetropole Mailand herrscht eine ungeheuere Angst vor Dieben und Einbrechern. Das äußert sich in den Sicherheitsmaßnahmen, welche die Menschen treffen. Um das Hochhaus hatte man einen mehrere Meter hohen Metallzaun errichten lassen. Von der Tiefgarage aus fuhren wir mit dem Lift in eines der oberen Stockwerke, wo sich die Wohnung befand. Auch dort war die Tür vergittert und ebenso alle Fenster. Das Leben in einem solchen privaten Gefängnis muss furchtbar sein.

Immer wieder war ich auch später über solche Vorrichtungen erschrocken, zu denen die Menschen gezwungen sind. Hauptursache dafür sollen die ins Land kommenden Asylsuchenden sein, die nur wenige Monate vom Staat unterstützt werden. Bis zum Entscheid ihres Antrags müssen sie sich selbst versorgen. Oft treibt sie diese Verfahrensweise leider zu kriminellen Delikten, so sagte man mir.

Ich bezweifele diese Aussage. Unter den Einheimischen gibt es bestimmt auch so manches „Schwarze Schaf", da bin ich mir sicher.

Nach dem Abendessen brachte mich das Ehepaar zum Hotel „Naviglio". Dort übernachtete ich auf Einladung der Kirchgemeinde. Das Zimmer war gut, bis auf die ungewohnte italienische Bettwäsche. Die Nächte sind im Oktober doch schon empfindlich kalt. Deshalb vermisste ich die gewohnte warme Daunendecke sehr. Ein dünnes Baumwollaken mit einer Wolldecke war mir zu wenig. Ich suchte im Schrank nach einer weiteren wärmenden Decke und war froh, dass ich eine finden konnte.

SONNTAG, 14. OKTOBER
Der Pfarrer holte mich zum vormittäglichen Gottesdienst ab. Das Kirchengebäude wird von der evangelisch-reformierten Gemeinde mitgenutzt. Nach der Predigt durfte ich die ökumenische Botschaft verlesen und über meine Reise berichten. Die deutsche Ärztin übersetzte meine Worte für die italienischen Gemeindemitglieder. Beim nachfolgenden Kirchenkaffee lernte ich die Gottesdienstbesucher näher kennen. Ein Kirchenvorstand überreichte mir ein Video und ein Buch über die Geschichte der Gemeinde.

Anschließend speisten wir gemeinsam in einem Restaurant. Am Büfett gab es viele verschiedene Gerichte, die ich noch nicht kannte. Kein Wunder, denn es war mein erster Besuch in Italien. Die mediterrane Küche schmeckte mir sehr gut. Doch es blieb auf der gesamten Reise für mich schwierig, die Speisekarten richtig zu interpretieren. Deshalb bestellte ich möglichst Gerichte, von denen ich wusste, was sich hinter den Namen verbirgt. Das waren hauptsächlich Pizza und Pasta.

Der Vizedirektor der Deutschen Schule in Mailand, ein Mitglied der Gemeinde, lud mich beim Mittagstisch zu einem Besuch seiner Schule ein.

Der Pfarrer, der zugleich auch Vizedekan der Lutherischen Kirche von Italien ist, ging mit uns nach dem Essen zur Kirche S. Marco. Dort stellte er mich einem befreundeten katholischen Pater vor. Wir sprachen über die Ökumene und meine Pilgerwanderung. Plötzlich trat ein Mann an ihn heran und flüsterte ihm etwas ins Ohr. Der Pater wurde bleich. Entschuldigte sich und verließ uns.

Als er nach einiger Zeit zurück kam, teilte er uns mit, dass er soeben die Nachricht erhalten hätte, dass auf den Papst ein Attentat verübt worden ist. Deshalb habe er sich sofort in Rom erkundigt, was wirklich geschehen sei. Wir waren alle ebenfalls sehr betroffen. Immer wieder sorgen solche Nachrichten für Aufregung.

Wozu doch manche Menschen fähig sind! Was bezwecken sie damit? Wir diskutierten darüber. Die Kirchenpolitik wird nicht vom Papst allein bestimmt, die Curie ist das tragende Organ.

Dann, nach einer Weile, kam die erlösende Meldung. Er habe erfahren, dass die Nachricht, Gott sei Dank, eine Fehlmeldung gewesen sei. Wir waren alle sehr erleichtert.

Nachmittags spazierte ich mit einer Frau aus der Gemeinde durch das Stadtzentrum und erfuhr von ihr Interessantes aus der Mailänder Geschichte. Die von den Kelten gegründete Ansiedlung wurde 222 v. Chr. von den Römern erobert. Als man 370 einen kaiserlichen Beamten zum Bischof berief, wurde die Stadt von da an zu einer kirchlichen Metropole. Die Mailänder Bischöfe behielten lange Zeit auch die politische Führung in der Lombardei. Bedeutende Geschlechter wie die Sforza und die Visconti hatten ebenfalls viel Einfluss in der wechselhaften Geschichte der Stadt. Durch sie wurden u. a. das Kastell und die Stadtmauer erbaut. Auch nach der Einigung Italiens im Jahr 1870 entstanden in Mailand die wichtigsten politischen Bewegungen Italiens.

Ich bewunderte das Kastell der Visconti, die Scala, das wohl berühmteste Opernhaus der Welt und vor allem den beeindruckenden Dom.

1386 begann man mit seinem Bau. 1567 erbaute man die Krypta, in welcher der Domschatz untergebracht ist. Die fünfschiffige Basilika zählt zu den größten Kirchen in Italien und beeindruckt besonders durch die weiße Marmorfassade mit über 2300 Statuen.

Mit der sachkundigen Führerin war die Besichtigung eine besondere Freude. Großes Glück hatte ich auch bei der Betrachtung des Originalgemäldes „Das Abendmahl" von Leonardo da Vinci in der Kirche S. Maria delle Grazie. Eigentlich muss man sich vorher anmelden, um das sakrale Kunstwerk zu betrachten. Ich schaute es mir eingehend an und empfand tiefe Berührung. Nie hätte ich gedacht, dass ich einmal vor dem berühmten Wandbild stehen darf.

Viele Schaufenster mit origineller und mondäner Mode prägen die Stadt. Man hatte mir erklärt, dass die Italiener sehr viel Wert auf ihr Äußeres legen. Außerdem wunderte ich mich über die vielen Menschen auf der Piazza. Meine Führerin erklärte es mir: Man muss am Sonntag mit der Familie dort gewesen sein, sonst ist es kein richtiger Sonntag. Man spaziert, trifft sich und redet miteinander.

Leider fehlt uns Deutschen diese Freizeitkultur. Oft wirken unsere Ortschaften an den Wochenenden leer. Das ist schade. Die italienischen Städte und Dörfer erschienen mir lebendiger und einladender.

Am Abend fiel ich erschöpft ins Bett. Stadttage waren meist anstrengender als Wandertage. Mein Kopf brummte von den vielen Eindrücken und Informationen.

MONTAG, 15. OKTOBER

Schon um 8 Uhr holte mich der Pfarrer ab und fuhr mit mir zur Deutschen Schule. Ich trug Wanderkleidung, Hut, Stock und einen fast leeren Rucksack. So stellte er mich im Lehrerzimmer kurz vor und übergab mich dann der Religionslehrerin. Sie nahm mich mit zum Unterricht. Als wir in das erste Klassenzimmer einer 4. Klasse eintraten, sprang ein Schüler sofort auf, rief ein italienisches Wort und gab mir die Hand. Die Lehrerin dankte ihm und erklärte mir, dass er die Pilgerin herzlichst willkommen geheißen hatte. Ich erzählte den Kindern vom Pilgern und von dem ökumenischen Anliegen meiner Reise. Sie lauschten sehr aufmerksam meinen Worten. Viele Schüler sind Italiener. Sie erlernen unter anderem auch die deutsche Sprache. Demzufolge konnten sie mich gut verstehen. Anschließend musste ich viele Fragen beantworten.

Am Ende der Unterrichtsstunde fiel mir ein, dass ich mein Pilgerbuch im Hotel vergessen hatte. Ich erzählte den Kindern, wie wichtig dieses

Kastell der Visconti in Mailand

kleine Buch für mich war, denn immer wieder las ich unterwegs darin, wenn ich Rast machte. Viele liebe und interessante Menschen hatten schon einen Gruß für mich hineingeschrieben. Auch diese Worte und Gebete hatten mich bereits bis nach Mailand getragen. Die Kinder verstanden sehr gut, was ich damit meinte.

Bis 13 Uhr besuchte ich mehrere Klassenstufen. Die Kinder und Jugendlichen waren zehn bis sechzehn Jahre alt. Immer wieder erlebte ich das gleiche, große Interesse. Darüber freute ich mich sehr. In der Mittagspause überreichte mir die Lehrerin einen Umschlag mit kleinen Zetteln von den Kindern. Sie hatten für mich wunderschöne Bildchen gemalt und Wünsche aufgeschrieben, die mich sehr bewegten. Die Jugendlichen der Klasse neun schickten mir ihre Zettel nach Genua hinterher, so wichtig war ihnen diese Begegnung.

Die Zettelsammlung der Kinder der Deutschen Schule in Mailand ist mein größter Schatz. Sie ist ein wunderbarer Ausdruck von hoffnungsvollen Gedanken und Gefühlen zum Pilgern, zum Frieden und zur Versöhnung der Menschen auf dieser Welt. Die Kinder stammten meist aus intellektuellen und sehr reichen Familien. Deshalb war es für mich verwunderlich, welch humanitäres und ethisches Wertedenken diese Kinder zum Ausdruck brachten. Mir gab dieses Erlebnis Kraft und Hoffnung für die Zukunft.

Die Kinder der vierten Klasse sangen zum Abschied mit Begeisterung ein auch in Deutschland bekanntes christliches Lied und brachten mich danach zur nächsten Klasse. Zwei Mädchen und zwei Jungen gingen mit mir. Auf dem Flur nahmen sie plötzlich meine Hände und führten mich die Treppe hinauf. Ich empfand die kleine Menschenkette als sehr wohltuend und werde diese wenigen besonderen Minuten nie vergessen.

Die Lehrerin lud mich zum Mittagessen zu sich nach Hause ein. Danach holte mich die Frau des Vizedirektors der Deutschen Schule ab, und wir besichtigten gemeinsam den historischen Friedhof. Viele bedeu-

Der Mailänder Dom

tende Mailänder liegen dort begraben. Künstlerisch wertvolle Epitaphe künden vom Reichtum der fleißigen Norditaliener. Auch für evangelische Christen gibt es seit einiger Zeit eine kleine Abteilung.

Nach einem Bummel durch das chinesische Viertel und einer Einladung zum Kaffee in die Wohnung des Vizedirektors kehrte ich zur Lehrerin zurück. Wir waren am Abend zur Kirchenvorstandssitzung eingeladen. Danach besuchte ich mit ihr ein Franziskanerkloster. Sie hilft in ihrer Freizeit armen Menschen mit Kleidersammlungen. Wir wollten die Mönche um Hilfe bei der Suche nach Übernachtungsmöglichkeiten für meine weitere Reise bitten. Doch wir hatten kein Glück. Sie konnten uns keine Adressen von Klöstern nennen. Also musste ich mich allein durchschlagen. Ich verlor mein Gottvertrauen auch jetzt nicht. Er würde mich auch weiterhin leiten und beschützen. Da war ich mir ganz sicher.

Wir kehrten zum Abendessen in ein chinesisches Restaurant ein und ließen es uns schmecken. Erst spät in der Nacht brachte sie mich zum Hotel.

DIENSTAG, 16. OKTOBER
Die Religionslehrerin brachte mich mit der U-Bahn zur Station „Porta Genova". Dort erwartete uns eine Journalistin aus Rostock. Ihr Mann war

zwei Jahre vorher Geschäftsführer einer großen Einkaufskette in Italien geworden, deshalb zog die Familie in die Mailänder Region. Ihre beiden Töchter besuchten die Deutsche Schule, wo ich sie am Vortag kennen gelernt hatte. Spontan rief die Mutter die Lehrerin an, da sie einen Bericht für die Presse machen und mich deshalb einen Tag lang begleiten wollte.

Wir wanderten zusammen am Naviglio entlang durch die große Po-Ebene in Richtung Pavia.

Unterwegs konnte ich viel Interessantes von der Journalistin erfahren, unter anderem, dass der bedeutendste Fluss Norditaliens eine enorme Luftfeuchtigkeit in der Niederung verursacht. Aus diesem Grund sind hier gute Bedingungen für den Reisanbau vorhanden. Davon hatte ich schon vor vielen Jahren im Geographieunterricht gehört. Meine Begleiterin erklärte mir, dass deshalb die Italiener auch viel Rissotto essen. Ich sah eine Landschaft mit Reisfeldern und vielen Kanälen. Durch ein ausgeklügeltes Bewässerungssystem werden die Felder im Frühjahr geflutet.

Viele Tage im Jahr gibt es wegen der hohen Luftfeuchtigkeit Nebel und Smog in der Mailänder Region. Für die Menschen, die hier leben, bedeutet das eine enorme gesundheitliche Belastung.

Von Binasso am Naviglio aus fuhren wir mit dem Auto zu einem Städtchen mit dem Namen S. Angelo. Im Zentrum des Ortes konnten wir im Nebel ein Kastell erkennen, außerdem einen Fluss mit viel Schaum. Nein, es hatten an diesem Tag nicht alle Frauen des Ortes große Wäsche! Die Verschmutzung stammte von ungereinigten Abwässern.

Ein furchtbarer Anblick!

Er erinnerte mich an unseren Fluss Pleiße im Süden von Leipzig vor dem Fall der Mauer im Jahr 1989. Sie soll der schmutzigste Fluss in Europa gewesen sein, so behauptete man damals.

Weiter ging es dann nach Spino d' Adda, ihrem neuen Zuhause. Ich erfuhr an diesem Abend viel über die Schwierigkeiten und Besonderheiten des Kulturwechsels, den alle Familienmitglieder in kurzer Zeit erfolgreich gemeistert hatten. Zunächst die deutsche Wiedervereinigung, dann der Umzug nach Italien. Sicherlich war das nicht einfach, vor allem wegen der Sprache.

Ein Problem machte ihnen besonders zu schaffen. Kurz nach ihrer Umsiedlung waren sie der Meinung, dass sie für ihr Haus keine Sicherungsanlage brauchen würden. Nach dem dritten Einbruch haben sie dann ganz schnell entsprechende Vorkehrungen treffen müssen.

MITTWOCH, 17. OKTOBER

Die Journalistin begleitete mich an diesem Tag noch bis zur Certosa di Pavia. Sie befindet sich am Rande des Schlossparks von Pavia und wurde 1396 als Mausoleum für einen Angehörigen der Familie Visconti begonnen. Unter der Familie Sforza führte man den architektonisch wertvollen Sakralbau 1473 zu Ende. Später erweiterte man die beeindruckende Anlage zu einem Karthäuser-Kloster. Die eigentliche Wohnanlage der Mönche besteht aus einem schönen Kreuzgang und aneinander gereihten kleinen Häuschen, die sogar einen Garten besitzen. Ein wunderbarer Ort zur Einkehr.

Am Ausgang der Certosa verabschiedete ich mich von der Journalistin.

Zunächst marschierte ich noch ein letztes Mal am Naviglio entlang. Der Kanal endet in Pavia. „Ticinim", wie die Römer die Stadt nannten, war schon zur Zeit des Kaisers Augustus eine bedeutende Stadt. Auch der Ostgotenkönig Theoderich wählte sie zu einer seiner bevorzugten Residenzen. 572 fiel sie in die Hände der Langobarden, die sie zu ihrer Hauptstadt wählten. Bis ins 11. Jh. blieb sie auch Krönungsort des Regnum Italicum. 1155 wurde Kaiser Barbarossa in der Kirche S. Michele gekrönt.

Auf meinem Weg ins Stadtzentrum kam ich zunächst zum „Castello Visconteo", das 1360 bis 1365 errichtet wurde. Es ist eine weitläufige Befestigungsanlage mit großem Innenhof.

Dann besuchte ich die alte Universität, die 1361 gegründet worden ist. Sie verfügt über elegante Innenhöfe, in denen Statuen von berühmten Persönlichkeiten aufgestellt sind.

Die Reste des Doms, eines gewaltigen Zentralbaus an der Piazza Grande, werden zur Zeit saniert. Man vermutet, dass an seiner Errichtung u. a. Bramante, Leonardo da Vinci und Francesco Giorgo mitgewirkt haben.

Der Mailänder Pfarrer hatten für mich Kontakt mit Mitgliedern der Fokolar-Bewegung aufgenommen. Diese Initiative wurde 1943 von Chiara Lubich in Trient gegründet und engagiert sich für die Ökumene. Ihr Ziel ist es, den Geist der Brüderlichkeit und der Einheit verstärkt in Kirche und Gesellschaft und in alle Bereiche des menschlichen Lebens hineinzutragen. Bei einem jungen Ehepaar, das zur Fokolar-Bewegung gehört, sollte ich am Abend zur Übernachtung einkehren.

Als ich mich am Abend auf einer Treppe vor einem Geschäft auf der Piazza Grande hingesetzt hatte, öffnete sich hinter mir die Ladentür. Der Besitzer kam heraus und brachte mir einen kleinen Stadtführer, in dem ich alles Wissenswerte nachlesen konnte. Offenbar hatte er das Plakat auf meinem Rucksack in deutscher Sprache entziffert. Ich entnahm der Broschüre mit Erstaunen, dass sich in einer Kirche in Pavia das Grab des Heiligen Augustinus befindet. Von ihm stammt der Spruch: Der Weg ist das Ziel. Sofort suchte ich diese Kirche. Als ich sie endlich gefunden hatte, war es leider zu spät. Um 19 Uhr schließen alle Kirchen in der Stadt. Traurig kehrte ich zur Piazza zurück.

Kurz darauf holte mich die junge Frau von der Fokolarbewegung ab. Wir kauften unterwegs noch eine riesige Pizza zum Abendessen. Diese schmeckte ganz vorzüglich. Obwohl meine Gastgeber, ein junges Ehepaar, kein Deutsch verstehen konnten, unterhielten wir uns prächtig mit Englisch und Italienisch sowie Händen und Füßen.

Sie leben in einer modernen Wohnanlage am Rand von Pavia. Beide haben eine gute Anstellung. Sie ist Bibliothekarin, er ist in einer Computerfirma tätig. In Italien gibt es kaum Mietwohnungen, sie sind zu teuer. Deshalb leben die jungen Paare sehr lange bei den Eltern, bis sie genug Geld gespart haben, um sich eine Eigentumswohnung oder ein Haus kaufen zu können.

Wenn man zu Fuß unterwegs ist, erfährt man viel besser von den Sorgen und Freuden der Bevölkerung sowie von Sitten und Gebräuchen. Das ist für mich auf Reisen sehr wichtig.

DONNERSTAG, 18. OKTOBER

Die junge Frau brachte mich schon sehr früh, gegen 6.30 Uhr, zur Kirche S. Pietro in Ciel d'Oro, in der sich die Gräber des Heiligen Augustinus und das von Boetius, dem ermordeten Ratgeber von Theoderich, befinden. Gemeinsam machten wir einen Rundgang durch das Innere des sakralen Raumes. Danach verabschiedeten wir uns.

Es war wieder sehr nebelig, als ich aus der Kirche trat. Ich konnte die Gebäude und Straßenschilder kaum erkennen und lesen, trotzdem machte ich noch einen Spaziergang durch das historische Stadtzentrum.

Dann wanderte ich durch die Poebene weiter in süd-westlicher Richtung nach Tortona.

Nun war ich wieder einmal auf mich selbst angewiesen. Niemand erwartete mich zur Übernachtung am Abend. Ich überquerte den Fluss Po, konnte aber kaum etwas von der Landschaft erkennen, so dicht war der Nebel. Irgendwie trostlos erschien mir der Weg durch die Ebene an diesem Tag. Wahrscheinlich war ich wirklich der einzige Fußgänger in Italien. Aus dem Grund war es eigentlich sehr gefährlich, auf der viel befahrenen Landstraße zu wandern. Es gab aber keine andere Möglichkeit.

Für die Füße ist es sehr schmerz-haft, lange Zeit auf Asphalt zu laufen. Am Abend brannten mir oft die Fuß-sohlen. Ich legte die Beine hoch und kühlte mit kaltem Wasser. Das war meine Medizin auf diesen Etappen. Manchmal musste ich sogar eine Kopfschmerztablette einnehmen, da-mit das „Füßebrummen" aufhörte und ich endlich einschlafen konnte.

In TORTONA angekommen, fiel mir besonders die große vergoldete Madonna auf, die auf einem Kirch-turm an der Hauptstraße weithin sichtbar ihren Platz hatte. Die Stadt war ursprünglich eine ligurische, spä-ter eine römische Siedlung. Sie wurde nach der Zerstörung durch Kaiser Barbarossa 1155 wieder aufgebaut. Ich besichtigte die Kathedrale und den daneben stehenden Bischofspalast.

Certosa di Pavia

An diesem Tag schaffte ich es noch bis nach Villalvernia. Im Dorf erkundigte ich mich nach dem Pfarramt. Leider war der Pfarrer nicht zu Hause. Was nun?

Inzwischen war es Abend geworden. Ich fragte zwei Frauen vor einem Haus nach einer Herberge. Leider konnte ich ihre Antworten nur schlecht verstehen. Scheinbar gab es sechs Kilometer weiter an der Straße ein Motel, so entnahm ich ihren Worten. Ich wanderte aus dem Dorf hinaus und dachte unterwegs über eine Lösung für mein Übernach-tungsproblem nach. Keinesfalls durfte ich Zeit verlieren, denn es wurde schon dunkel. Ein Weiterlaufen auf der Hauptstraße wäre dann lebens-gefährlich.

Direkt an der Hauptstraße entdeckte ich eine verlassene Hotelanlage. Ich ging um das Haus herum in der Hoffnung eine offene Tür zu finden. Leider war das nicht der Fall. Es blieb mir nichts anderes übrig, als mir im Garten ein geeignetes Plätzchen zum Schlafen unter freiem Himmel zu suchen. Wieder zog ich alle Bekleidungsstücke aus meinem Rucksack an und kroch unter die kleine Plastikplane vom schon längst zurückge-lassenen Zelt.

Immer wieder schreckte mich der Verkehrslärm auf. Doch irgendwann hörte ich die vorbeifahrenden Autos nicht mehr. Manchmal erwachte ich vermutlich auch von meinem eigenen Zähneklappern, denn in den Nächten war es inzwischen empfindlich kalt geworden.

FREITAG, 19. OKTOBER

Der morgendliche Berufsverkehr weckte mich auf. Mein Körper war furchtbar unterkühlt. Ich rappelte mich auf, lief ein paar Schritte und machte ein wenig Gymnastik. Langsam durchströmte mich wieder wohlige Wärme.

Meine Morgentoilette bestand aus einer „Katzenwäsche", wie meine Mutter früher zu sagen pflegte. Mit einem nur noch feuchten Waschlappen fuhr ich über das Gesicht. Die Zähne putzte ich mit dem Restwasser aus der Trinkflasche. Auch mit solchen Bedingungen muss der Pilger unterwegs fertig werden. Sicherlich habe ich nicht immer „wie aus dem Ei gepellt" ausgesehen und auch mein Geruch war bestimmt oft zum Naserümpfen. Den Pilger stört das weniger. Es ist einfach nicht wichtig.

Ich kehrte auf die Landstraße zurück und stellte schon nach etwa vierhundert Metern fest, dass sich direkt an der Straße ein Hotel befand. Wenn ich das gewusst hätte, hätte ich nicht im Freien geschlafen!

So kann es einem eben passieren, wenn man die Landessprache nicht gut versteht oder die Ortsansässigen nur mit dem Auto unterwegs sind. Sie verlieren dann das Gespür für Entfernungen. Natürlich kehrte ich nun erst einmal zum Frühstück ein und nutzte auch die Toilette, um mich etwas gründlicher zu waschen. Frohen Mutes wanderte ich an diesem Morgen dem Apenninengebirge zu.

Ab dem nächstgrößeren Ort SERRAVALLE regnete es schrecklich. Das Tal mit Autobahn, Eisenbahn, Fluss und Landstraße wurde immer kurvenreicher und enger. In der wunderschönen Mittelgebirgslandschaft gab es nur wenige Orte an der Landstraße. Ich konnte kein Hotel oder ähnliches entdecken, nur ab und zu ein paar Wohnhäuser. Meine innere Stimme trieb mich immer weiter voran.

Was geschieht, wenn ich es nicht bis zum Abend schaffe, die Stadt Genua zu erreichen?

Hatte ich mir für diese Etappe zu viel vorgenommen? Wo könnte ich unterkriechen bei diesem subtropischen Regenguss?

Ich fand keine Höhle und auch keine Herberge an der Landstraße. Meine Bergwanderschuhe waren total durchnässt und auch die Regenjacke konnte den intensiven Wassermassen nicht mehr standhalten.

Als ich bei Anbruch der Dunkelheit das Dorf ISOLA DEL CANTONE erreichte, rettete mich ein Anruf von der Frau des Dekans aus Genua. Man machte sich Sorgen um mich. Keinesfalls sollte ich im einsamen Apenninengebirge übernachten. In einer Bar wartete ich auf das Auto, das mich nach GENUA abholte.

In stockdunkler Nacht fuhr die Frau des Dekans, die zufällig auch aus Heidenheim stammte, mit mir der Stadt entgegen. Die letzten Kilometer waren beschwerlich. Oft standen wir im Stau. Am Wochenende besuchen die Kinder der Italiener, die auswärts wohnen, ihre Eltern. Das gehört in dem Mittelmeerland zu den positiven „Pflichten" der erwachsenen Kinder. Die Familie hat einen viel höheren Stellenwert als in Deutschland. Vor allem die Bedeutung und der Einfluss der „Mama" ist sprichwörtlich, besonders in Süditalien.

Die Tochter des Dekans stellte mir für die nächsten Tage ihr Zimmer zur Verfügung. Ich genoss ihr weiches, bequemes Bett mit Daunendecke. Durch Entbehrungen lernte ich die sonst selbstverständlichen Dinge neu zu bewerten.

SONNABEND, 20. OKTOBER

Als ich aufgestanden war, trat ich ans Fenster des Kinderzimmers und sah den strahlend blauen Himmel und das Mittelmeer. Das schlechte Wetter war wie weggeblasen. Zahlreiche große und kleine Schiffe konnte ich weit draußen erkennen.

Sofort dachte ich wieder an meine verstorbene Mutter, die im nahe gelegenen Nizza an der Cote d' Azur gelebt hatte. Dort war sie als junge Frau Hausdame bei einem sehr reichen, amerikanischen Maler gewesen. Als der Krieg begann, wollte meine Großmutter, dass sie nach Deutschland zurückkehrt. Die Familie hatte Angst um sie. Ungern ließ der Maler sie gehen. Nach dem Krieg konnte sie nie wieder „ihr" Nizza besuchen. Als DDR-Bürgerin war ihr das verwehrt. Ein Leben lang hat sie deshalb von ihrem besonderen Aufenthalt am Mittelmeer geschwärmt. In der Zeit der politischen Wende 1989 las ich in der Zeitung, dass man ihren damaligen Chef, den Maler, der inzwischen ein berühmter Kunstmäzen geworden war, in seiner Villa ermordet hatte. Ich konnte es ihr einfach nicht sagen. Die furchtbare Nachricht hätte ihr sehr wehgetan. Noch zwölf Jahre nach der friedlichen Revolution erschien es mir wie ein Wunder, dass ich nun stellvertretend für sie am Mittelmeer sein durfte.

In der Nacht war der Dekan von einer Sitzung der ELKI aus Rom heimgekehrt. Wir lernten uns beim Frühstück kennen. Ich schätzte ihn

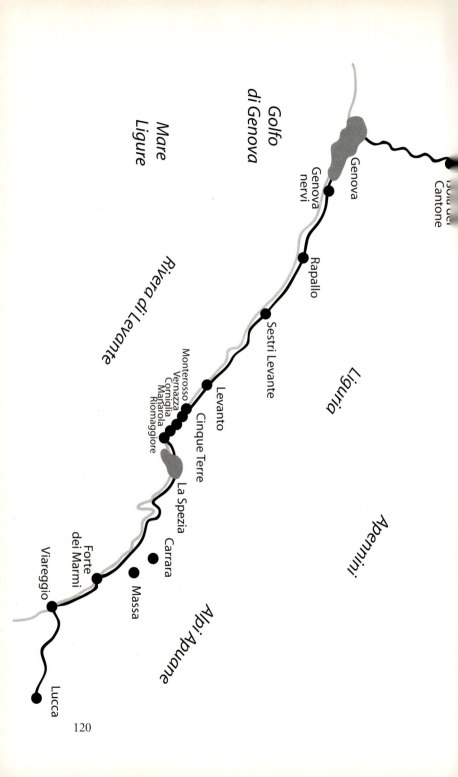

Isola del
Cantone

Golfo
di Genova

Genova

Genova
nervi

Mare
Ligure

Rapallo

Liguria

Riviera di Levante

Sestri Levante

Monterosso
Vernazza
Corniglia
Manarola
Riomaggiore

Levanto

Cinque Terre

Apennini

La Spezia

Carrara

Forte
dei Marmi

Massa

Viareggio

Alpi Apuane

Lucca

120

als energische und selbstbewusste Persönlichkeit ein, deren Anerkennung ich mir erst noch erarbeiten musste. Kein Wunder, denn meine Gastgeber hatten keine Vorstellung, wer da auf sie zukam.

Was wird das für eine Frau sein? Vielleicht ist sie verrückt?

Als sie mich kennen lernten, klärte sich so manches Vorurteil auf. Durch ein offenes, herzliches Gespräch kamen wir uns näher und es entstand ein wunderbares Miteinander.

Mir fiel auf, dass die beiden sehr intelligenten Kinder immer wieder von den Eltern ermahnt wurden, richtig deutsch zu sprechen. Bei längerem Aufenthalt im Ausland verlernt man wahrscheinlich den richtigen Satzbau und vergisst nach und nach so manches Wort. So erging es auch sogar mir auf der relativ kurzen Reise.

Die Frau des Dekans wusch am Vormittag meine Wäsche. Ich durfte mich ein wenig ausruhen. Dann brachte ich mein Tagebuch auf den neuesten Stand und las in einem Buch über die bedeutende Geschichte der Hafenstadt Genua. Der Dekan zeichnete mir im Stadtplan einen Rundgang ein, der alle wesentlichen Sehenswürdigkeiten beinhaltete. Er konnte mich nicht begleiten, da er einen Termin wahrnehmen musste. Am Nachmittag fuhren wir mit dem Bus ins Stadtzentrum. Dort trennten sich für ein paar Stunden unsere Wege.

Tatsächlich fand ich mich allein gut zurecht und war begeistert von der Hauptstadt der Provinz Ligurien, die am Golf von Genua liegt und sich dreißig Kilometer an der Küste des Tyrrhenischen Meeres entlang ausbreitet. Berühmt ist sie vor allem durch den größten und bedeutendsten See- und Handelshafen Italiens. Die ältesten Teile des Hafenbeckens „Porto Vecchio" wurden um 1250 erbaut. Dort steht auch ein alter Leuchtturm von 1316. Jahrhunderte lange Auseinandersetzungen, auch mit dem Volk der Sarazenen, haben Genua im 12. und 13. Jh. zu einer Seemacht werden lassen. 1284 konnten die Genueser die rivalisierenden Pisaner besiegen. Unter Andrea Doria um 1528 erlebte die Stadt eine Blütezeit. Sie entzog sich der Vorherrschaft Mailands und blieb lange Zeit eine eigene Stadtrepublik.

Genua ist Sitz eines Erzbischofs. Ich schaute mir zunächst die Kathedrale S. Lorenzo an, die mit ihrer Schwarz- Weiß gestreiften Marmorfassade an die Architektur von Pisa und der Toskana erinnert. Seit 985 ist sie Bischofskirche. Der Turm, den man „Campanile" nennt, stammt aus dem Jahr 1522. In einer Nebenkapelle wird die Asche von Johannes dem Täufer aufbewahrt. Leider konnte ich aus Zeitgründen die berühmte Schatzkammer der Kathedrale nicht besichtigen.

Dann setzte ich meinen Weg fort zum Palazzo Doria Tursi. Mit dem Prunkbau wurde 1568 begonnen. Heute ist er das Rathaus der Hafenstadt. In der Vorhalle beeindruckten mich fünf große Fresken.

In der Kirche S. Matteo, die 1125 ein Mitglied der Familie Doria errichten ließ, befindet sich in der Krypta das Grab von Andrea Doria, dem berühmten Admiral und Staatsmann. Am Hochaltar bewahrt man sein Schwert auf.

Ich spazierte nun zum Palazzo Ducale. Dieser war früher die Residenz der Staatsoberhäupter, der Dogen. Der Palazzo Spinola, nahe am Hafen, gehörte ehemals den Grimaldi, dem Fürstengeschlecht von Monaco. Auch er enthält im Innern prächtige Fresken.

Auf der Piazza Acquaverde befindet sich ein riesiges Columbus-Denkmal. An der Piazza Dante in der Casa di Colombo soll Christopher Columbus seine Kindheit verbracht haben. Später studierte er in Pavia und wurde Seefahrer.

Ich konnte noch längst nicht alles ansehen. Die reichen Genueser ließen sich unzählige, prächtige Wohnhäuser erbauen. Sogar in den engen Gassen entdeckte ich bemerkenswerte Wohnpaläste und zwischen ihnen zahlreiche kleine Geschäfte und Bars. Das Flair einer Hafenstadt ist eben doch etwas Besonderes.

Viele namhafte Persönlichkeiten haben in Genua gelebt oder stammen aus dieser Region.

Mir brummte am Abend der Kopf von all den Informationen und Sehenswürdigkeiten. Ich hatte bereits die Erfahrung gemacht, dass ich mir nicht alles merken oder ansehen konnte. Dafür reichte die Zeit nicht aus und vor allem war die Aufnahmefähigkeit begrenzt. So hatte ich mir vorgenommen, wenigstens einen Gesamteindruck der jeweiligen Stadt mitzunehmen. Aber auch das war oft sehr anstrengend.

SONNTAG, 21. OKTOBER

Auch in Genua durfte ich im Gottesdienst der evangelisch-lutherischen Kirche sprechen und Fragen beantworten. In der zweisprachigen Gemeinde lernte ich interessante Menschen kennen, für die Ökumene in den letzten Jahren selbstverständlich geworden ist. Es existieren zahlreiche Kontakte zu den römisch-katholischen Gemeinden und es werden gemeinsame Veranstaltungen organisiert.

Nach dem Gottesdienst ging ich zu Fuß mit dem Dekan am Lido in Nervi entlang zurück zur Wohnung. Immer wieder blieben wir stehen, um den herrlichen Blick auf das Meer zu genießen.

Der Nachmittag gehörte den Vorbereitungen für den Weg an der Riviera di Levante entlang nach Pisa.

MONTAG, 22. OKTOBER

Nach dem Abschied von der gastfreundlichen Familie des Dekans sollte ich auf der Uferpromenade von Nervi nach Rapallo wandern. Zunächst war es ein idyllischer Weg, gepflastert mit rotbraunen Steinen im Fischgrätenmuster. Das Wetter war sommerlich heiß. Immer wieder sah ich Piratentürme und Befestigungsanlagen aus alter Zeit. Die Genueser waren wirklich ein sehr kämpferisches Volk. Ihr Reichtum erregte wahrscheinlich den Neid der Nachbarvölker.

Die Via Aurelia, Staats-Straße Nr. 1, verlief zwei Tagesmärsche bis Sestri Levante parallel zum Küstenweg. Dann entfernte sich die alte römische Heerstraße ins Landesinnere. Ich blieb auf dem ligurischen Küstenwanderweg und genoss besonders das Meer.

Kurz vor dem Zielort Rapallo musste ich die dicht an der Küste verlaufende Bergkette, einen Ausläufer des Apenninengebirges, überqueren. Unter mir sah ich den malerischen Hafen „Portofino", eine Bucht für Verliebte und Reiche. Man kann sie nur vom Meer aus erreichen. Durch den Umweg kam ich erst gegen Abend in RAPALLO an. Die Stadt ist durch die Unterzeichnung des Vertrages zwischen Deutschland und Russland im Jahr 1922 bekannt geworden.

Der Dekan hatte den katholischen Pfarrer in Rapallo wegen einer Übernachtung für mich um Hilfe gebeten. Eine aus Deutschland stammende Christin holte mich bei der Kirche ab. Sie ist Modedesignerin und näht Kostüme für die Oper in Chiavari. Ihr italienischer Ehemann betreibt einen Imbiss. Die beiden Kinder sprachen leider nur italienisch. Ich fühlte mich bei der Familie sehr wohl. Sie sparten hart für ihr kleines, eigenes Häuschen, das imponierte mir.

DIENSTAG, 23. OKTOBER

Die Schneiderin fuhr am Morgen mit mir zum Hafen, wo, wie in fast jeder italienischen Stadt, ein großes Garibaldi-Denkmal aufgestellt ist. Ich pilgerte nach der Verabschiedung auf der Via Aurelia an der mit Oliven, Zitronen und Avocado- Bäumen bewachsenen Küste entlang. Die Straße schlängelte sich bis auf die Höhe hinauf. Von dort aus hatte ich einen herrlichen Blick auf das Meer und die Stadt Chiavari. Besonders gefielen mir in dem Ort die Einkaufspassagen, die sich unter Arkaden befinden. Wieder hatte ich ein technisches Problem. Die Batterie meiner

Armbanduhr war leer. Also nutzte ich die günstige Gelegenheit, eine neue „Pila", so heißt Batterie auf italienisch, zu kaufen.

In SESTRI LEVANTE fand ich erst nach längerem Suchen mein Quartier in der „Opera Madonna del Grappa", einem katholischen Werk, das in einem herrlichen, historischen Gebäude untergebracht ist. Die Gastgeberin aus Rapallo hatte die Übernachtung für mich organisiert.

MITTWOCH, 24. OKTOBER

Von Sestri Levante aus wollte ich unbedingt die Cinque Terre erreichen. Unterwegs hatte man mir immer wieder von der berühmten Steilküstenlandschaft erzählt. Dazu musste ich nun die Via Aurelia verlassen. Ich folgte einer kleinen Straße, die weiter am Ufer entlang führte.

Es war immer noch sehr warm.

Mehrere Male konnte ich noch im Meer baden, was für mich wegen des Salzgehaltes doch recht gewöhnungsbedürftig war. Die Abkühlung war aber auch sehr wohltuend.

Die Küstenstraße endete plötzlich vor einem Tunnel.

Darüber hing ein Schild, auf dem u. a. das Wort Galerie zu lesen war. Darunter befand sich eine Ampelanlage. Ich lief, weil es keinen anderen Weg gab, in den Tunnel hinein. Nach ca. hundert Metern wunderte ich mich, dass es immer dunkler wurde. Keinerlei Fensteröffnungen waren vor mir zu erkennen.

Es kam noch viel schlimmer!

Hinter mir hörte ich das Geräusch von fahrenden Autos. Da das Tonnengewölbe nur drei bis vier Meter breit war, drückte ich mich an die Wand, damit die Fahrzeuge vorbei fahren konnten. Dann lief ich wie ein Hase, um voran zu kommen, denn der Tunnel nahm kein Ende. So wechselte sich das Warten und Laufen ab, nach dem Grün oder Rot der Ampelanlage, auch im nächsten Tunnel. Jetzt begriff ich, warum das Lichtsignal angebracht war.

Dass auf dem Schild „Fußgängerverbot" geschrieben stand, erfuhr ich erst später.

Gott sei Dank fiel mir noch rechtzeitig ein, dass mir ein Bekannter, der an einer Expedition nach Nepal teilgenommen hatte, eine Taschenlampe mit einem besonderen Leuchtmittel geschenkt hatte, das eine sehr lange Betriebsdauer hat. Die Taschenlampe hat mir in den Tunneln vor den CINQUE TERRE das Leben gerettet.

Endlich kam ich in MONTEROSSO an, dem ersten Dorf der berühmten Küstenlandschaft.

Auf meiner Karte hatte ich das Kloster M. S. Soviore entdeckt, in dem ich gern übernachten wollte. Doch dafür musste ich erst noch den steilen Kreuzweg, den schon die Römer erbaut haben sollen, hinaufsteigen.

In Friedenszeiten wurden die römischen Soldaten zum Wegebau eingesetzt. Das war eine wichtige Aufgabe, nicht nur für den militärischen Nachschub, sondern auch für den Handel.

Ein Ehepaar aus Hamburg begleitete mich den Kreuzweg hinauf zum Kloster. Sie erzählten mir unterwegs, dass sie die Patenschaft für ein Stück Terrassenlandschaft übernommen haben. Die mit Olivenbäumen bepflanzten Gärten sind oft abgerutscht und sollen wieder in Stand gesetzt werden, was ohne fremde Hilfe aber nicht möglich ist. Deshalb hat man europaweit um Hilfe gebeten.

Am Kloster angekommen, bewunderten wir zunächst den herrlichen Blick auf die abendliche Bucht, bevor wir die Kirche besuchten. Dort fanden wir ein interessantes Zeugnis aus vergangener Zeit: die sichtbar gemachten Grundmauern des Vorgängerbaus.

Aus dem Kloster ist inzwischen ein Hotel geworden. Der vordere Teil ist modern ausgebaut, der hintere im ursprünglichen Baustil erhalten geblieben. Da meine finanziellen Mittel sehr begrenzt waren, bat ich um ein preiswertes Quartier. Man wies mir ein sehr spartanisches Gruppenzimmer in der aus Naturstein erbauten Pilgerherberge zu. Nach dem Abendessen machte ich es mir so gut es ging in einem Metallrohrbett mit kratziger Wolldecke bequem.

Ich wollte das ursprüngliche Pilgern auf meiner Reise erleben. Immer wieder gab es tatsächlich Erlebnisse, die dem sehr nahe kamen.

DONNERSTAG, 25. OKTOBER

Das Verlassen der Herberge stellte mich vor eine schwierige Gewissensentscheidung. Ich befürchtete, dass ich auf meiner weiteren Reise öfter im Freien übernachten muss. Deshalb entschloss ich mich, eine von den alten, kratzigen Wolldecken mitzunehmen. Ich dachte, es wäre die einzige und letzte Gelegenheit zu einer wärmenden Decke zu kommen. Kaufen konnte ich mir keine, mein Budget erlaubte es mir nicht.

Die karierte Decke war recht dünn, passte aber gerade noch in meinen Rucksack hinein. Ich war mir bewusst, dass das Diebstahl war, trotzdem entschloss ich mich aus Not dazu. Ich betete um Vergebung, hoffentlich wurde mir inzwischen verziehen.

Zunächst hatte ich Angst, dass man es bemerken könnte.

Was würde man von mir denken?

Eine Pilgerin, die stiehlt!

Wie passt das zur ökumenischen Botschafterin?

Ich redete mir ein, dass ich sie später zurückschicken kann.

Trotzdem war mir nicht wohl in meiner Haut.

Auch eine solch schwierigen Situation musste ich aushalten auf meiner Pilgerreise.

Schnell verließ ich nach dem Begleichen der Rechnung das Hotel.

Beim Wandern auf dem Höhenweg durch Landschaften, die von der Bodenerosion stark geschädigt waren, dreht ich mich oft um. Es kam mir vor, als würde ich verfolgt. Das schlechte Gewissen plagte mich.

Auf einem alten, gepflasterten Fußweg gelangte ich später ins malerische VERNAZZA hinunter. Nach einer kurzen Rast folgte ich nun den Wanderwegweisern der „Cinque Terre", was „Fünf Orte" bedeutet, entlang der Steilküste von Dorf zu Dorf.

Der stellenweise sehr schmale Weg war unglaublich anstrengend für mich, denn der fünfzehn Kilogramm schwere Rucksack drückte gewaltig auf dem Rücken. Die zahlreichen anderen Wanderer waren leicht bekleidet und trugen einen kleinen Tagesrucksack. Der gesamte Weg bestand fast ununterbrochen aus Stufen, es ging ständig auf und ab. Das Steigen kostete mich sehr viel Kraft.

Auf der Karte war der Weg ca. zwanzig Kilometer lang. Ich hatte mir vorgenommen, ihn an einem Tag zu schaffen. Leider hatte ich nicht geahnt, was mich in der Cinque Terre erwartet. Nun bekam ich die Quittung für meinen Leichtsinn. Stellenweise war sogar ein Teil des Weges ins Meer gestürzt.

Ich habe an diesem Tag sehr viel gebetet.

Nur knapp bin ich einem Unglück entgangen. Die Zeitungen hätten vielleicht anderenfalls vom Absturz einer Pilgerin in den Cinque Terre berichtet. Der Herr hat meine Gebete erhört und mich davor bewahrt. Mit letzter Kraft kam ich in RIOMAGGIORE, dem letzten der fünf Orte, an. Doch das Ende der Strapaze war noch immer nicht in Sicht.

Wegen der teuren Hotels unten im Dorf wollte ich versuchen, im Kloster „Montenero" zu übernachten. Das Kloster lag aber oben auf dem Berg, wie ich feststellen musste. Auf meiner Straßenkarte konnte ich das nicht erkennen. Also stieg ich nach einer kurzen Erholungspause den steilen, aber wunderschönen Pfad hinauf zum Kloster. Mit dem letzten Abendlicht kam ich völlig erschöpft oben an.

Nun bot sich mir eine herrliche Aussicht. Auf dem Meer weit draußen konnte ich beleuchtete Fischerboote erkennen.

Die Steilküstenlandschaft „Cinque Terre"

Zu meinem Erschrecken musste ich feststellen, dass das Kloster inzwischen ein Restaurant geworden ist, welches nur zur Saison geöffnet hat. Ich setzte mich auf die Eingangstreppe und dachte nach.

Plötzlich entdeckte ich, dass im oberen Stockwerk Licht brannte. Verzweifelt pochte ich viele Male an die Tür und rief hinauf. Endlich öffnete sich ein Fenster und eine junge Frau schaute heraus. Ich konnte ihr meine Situation verständlich machen. Sie ließ mich in das Restaurant eintreten und bot mir Cappuccino und etwas zum Essen an. Ihre Mutter kam auch aus Deutschland, wie sie mir erzählte. Leider sprach sie nur italienisch.

Sie erklärte mir, dass im Haus ein Architekt mit dem Ausmessen von Räumlichkeiten beschäftigt ist. Dieser könnte mich per Auto mit hinunter nach La Spezia nehmen, weil das Montenero nur im Sommer nutzbar wäre. Ich freute mich sehr über ihre Hilfe.

Das Schlimmste stand mir jedoch noch bevor. Sie holte zwei Handlampen und übergab sie uns. Ich konnte mir den Grund dafür nicht denken. Nach der Verabschiedung begriff ich sehr schnell, was mir bevorstand.

Der Architekt stieg mit mir auf der anderen Seite des Berges wieder bis zur halben Höhe hinunter. Dort hatte er sein Auto geparkt, weil die Straße dort zu Ende war.

Im Dunkeln stiegen wir also einen schmalen Pfad an der Steilküste mit vielen gefährlichen Stufen hinunter.

Nur der kleine Kegel der Taschenlampe beleuchtete meinen nächsten Schritt. Der schwere Rucksack machte das abenteuerliche Unternehmen noch gefährlicher. Wie durch ein Wunder habe ich es geschafft. Mit gro-ßer Erleichterung stieg ich in sein Auto.

Nie werde ich diesen Tag in den Cinque Terre vergessen! Es war die schwerste und gefährlichste Etappe meiner Pilgerreise.

Der Architekt brachte mich zu einem Hotel in LA SPEZIA. Es war ge-gen 22 Uhr als wir dort ankamen.

FREITAG, 26. OKTOBER

Meine erste Aufgabe an diesem Morgen war der Gang zum Geldautoma-ten am Bahnhof in La Spezia. Der Bahnhof lag am entgegengesetzten Ende der Stadt, das bedeutete ungefähr zwei Kilometer Umweg. Ich musste dort unbedingt Geld abheben, um von nun an immer ein Hotel-zimmer bezahlen zu können. Meine Quartiere sollten möglichst preis-wert sein, was bestimmt schwierig werden würde.

Nach einer anstrengenden Tagesetappe ist sicherlich niemand mehr in der Lage von Hotel zu Hotel zu gehen, um die Preise zu vergleichen. Mit der Kostensparvariante bin ich trotzdem bis nach Rom gekommen, was sicher meiner Glaubwürdigkeit und meinem Verhandlungsgeschick zu verdanken ist.

Das Geld auf dem Spendenkonto meiner Heimatkirchgemeinde Mehna wurde also schnell weniger in Italien, da ich durchschnittlich dreißigtau-send bis sechzigtausend Lire pro Übernachtung bezahlt musste. Meist gab es zum Frühstück nur einen Cappuccino und ein Hörnchen, zum Sattessen war das natürlich nicht. Tagsüber trank ich deswegen öfter Milchkaffee und kaufte mir Obst. Abends ging ich in eine Pizzeria und wählte dort Pizza oder Pasta, da ich sehr sparsam sein musste.

Dann marschierte ich zurück zum Meer. An der Uferpromenade machte ich noch einmal Halt in einer katholischen Kirche. Es war ein moderner Rundbau mit einem großen Springbrunnen davor.

Es dauerte ziemlich lange, bis ich aus der Stadt hinausgewandert war. Die Küstenstraße führte am Hafengelände vorbei mit seinen zahlreichen großen und kleinen Schiffen und den hohen Krananlagen. Sicherlich ist er ein bedeutender Wirtschaftsfaktor in La Spezia.

An diesem Tag wollte ich ein Stück in Richtung Viareggio vorankom-men. Ich marschierte an zahlreichen Ferienanlagen vorbei. Die Saison schien zu Ende zu sein. Kaum ein Hotel hatte noch Gäste. Abends erreichte ich MARINA DI SARZANA. Ausgerechnet hier konnte ich kein Hotel entdecken, nur verlassene Campinganlagen. Ich ruhte mich auf einer Bank aus bis es dunkel wurde. Dann schlug ich mein Bett unter dem Sternenzelt auf, wie bereits mehrmals erprobt. Nur mit dem Unterschied, dass ich jetzt eine Wolldecke besaß. Viel wärmer war es mit ihr allerdings auch nicht. Der Diebstahl hatte sich nicht gelohnt. Gott straft kleine Sünden offenbar sofort.

Nicht lange nach dem Einschlafen wurde ich wieder wach. Ich hörte Stimmen.

Vorsichtig schaute ich unter der Plastikplane heraus und sah, dass auf der etwa fünfzig Meter entfernten Straße Mädchen spazierten und dann in Autos einstiegen und vermutlich mit den Freiern davonfuhren.

O, je!

Da hatte ich also nahe dem Rotlichtrevier mein Lager aufgeschlagen. Die Nacht war sehr unruhig. Immer wieder schreckte ich durch Stimmen und das Klappen von Autotüren auf. Außerdem war es noch furchtbar kalt und feucht.

SONNABEND, 27. OKTOBER

Als ich am Morgen die Augen öffnete, erschrak ich. Um eine Ecke des kleinen Holzhauses schaute ein Mensch in einem schwarzen Gummianzug mit Kapuze und Schwimmflossen. Erst jetzt begriff ich, dass es ein Taucher war. Er war bestimmt ebenso verwundert wie ich über den Schlafgast im Garten seines Taucherdomizils. Rasch packte ich meine Sachen ein und zog weiter.

Nun war ich in der berühmten Toskana angekommen.

Am Tag war es immer noch sehr warm. Mehrmals badete ich im immer noch sehr angenehm warmen Meerwasser.

Die Stadt CARRARA lag ein paar Kilometer landeinwärts. Vom Hafen in Marina di Carrara aus wird der im nahe gelegenen Gebirge Alpi Apuane abgebaute Marmor, in die ganze Welt verschifft. Im Hafen lagern zahlreiche große Marmorblöcke.

Die Gewinnung des wertvollen Gesteins ist eine schlimme Umwelttragödie, da ganze Berge abgebaut werden. Schon von der Küste aus kann man in der Ferne die weißen Berge nahe der Stadt Carrara erkennen. Unmittelbar an der Straße sah ich Schleifereien und Marmorfiguren.

Neben der Ufermagistrale reiht sich Hotel an Hotel. Eines schöner als das andere. Aber sicher auch sehr teuer, so dachte ich. In FORTE DI MARMI kam ich an einem besonders prächtigen vorbei. Über dem Eingangsportal stand in großen Buchstaben „NEGRESKO".

Schnurgerade führte die breite Straße an der Riviera entlang. Nach etwa einem Kilometer fragte ich an einer Ampelkreuzung eine Frau, wie weit es bis Viareggio ist. Oh, wie schön, sie war Deutsche! Vor vielen Jahren hatte sie hierher geheiratet. Sie wollte mir sofort helfen in der Stadt ein Bett zu finden. Zunächst gingen wir zu Fuß zu ihrem Haus. Dort lernte ich auch ihren italienischen Ehemann, einen Arzt, kennen, mit dem wir Kaffee tranken. Danach fuhr sie mit mir per Auto zu einem Kloster. Dort erklärte ihr freundlich lächelnd die Oberin, dass gerade ein neuer Aufzug eingebaut wird, deshalb kann man mir kein Zimmer geben. Enttäuscht fuhren wir zum Pfarramt. Auch dort wurden wir mit fadenscheiniger Begründung abgewiesen. Meine Begleiterin war „erzsauer"!

Wir stiegen wieder ins Auto und sie fuhr mit mir zum NEGRESKO. Vor dem Hotel forderte sie mich zum Aussteigen auf. Ich folgte ihr in die Vorhalle zur Rezeption, wo ich auf sie warten sollte. In Begleitung eines Herrn im feinen dunklen Anzug tauchte sie nach einer Weile wieder auf. Nach der Vorstellung sagte sie mir, dass ich diese Nacht eingeladen wäre, hier zu übernachten.

Ich machte sie darauf aufmerksam, dass mein Reisebudget nicht für das mondäne Quartier ausreicht. Sie erklärte mir, dass sie hier fünfundzwanzig Jahre lang Geschäftsführerin gewesen ist und es eine selbstverständliche Geste des Hauses wäre, mir, der Pilgerin aus Deutschland, etwas Gutes zu tun.

Sie brachte mich persönlich aufs Zimmer und schaute, ob alles in bester Ordnung für mich war. Dann sagte sie, ich soll, nachdem ich mich frisch gemacht habe, hinunter ins Restaurant gehen. Dort darf ich essen, worauf ich Appetit habe. Dann verschwand sie.

Ich kam mir vor wie die Prinzessin auf der Erbse. Die letzte Nacht hatte ich noch auf einer Wiese, vor Kälte mit den Zähnen klappernd, geschlafen. Eine Nacht später war ich Gast in einem Nobelhotel. Es kam mir wie ein Traum vor.

Im Restaurant war ich der einzige Gast. Der Raum war vollständig mit Marmor verziert. Drei Kellner bemühten sich um mich. Leider konnte ich nur ein Gericht bestellen, von dem ich ahnte, was sich dahinter verbirgt, denn ich wollte mich nicht blamieren. Ich ließ es mir schmecken und verschwand nach dem Essen schnell in meinem Luxuszimmer. Nach einem exklusiven Bad schlief ich selig im weichen Himmelbett ein.

SONNTAG, 28. OKTOBER
Ich bedankte mich ganz herzlich bei meinen Gastgebern und wanderte auf der Uferpromenade weiter bis nach VIAREGGIO. In dem noblen

Wohnbebauung auf den Grundmauern eines Amphitheaters in Lucca

Badeort änderte ich die Richtung und marschierte auf der Landstraße nach Osten in Richtung Florenz.

Die florentinische, evangelisch-lutherische Kirchgemeinde sollte ich besuchen, weil sie in diesem Jahr ihr hundertjähriges Bestehen feierte. So wanderte ich eine Anhöhe hinauf und genoss von oben noch ein letztes Mal Abschied nehmend den Blick auf das Mittelmeer.

Mein Weg führte über einen Höhenzug des Apenninengebirges, anschließend hinunter nach Lucca, der berühmten Stadt in der Toskana. Ich bewunderte unterwegs die typisch toskanische Architektur der Häuser in der sanften Hügellandschaft.

In den Abendstunden erreichte ich LUCCA. Durch eines der vielen Tore in der Stadtmauer gelangte ich ins historische Zentrum. In der Touristeninformation bekam ich sofort ein Zimmer. Zwar nicht billig, aber dafür direkt in der Altstadt gelegen. Das Taxi, welches mich abholte, war im Preis inbegriffen.

Nachdem ich mich ein wenig erholt hatte, machte ich einen ausgedehnten Bummel. Wieder einmal staunte ich, wie viele Menschen an diesem Sonntag in Lucca durch die Straßen spazierten. Beim Rundgang ermittelte ich, was in der Stadt sehenswert ist.

Ursprünglich war Lucca eine etruskische Siedlung, später wurde es ligurisch. Im Jahre 180 v. Chr. eroberten es die Römer, so stand in einem kleinen Stadtführer geschrieben. Nach mehreren Kriegen wurde es um 1115 Freistaat. Das 12. und 13. Jh. war für Lucca eine Blütezeit. Nach

Lucca · Ponte Buggianese · Vinci · Altopascio · Arno · Empoli · Montelupo · Miniato · Firenze · Arno · Impruneta · Greve in Chianti · Panzano · Castellina in Chianti · Toscana · Siena · Arbia · Monteroni d'Arbia · Buonconvento · Ombrone · S.Quirico d'Orcia · Orc...

mehreren folgenden Abhängigkeiten erreichte die Stadt erst unter Kaiser Karl IV. wieder die lang ersehnte Unabhängigkeit.

Neben mehreren schönen Kirchen schaute ich mir auch das Geburtshaus von Giacomo Puccini an. Mein abendlicher Stadtbummel führte mich an mehreren prächtigen Palazzi vorbei. Gegen Mitternacht kehrte ich in das kleine Hotel in der Straße „Le Torre 1" zurück. Voller schöner Eindrücke schlief ich zufrieden ein. Ich nahm mir vor am nächsten Morgen die Stadt genauer anzusehen.

MONTAG, 29. OKTOBER

Bei strahlendem Sonnenschein setzte ich die Besichtigung Luccas fort. Der Dom S. Martino war mein erstes Ziel. Er soll vom heiligen Frediano im 6. Jh. begonnen worden sein. Das Kirchengebäude erscheint romanisch und hat eine schöne asymmetrische Fassade in weißem und schwarzem Marmor mit dreistöckigen Bogengängen. Lange blieb ich stehen, um den Anblick zu bewundern. Im linken Seitenschiff befindet sich ein achteckiger Tempelbau, der das Kruzifix „Volto Santo" aus dem 11. oder 12. Jh. enthält. Dieses berühmte Kunstwerk wurde schon vom römischen Dichter Dante erwähnt.

Auch die Kirche S. Michele in Foro ist im charakteristischen pisanisch-luccesischen Baustil des 12. Jh. erbaut worden. Als ich sie betrachtete, sprach mich eine Reisegruppe aus Österreich an. Die katholischen Kulturreisenden wollten genau wissen, in welcher Mission ich nach Rom unterwegs war.

Dann marschierte ich in östlicher Richtung zum Jakobstor. Ich kam an einem ehemaligen römischen Amphitheater vorbei, von dem noch Teile erhalten geblieben sind. Durch einen Ring betritt man das Innere, wo sich heute ein malerischer Markt befindet.

Mir fiel hier erstmals das besondere, warme Licht der Toskana auf. Dieses einzigartige Licht ist es, das die berühmten Künstler in den vergangenen Jahrhunderten hierher gezogen hat. Nun konnte ich es mit eigenen Augen sehen.

Langsam musste ich Abschied von Lucca nehmen. Ich fotografierte noch schnell die Stadtmauer, ein gewaltiges Ziegelbauwerk, welches 1504 bis 1654 errichtet wurde. Es ist bis heute vollständig erhalten geblieben. Man kann auf ihm in zwölf Metern Höhe um die Stadt spazieren.

Ich verließ Lucca, wie geplant, durch das Jakobstor. Erstmals wanderte ich nun auf dem alten Frankenweg der nach Altopascio führt. Die „Via Francigena", wie er in italienischer Sprache heißt, kommt von Frankreich und verläuft durchs Piemont, dann weiter durch die Toskana hinunter nach Rom. Es war für mich ein besonderes Gefühl, auf diesem alten Pilgerweg zu gehen, auch wenn aus dem ehemaligen Trampelpfad inzwischen eine Hauptstraße geworden ist. Gut ausgeschildert wurde der Frankenweg im Heiligen Jahr 2000. Manchmal findet man sogar Erklärungstafeln in deutscher Sprache.

Bald darauf musste ich die „Via Francigena" aber vorerst wieder verlassen, denn ich sollte in PONTE BUGGIANESE bei einer deutschen Christin Quartier nehmen. Das Dorf lag in einer relativ ebenen Land-

Dom in Pisa

schaft. Die aus Nürnberg stammende Frau hatte hier ein Landhaus gekauft und lebte darin seit einigen Jahren mit Hund, Katze und ihrem italienischen Lebenspartner. Er war früher Geschäftsführer einer Kureinrichtung im nahe gelegenen Heilbad Montecatini, deren berühmte Heilquellen bereits von den Römern genutzt wurden. Sie hatte in Deutschland als Managerin gearbeitet.

Nun, als Pensionäre, widmeten sie sich intensiv der Landwirtschaft. Sogar eigene Hühner hatten sie angeschafft. Mit Begeisterung veränderte die außergewöhnliche Großstadtfrau ihr Leben total. Die Liebe war der Grund dafür.

Unser Gespräch am Abend verlief sehr vertraulich. Es war, als würden wir uns schon lange Zeit kennen. Ihr italienischer Lebenspartner erzählte uns von schlimmen Erlebnissen in seiner Kindheit. Während des Zweiten Weltkrieges kamen die deutschen Soldaten auch nach Ponte Buggianese. Ein Soldat war sogar bei seiner Familie einquartiert, alle mochten ihn.

Eines Tages gab es einen schrecklichen Zwischenfall. Partisanen hatten deutsche Soldaten angegriffen. Zur Vergeltung wurden in den Sümpfen nahe dem Dorf für jeden getöteten Deutschen zehn Dorfbewohner erschossen.

Die schlimmen Erinnerungen sind bis heute noch vorhanden, aber die Zeit hat die Wunden etwas geheilt. Auch meine Vorfahren waren Soldaten gewesen.

Was hatte der Krieg aus den Menschen gemacht? Wir wissen es.

Doch immer wieder gibt es neue Kriege.

Das Leiden der Weltbevölkerung hört wahrscheinlich nie auf.

DIENSTAG, 30. OKTOBER

Wie in Italien üblich, frühstückten wir nicht zu Hause. Wir fuhren mit dem Auto zu einer Bar, um Cappuccino zu trinken und ein Hörnchen zu essen. So machten es auch meine Gastgeber mit mir.

Nun marschierte ich wieder durch die liebliche, toskanische Hügellandschaft mit unzähligen kleinen und

Baptisterium in Pisa

größeren Dörfern. Ich sah Olivenhaine und Weinberge, so weit meine Augen schauen konnten. Die Region nennt sich „Chiantiland". Sie ist nach dem berühmten Rotwein benannt. Immer wieder entdeckte ich wunderschöne Häuser und in den Gärten Blumen und Pflanzen, die ich nicht kannte.

Auf meiner Karte sah ich, dass nicht weit von der Landstraße der Ort VINCI liegt. Sofort vermutete ich, dass es sich hier um Leonardos Geburtsstadt handeln könnte. Am Abzweig nach Vinci bestätigte sich meine Vermutung. Ich entschloss mich den Ort zu besuchen. Diese Möglichkeit durfte ich mir auf keinen Fall entgehen lassen. Zwei Kilometer Weg waren das zwar zusätzlich, dazu noch der Aufstieg zum Kastell, in dem die Modelle seiner Erfindungen aufbewahrt werden, aber das war mir egal.

Ich schaute mir alle Erfindungen von Leonardo genau an und auch das Kastell. Der Besuch in Vinci hat sich gelohnt.

Dann kehrte ich auf die Landstraße zurück und lief bis nach EMPOLI. In der Ferne sah ich San Miniato, den berühmten Pilgerort. Barbarossa, der Staufenkaiser Friedrich I., wählte die Stadt als Sitz der kaiserlichen Finanzverwaltung der Toskana. Friedrich II. ließ hier 1240 eine Burg erbauen. Der Dom wurde im 13. Jh. errichtet. Dazu kam noch ein weithin sichtbarer Turm auf dem Hügel. Leider konnte ich nicht auf dem Frankenweg weitergehen, weil ich in Florenz erwartet wurde. Aber aus der Ferne sah ich die bedeutenden Bauwerke.

Es war schon dunkel, als mich eine Christin aus Sammontana nahe bei Empoli zur Übernachtung abholte. Bei ihr sollte ich bis zum Sonntagmorgen bleiben. Sie lebte mit ihren beiden Töchtern in einem malerischen Landhaus. Auch sie stammte aus Deutschland. Vor vielen Jahren hatte sie einen Italiener geheiratet, der aber leider vor kurzem verstorben war. Eine zur Zeit nicht genutzte, sehr schön eingerichtete Ferienwohnung war für die nächsten Tage mein Zuhause.

MITTWOCH, 31. OKTOBER

Am Reformationsgedenktag fuhr ich mit meiner Gastgeberin und zwei weiteren Frauen aus der florentinischen Kirchgemeinde mit der Eisenbahn nach FLORENZ. Ich sollte dem Pfarrer vorgestellt werden.

Vor dem traditionellen Gottesdienst fand ein Treffen der Vorbereitungsgruppe für den bevorstehenden Weihnachtsbasar statt. Das größte Problem der engagierten Frauen war, woher sie noch rechtzeitig die echte deutsche Leberwurst bekommen könnten. In Italien kann man sie nämlich nicht kaufen, deshalb wäre sie mit Sicherheit beim Basar eine besondere Delikatesse.

Nach der Sitzung hörten wir den Festvortrag über die Geschichte der Gemeinde. Die dazugehörige Ausstellung von Archivmaterial war höchst interessant. Die Feierlichkeiten zum hundertjährigen Jubiläum der evangelisch-lutherischen Gemeinde waren in vollem Gange. Ich lernte außergewöhnliche Menschen kennen, denen die Kirchgemeinde in der Fremde eine Heimat geworden ist. Aus diesem Grund ist der Zusammenhalt der Christen im Ausland größer, auch wenn ihre Wohnorte manchmal mehr als hundert Kilometer von der Kirche entfernt liegen. Bis nach Pisa reicht das Territorium des florentinischen Pfarrers.

Mit dem Zug fuhren wir am Abend zurück bis Montelupo, dann mit dem Auto nach Sammontana.

DONNERSTAG, 1. NOVEMBER

Das MDR-Fernsehteam wollte mich an diesem Tag in PISA treffen, um noch ein paar Aufnahmen zu machen. So fuhr ich mit dem Zug wieder zurück in westlicher Richtung bis an die Riviera-Küste.

Am Bahnhof trafen wir uns mit einer deutschen Christin. Sie hatte früher in Erfurt gelebt. Die Begrüßung war sehr herzlich. Sie hatte von mir, der Pilgerin aus Thüringen, gehört und wollte gern unsere Führerin sein. Sachkundig erklärte sie uns alle Sehenswürdigkeiten der Stadt und erzählte von deren historischer Entwicklung.

Bei der Olivenernte

Im Jahre 180 v. Chr. eroberten die Römer Pisa. Im Mittelalter nahm die Stadt großen Aufschwung als Handels- und Seemacht. Auf dem Domplatz liegen die künstlerischen Schätze von Pisa nahe beieinander. Der im romanisch-pisanischen Baustil errichtete neue Dom aus dem Jahr 1063 hat eine große elliptische Kuppel.

Die Erbauung des Campanile, den man den „Schiefen Turm" nennt, begann 1173. Über 294 Stufen erreicht man die Terrasse. Von dort oben entwickelte Galileo Galilei das Gesetz vom freien Fall.

Das 1152 begonnene Baptisterium mit seiner konischen Kuppel ist neben dem Dom errichtet worden.

In Italien findet man sehr oft die Taufkirche als eigenständiges Bauwerk. Gleich nebenan konnten wir den Camposanto, eine rechteckige, historische Friedhofsanlage, besichtigen. Der zuständige Erzbischof ließ für seine Anlegung im Jahr 1203 vom Hügel Golgatha in Palästina Erde nach Pisa bringen. Wir waren beeindruckt von den zahlreichen, künstlerisch wertvollen Epitaphen, Skulpturen und antiken Sarkophagen.

Das gesamte Ensemble ist von einer besonderen Schönheit. Jedes Gebäude für sich ist ein außergewöhnliches Kunstwerk aus Marmor. Leider reichte die Zeit nicht für ein genaueres Betrachten.

Mir fiel auf, dass Eintrittsgebühren verlangt wurden. Auch als Pilger kommt man nicht drum herum. Früher war das Betreten für Pilger zum Beten kostenlos. Leider existieren solche Vergünstigungen heute nicht mehr. Das ist schade.

Neben dem Friedhof sind noch Reste der zinnengekrönten Stadtmauer aus dem 12. Jh. zu sehen.

An einem Verkaufstand beim Dom kaufte ich für meine Enkelin eine Holzfigur. Der berühmte „Pinoccio" sollte ein besonderes Geschenk für sie sein, weil der Erfinder in der Nähe von Pisa gelebt hatte.

Dann spazierten wir an einem sehr alten Krankenhaus vorbei. Es war früher ein Pilgerhospital mit Herberge.

Hübsch fand ich auch den Platz mit der alten Hochschule. Die Fassade des Gebäudes ist wunderschön bemalt. Pisa hatte schon im 12. Jh. eine Universität, in welcher der Naturforscher Galileo Galilei (1564 bis 1642) um 1610 als Professor der Mathematik arbeitete. Er entwickelte zum Beispiel die Gesetze für den Fall, die schiefe Ebene und das Pendel. Außerdem machte er astronomische Entdeckungen. 1633 zwang ihn die Inquisition der Lehre des Kopernikus, nach der die Erde um die Sonne kreist, abzuschwören.

Im alten Dom hielten wir eine Andacht und ließen die ehrwürdigen Mauern mit ihrer besonderen Atmosphäre auf uns wirken.

Am Abend machte der MDR am Strand von Pisa noch ein paar Aufnahmen, dann kehrte ich mit dem Zug zu der Christin in Sammontana, die mich bei Empoli zur Übernachtung abgeholt hatte, zurück.

FREITAG, 2. NOVEMBER

Meine Gastgeberin bewirtschaftet einen großen Weinberg und einen Olivenhain. Nach dem Frühstück sollte ich mich um meine Wäsche kümmern und anschließend auf der Terrasse sitzen, um mein Tagebuch auf den neuesten Stand zu bringen. Sie wollte mit Freunden und Verwandten einhundertsiebzig Olivenbäume abernten. Am Montagmorgen sollten die Früchte in der Ölmühle gepresst werden. Ich sagte ihr, dass ich gern bei der Ernte helfen möchte. So fuhr ich mit den anderen nach Corniola in der Nähe von Empoli, um Oliven zu ernten.

Aus nah und fern waren die Helfer angereist, sogar aus Venedig. Die Sonne schien, aber es war furchtbar kalt.

Wir breiteten zunächst unter den Bäumen große Tücher aus und zogen dann die Früchte mit einem kleinen Handrechen von den Zweigen ab. Die oberen Äste pflückten die Männer von einer Leiter aus. War ein Baum abgeerntet, zog man mit der Ausrüstung zum nächsten. Alle Helfer hatten sehr viel Freude bei der Arbeit. Sie unterhielten sich, lachten und sangen. Ich konnte kein Wort verstehen, habe mich aber trotzdem gut amüsiert. Zur Mittagspause wurden alle zusammengerufen. Ein großer Tisch war aufgestellt worden und Bänke drum herum. Wir saßen gemütlich beieinander. Das Essen schmeckte köstlich an der frischen Luft und auch der Wein wärmte uns wunderbar auf. Bis zum Abend wurde fleißig gearbeitet. Dann ging es nach Hause.

SONNABEND, 3. NOVEMBER

Auch an diesem Tag fuhren wir zur Olivenernte nach Corniola. Wieder waren sechzehn Personen versammelt, um die letzten Bäume abzuernten. Um 16 Uhr hatten wir es geschafft. Alle Oliven, grüne und schwarze, waren in Säcke verpackt und bereit für den Abtransport. Viele Hände machen ein schnelles Ende, wie meine Mutter zu sagen pflegte.

Mit einem leckeren, italienischen Abendessen und einem guten Glas Wein endete mein Besuch in Sammontana. Wieder einmal hatte ich liebe Menschen kennen gelernt und viel Wissenswertes über Oliven und Wein erfahren.

Ich bat meine Gastgeber um Eintragungen in das Pilgerbuch. Eine der Töchter, Studentin der Politikwissenschaft, schrieb mir ihre Lieblingsgeschichte von der Schneeflocke hinein, die mit dafür sorgen wird, dass eines Tages der Ast abbricht. Erst später begriff ich, welche Bedeutung diese Geschichte für die Ökumene hat.

Es werden noch viele Schneeflocken nötig sein, bevor die Einheit der Christen in ihrer Verschiedenheit erreicht sein wird und wir nicht mehr am Tisch des Herrn beim Abendmahl getrennt sein werden.

SONNTAG, 4. NOVEMBER

Schon sehr früh machten wir uns auf den Weg nach FLORENZ, wo wir einen sehr festlichen Gottesdienst in der Lutherischen Kirche, die nicht weit vom Fluss Arno entfernt erbaut worden ist, feierten. Die Gemeinde freute sich anschließend über meinen Bericht von der Rominitiative.

Sogar die Freundin aus Pisa war gekommen. Sie lud mich nach dem Kirchenkaffee zum Mittagessen ein. In einem rustikalen Restaurant saßen wir gemütlich beisammen. Wir kamen mit einem jungen Paar am Nachbartisch ins Gespräch. Die Frau, eine Malerin, machte von uns beiden eine Skizze auf gelblichem Packpapier, das uns die Kellnerin gebracht hatte. Wir fanden die Zeichnung sehr treffend. Eine schöne Erinnerung für mich an diesen besonderen Tag in Florenz und an die ehemalige Thüringerin.

Um 15 Uhr traf ich mich mit einer anderen deutschen Frau von der Kirchgemeinde, die mir die Stadt zeigen wollte. Sie war sehr belesen. Firenze, wie die Stadt in der Landessprache heißt, ist die Hauptstadt der Region Toskana.

Schon im 10. bzw. 9. Jh. v. Chr., während der so genannten früheisen-zeitlichen Villanova-Kultur in Nord- und Mittelitalien, gab es erste Spuren einer Besiedlung, wie mir die deutsche Frau erzählte. Im Jahr 80 v. Chr. wurde das damalige „Florentia" als Veteranenkolonie angelegt. Günstig für den wirtschaftlichen Aufschwung von Florenz erwies sich die Lage am Fluss Arno und an der Via Cassia, die nach Rom führt.

Bis zum Bau des Ponte Nuova war der Ponte Vecchio die einzige Verbindung zum anderen Arno-Ufer. Im Zweiten Weltkrieg blieb er nur knapp von einer Sprengung verschont. Die erste Steinbrücke wurde hier bereits 1080 gebaut. Seit dem 13. Jh. war sie mit Verkaufsständen ausgestattet. Auf Order des Großherzogs durften sich ab 1593 auf dem Ponte Vecchio nur noch Goldschmiede niederlassen.

An der Ostseite der Brücke führt ein Gang entlang, der die Uffizien mit dem Palazzo Pitti verbindet.

Wir schauten uns zunächst das Baptisterium an, einen Kuppelbau aus dem Jahr 1060. Danach den Dom S. Maria del Fiore mit seiner prächtigen Kuppel. 1296 wurde mit dem Bau begonnen. Die Kuppel wurde 1436 geschlossen. 1461 vollendete man die Laterne. Der fast fünfundachtzig Meter hohe, freistehende Campanile ist mit seiner farbigen Marmorverkleidung einer der schönsten von Italien.

Unser Rundgang durch Florenz führte uns an einer offenen Loggia vorbei, die im 14. Jh. als Rahmen für öffentliche Staatshandlungen errichtet worden war. Nicht weit entfernt steht das Abbild des wohl schönsten Mannes, Michelangelos „David", auf einem Sockel.

Die nächste Station unseres Kulturprogrammes waren die Uffizien. 1560 begann man mit der Errichtung des Verwaltungsgebäudes für das Großherzogtum Toskana. Die in den Uffizien untergebrachte Kunstsammlung gehört zu den bedeutendsten der Welt. Berühmte Künstler hatten in der Toskana gewirkt. Gemälde großer Maler füllen die Museen und Galerien. Florenz entwickelte sich seit dem Mittelalter also auch zum Kunst- und Kunsthandwerkszentrum. Besonders erwähnenswert ist die Herstellung von Terrakotten und Porzellan.

Im Palazzo Pitti residierte von 1865 bis 1871, als Florenz Hauptstadt von Italien war, König Emmanuel II. Heute sind in ihm ebenfalls Kunstsammlungen untergebracht. Eigentlich kann man das ganze Zentrum von Florenz als Kunstwerk bezeichnen.

Leider reichte meine Zeit nicht für die Besichtigung von Museen und Galerien. Schon der Gesamteindruck ließ mich die ungeheure Bedeutung der Stadt in der Kunstgeschichte erahnen.

Ponte Vecchio

Am Abend stiegen wir hinauf nach San Miniato, einem Kloster auf dem Berge hoch über Florenz.

Als Heiligtum über dem Grab des um 250 enthaupteten Christen Minias errichtet, wurde es 1018 Benediktinerabtei. Von oben hatten wir einen herrlichen Blick über die ganze Stadt. Wir sahen im Abendlicht den Dom und den Ponte Vecchio, die berühmte Brücke über den Fluss Arno. Wir konnten sogar die alte Stadtmauer erkennen und die sonderbaren, toskanischen Kirchtürme.

Im Kloster erwartete uns in der Krypta ein besonderes Ereignis. Die Mönche trugen um 18 Uhr gregorianische Gesänge vor. Wir setzten uns und hörten aufmerksam zu. Feierlich ging der Sonntagabend zu Ende.

Auf der Terrasse vor dem Kloster hatten sich inzwischen viele Menschen eingefunden. Besonders für Verliebte ist das ein begehrter Treffpunkt, um den Blick auf die Stadt zu genießen.

Gemeinsam stiegen wir in die Stadt hinunter und trennten uns am Ponte Vecchio.

Zur Übernachtung war ich bei einer Dame von der Kirchgemeinde eingeladen, die mit ihrem Sohn nicht weit entfernt von der berühmten Brücke wohnt.

Nach der herzlichen Begrüßung und einem guten Abendessen vertieften wir uns in ein sehr interessantes Gespräch. Die Christin hatte mit ihrem verstorbenen Mann früher ein Hotel bewirtschaftet. Inzwischen ist sie zu einer sehr viel wissenden Hobby-Kunsthistorikerin geworden.

Ihr Sohn arbeitet als Meteorologe und ist Mitglied des Kirchenvorstandes der lutherischen Gemeinde.

MONTAG, 5. NOVEMBER

Durch die Porta Romana verließ ich am nächsten Morgen Florenz. Die Landstraße führte den Hügel hinauf. Von oben schaute ich noch ein letztes Mal auf die wunderbare Stadt am Arno zurück, die Wiege der Renaissance und Schatzkammer Europas genannt wird. Vor mir sah ich, wie sich die Straße über die Chianti-Berge schlängelte. Ich marschierte durch die toskanische Bilderbuchlandschaft mit ihren sanften, welligen Hügeln, deren Hänge Weinreben und Olivenbäume bedecken. Vorbei an einfachen, soliden Landhäusern mit roten Ziegeldächern und Zypressenalleen, die zu alten, burgartigen Landsitzen führen. Diese Großgüter gehören zum Teil noch immer adligen Florentiner Familien. Sie entstanden um die Jahrtausendwende. Um die Anwesen erhalten zu können, haben sich die meisten Besitzer heute auf so genannten „Agriturismo" spezialisiert. Das heißt, dass sie Wein, Öl und andere Spezialitäten zum Verkauf anbieten und Zimmer vermieten.

Ich folgte der „Strada Chiantigiana" über IMPRUNETA bis nach GREVE. In dieser Stadt fiel mir besonders der trapezförmige Marktplatz mit seinen hübschen Laubengängen und Terrassen auf. In den Restaurants kann man Weine aus der Umgebung verkosten, ein Genuss, den ich mir aber leider nicht leisten konnte. Der Chianti ist weltberühmt. Nur Weine aus genau festgesetzten, traditionellen Lagen dürfen sich „Chianti Classico" nennen. Ihr Erkennungszeichen ist der „Gallo Nero", der schwarze Hahn.

Gegen 18 Uhr holte mich eine Christin der florentinischen Gemeinde mit dem Auto nach PANZANO ab. Eine schmale Straße führte hinauf zu dem kastellartig angelegten Dorf mitten in den Weinbergen. Von dort aus fuhren wir hinunter zu ihrem Weingut. Die Familie hat vor ein paar Jahren das Anwesen gekauft. Vorher besaßen sie einen gut florierenden Verlag in Deutschland. Doch sie wollten sich einen Traum erfüllen. Es ergab sich die Gelegenheit, dass ein befreundeter „Konkurrent" ihnen dabei half. Er kaufte ihnen den Verlag ab. Das Kapital investierte die Familie in das toskanische Weingut. Es wurde ein richtiges Familienunternehmen. Auch die Tochter und der italienische Schwiegersohn, der eigentlich Fotograf ist, helfen bei Anbau, Kellerung und Vermarktung. Sie bewirtschaften das Gut mit großem Engagement. Es ist, als ob sie den Weinbau schon immer betrieben hätten. Auch mit ihren Nachbarn verstehen sie sich gut. Sie konnten so manches voneinander lernen. Zunächst schmunzelten die Einheimischen, als „der Neue" seine Rebreihen nummerierte. Für ihn war es eine Erleichterung, denn so hatte er einen besseren Überblick bei der Pflege der Reben und bei der Lese.

Inzwischen machen es seine Nachbarn ebenso.

Nach dem Essen am späten Abend zeigte mir der stolze Besitzer seine Kellerei. In zwei Stunden konnte ich alles bestaunen und erfuhr viel Wissenswertes über den Wein. Seitdem genieße ich das schmackhafte Getränk für schöne Stunden viel bewusster.

Das Wohnhaus war ein Schmuckstück. Mein Bett stand in einem Nebengebäude mit herrlichen, toskanischen Bögen. Ein architektonisches Meisterwerk.

Mit der Frau des Hauses habe ich noch bis spät in die Nacht über Philosophie und Esoterik diskutiert. Ich lernte sie als eine bemerkenswerte Frau kennen. Wieder einmal hatte ich eine verwandte Seele getroffen.

DIENSTAG, 6. NOVEMBER

Bei trübem, regnerischem Wetter machte ich mich an diesem Morgen auf nach Siena. Ich kam an zahlreichen Terrakotta-Werkstätten vorbei. Bewunderte die schön geformten Gefäße in ihrer unendlichen Vielfalt. Der Verkehr rollte unaufhörlich an mir vorbei der Stadt Castellina in Chianti zu. Dieser Ort liegt auf einem Hügel zwischen den Tälern der Flüsse Arbia, Elsa und Pesa.

Nach einer Erholungspause in dem Weinbauernstädtchen marschierte ich nach Siena weiter. Ich freute mich auf die berühmte, mittelalterliche Stadt. War gespannt, was es dort wohl alles zu sehen gab. Man hatte mir einen Stadtplan mitgegeben, damit ich das Kloster besser finden konnte, in dem ich übernachten sollte. Durch den andauernden Regen musste ich den ganzen Tag über Regenkleidung tragen. Das Wasser sammelte sich sogar vor den Handgelenken in den Ärmeln. Außerdem schwitzte ich durch die feuchte Wärme in der Toskana unter der imprägnierten Jacke. Ein wirklich unangenehmes Gefühl. Die Hose hatte eine bessere Qualität. So eingehüllt kam ich vor SIENA an.

Als ich auf den letzten Hügel vor der Stadt hinaufgewandert war, hatte ich einen herrlichen Blick auf die berühmten roten Backsteinbauten der Stadt. Ihre besondere Färbung verzauberte mich, trotz dem Regen. Der aus dem Lehm der Gegend gebrannte Stein verleiht den alten, gotischen Gebäuden bei Sonnenschein ein besonderes Leuchten, welches ich am nächsten Tag erleben durfte.

Die Altstadt von Siena wurde auf drei Hügeln erbaut.

Vor dem nördlichen Stadttor hielt plötzlich neben mir ein Auto an. Ein Mann fragte nach meinem Ziel. Ich zeigte ihm den Stadtplan mit dem gekennzeichneten Kloster. Er schlug vor, mich mit dem Auto hinzubringen. Da ich ziemlich erschöpft war, nahm ich sein Angebot an.

Ich vertraute dem Einheimischen.

Er fuhr mit mir ein Stück stadtauswärts, hielt an und zeigte auf ein großes Gebäude. Dann fragte er, ob er mich zum Abendessen einladen könnte. Nun war ich doch unsicher. Überlegte, was ich tun sollte.

Noch bevor ich antworten konnte, sagte er, dass er um 18 Uhr auf mich an derselben Stelle mit dem Auto warten würde. Dann fuhr er davon. Ich entschloss mich nach kurzem Nachdenken, nicht mit ihm auszugehen. Im Kloster würde ich sicher ein Abendessen bekommen.

Aber es kam alles ganz anders. Ich ging zur großen Eingangstür des Gebäudes und stellte fest, dass es gar kein Kloster war. Was nun?

Nicht einmal eine Herberge gab es in dieser Gegend. Da ich mich nun wieder ziemlich am Stadtrand befand, entschloss ich mich, doch die Einladung des Fremden anzunehmen. Mit fünfzehn Minuten Verspätung kam ich am Treffpunkt an.

Ich dachte, wenn Gott es will, dass es so sein soll, dann ist der Sienese noch da. Andernfalls muss ich versuchen, doch noch das Stadtzentrum zu erreichen. Durch das lange Suchen war ich inzwischen ziemlich schlapp.

Schon von weitem konnte ich sein Auto sehen.

Es sollte also so sein. Er hatte auf mich gewartet.

Wir fuhren zu seiner Wohnung, die einen Dachgarten im obersten Geschoss des Hauses besaß, von dem aus man einen herrlichen Blick über die Altstadt von Siena hatte. Leider konnte ich nicht sehr viel erkennen, denn inzwischen war es dunkel geworden. Während ich duschte und meine Kleidung trocknete, bereitete er das Abendessen. Er war Koch in einer Hosteria. Seine Ausbildung hatte er in Deutschland, in Frankreich, in den USA und in der Schweiz absolviert. Er sprach mehrere Sprachen und war weltgewandt. Nach dem Salat gab es Pasta mit Anchovis und verschiedenen Gemüsen. Es schmeckte wirklich vorzüglich. Ich ließ mich verwöhnen. Das tat meiner Seele und meinem Magen gut. Nach dem Essen erzählte er von seiner Familie und von seiner geliebten Stadt Siena.

Mein Gastgeber erzählte mir, dass Siena schon in etruskischer Zeit bestand. Dieses Volk besaß zwischen 600 und 500 v. Chr. die Vorherrschaft in Mittelitalien. Die Gallier eroberten später die Region. Während der Völkerwanderung kam Siena zunächst unter die Herrschaft der

Langobarden, danach unter die der Franken. Im 11. Jh. übernahmen die Bischöfe und Grafen die Macht. Über Jahrhunderte gab es einen Machtkampf zwischen Siena und Florenz. Zur besonderen Blüte und zum Wohlstand kam die Stadt im Mittelalter. Diese Epoche hat ihr den Stempel aufgedrückt.

MITTWOCH, 7. NOVEMBER

Nach dem morgendlichen Cappuccino brachte mich der Koch mit dem Auto zur Altstadt. Ich ging durch eines der nördlichen Stadttore und war beeindruckt von der Schönheit Sienas. Rotbraune Backsteinhäuser in engen Gassen, schöne Palazzi und immer wieder dazwischen Kirchen.

Der Dom in Siena

So kam ich zur „Piazza del Campo", dem berühmten Marktplatz im Stadtzentrum. Er ist halbrund ansteigend angelegt, ähnlich einem Amphitheater. Am unteren Ende steht der „Palazzo Publico", das gotische Rathaus. Es wurde 1297 bis 1310 erbaut.

Auf der Piazza findet zweimal im Jahr der Palio statt, ein wilder Wettritt auf ungesattelten Pferden. Vertreter der einzelnen Contraden (Stadtteile) kämpfen um den Sieg.

An der höchsten Stelle Sienas steht der prächtige romanisch-gotische Dom Santa Maria mit einem hohen, schwarz-weiß gemusterten Campanile und einer mächtigen Kuppel. Mit seiner Erbauung wurde im 12. Jh. begonnen. Einen geplanten Erweiterungsbau verhinderte die Pest. Auch an dieser künstlerisch beeindruckenden Marmor-Fassade hat ein Mitglied der berühmten Familie Pisano gewirkt. Über mehrere Etagen zieren den Campanile romanische Säulenfenster. Im Innern des Domes faszinierte mich besonders der in sechsundfünfzig Felder eingeteilte Marmorfußboden, der mit Wappen und Intarsien sowie mit figürlichen Szenen von sienesischen Künstlern gestaltet worden ist.

Ich nahm mir viel Zeit, um alles genau anzusehen. Es berührte mich sehr stark, dass ich in so einem berühmten Bauwerk meine Morgenandacht halten durfte.

Im Dommuseum, gleich nebenan, hatte vor vielen hundert Jahren ein Hochaltar gestanden, dessen frühitalienische Tafelmalereien im August des Jahres 2000 im Altenburger Lindenau-Museum zu sehen waren. Die wertvollen Tafeln waren weltweit verstreut gewesen. Kunsthistoriker hatten sie ausfindig gemacht und nach Altenburg gebracht.

Die bedeutende Ausstellung „Claritas" hatte für viel Interesse bei Fachleuten gesorgt. Auch ich habe sie mir angesehen und war beeindruckt von der Schönheit der Tafeln. Ich war stolz einige Zeit später seinen Herkunftsort selbst kennen zu lernen. Besonders freute ich mich wieder einmal über die Brücke zur Heimat.

Auf der rechten Seite des Domes führt die berühmte Marmortreppe hinunter zum Baptisterium. Es soll eines der schönsten Bauwerke des 15. Jh. sein. Das Dienstpersonal verlangte, wie in Pisa, eine Eintrittsgebühr. Ich entschloss mich, die bemerkenswerte Taufkirche anzusehen, obwohl ich sehr sparsam sein musste. Der Besuch hat sich gelohnt.

Die Ausstattung war von berühmten Künstlern geschaffen worden. Sicherlich hätte ich es später bereut, wenn ich diese Gelegenheit nicht wahrgenommen hätte. Der berühmte Taufbrunnen von 1417 wäre mir entgangen und auch die schönen Fresken aus dem 15. Jh.

Ich war wie verzaubert vom Flair der „toskanischen Backsteinsymphonie", wie man Siena auch nennt. Hinter alten Mauern spielte sich ein ganz normales und modernes Leben ab mit Wohnungen, Läden des täglichen Bedarfs und Handwerksbetrieben. Ich schaute neugierig durch offene Türen und in malerische Hinterhöfe.

Auf meinem Stadtplan suchte ich mir das südwestlichste der Stadttore heraus, die „Porta Romana", um durch dieses die Stadt zu verlassen. An meinem Weg dorthin lag noch innerhalb der Stadtmauer die Basilika Santa Maria dei Servi, die im 13. Jh. erbaut wurde. Das äußerlich schlichte, innen aber reich verzierte Gotteshaus liegt etwas abseits vom Touristenstrom. Es strahlte wohltuende Ruhe aus. Das war genau richtig für mich zum Abschiednehmen von Siena.

Nicht weit von der Porta Romana entfernt liegen mehrere alte Spitäler religiöser und auch weltlicher Art, denn Siena war ein bedeutender Etappenort für Pilger. Die ebenso zahlreichen Herbergen wurden häufig von städtischen Adelsfamilien betrieben. Das älteste und berühmteste Spital war Santa Maria della Scala aus dem 13. Jh., das unmittelbar neben dem Dom errichtet worden ist. Der Pilgersaal, in dem die heilige Katharina die Kranken pflegte, ist rundherum ausgeschmückt mit Fresken aus dem 15. Jh. Sie erzählen die Geschichte des Spitals.

Ich besuchte auch die Pilgerkirche San Pellegrino alla Sapienza. Besonders gefiel mir dort der Tabernakel aus Elfenbein, der im 14. Jh. angefertigt wurde.

In südlicher Richtung marschierte ich nun auf der Staatsstraße Via Cassia zunächst nach Isola d' Arbia. Dort sah ich mir die an der Straße stehende romanische Kirche Sant Ilario an. Wieder eine wunderbare Gelegenheit zur Rast. Über dem Eingangsportal entdeckte ich das Jerusalemer Kreuz.

Wie viele Pilger mögen hier wohl schon vorbeigekommen sein?

Im Mittelalter war die Via Francigena sicherlich ein beschaulicher Trampelpfad oder schlecht befestigter Fahrweg.

Die Bezeichnung „Frankenweg" erhielt die Reiseroute wegen der beträchtlichen Ströme von Kaufleuten, Pilgern und Kreuzzüglern. Der Name bedeutet „in Frankreich entstanden".

Der Reiseweg wurde 990 n. Chr. von Sigerico, dem Erzbischof von Canterbury dokumentiert, als er auf dem Rückweg von Rom war. Dort hatte er vom Papst das „pallium", das einfache, mit dem Kreuz versehene Wollgewand, erhalten.

In heutiger Zeit ist die Francigena zum großen Teil eine viel befahrene Hauptstraße. Meine Füße brannten von den vielen Kilometern auf dem glühend heißen, harten Untergrund. Der Lärm der Fahrzeuge verfolgte mich bis in den Schlaf. Es war wieder sehr gefährlich für mich auf den Straßen geworden. Nur gut, dass mein Schutzengel gute Arbeit verrichtete.

Hinter ISOLA D' ARBIA, das nach dem Fluss Arbia benannt wurde, machte ich einen kleinen Umweg über CUNA.

Ich sah die mächtige Ziegelbauanlage des Gutshofes schon von weitem. Der Komplex besteht aus einem quadratischen Block von Lagergebäuden, mit dem die Wohnsiedlung durch eine Stadtmauer verbunden ist. In der Nähe des Hauptgebäudes, etwas außerhalb der Mauer, befindet sich die Kirche Sant' Jacobo aus dem 14. Jh. Im Innern wird ein wertvolles Zeugnis der Pilgerschaft nach Santiago di Compostela gehütet. Ein Fresko, das im 15. Jh. entstanden ist. Der Wirtschaftshof Cuna gehörte früher auch zum Spital Santa Maria della Scala in Siena.

Hinter Cuna kehrte ich zurück zur Staatsstraße Nr. 2, wie die Via Cassia heute heißt. Im nächstgrößeren Ort, MONTERONI D' ARBIA, existierte früher eine bedeutende Mühle, von der noch der Ziegelturm aus dem Jahr 1322 erhalten geblieben ist. Die Mühle gehörte ebenfalls zum Spital Santa Maria della Scala. In Monteroni versuchte ich, im Pfarrhaus ein Quartier zu finden. Leider vergeblich. Es war ein modernes Gebäude mit vielen Räumen, aber leider war niemand anzutreffen.

Wieder einmal wurde mir ein Engel gesandt. Neben der Eingangstür eines kleinen Geschäftes entdeckte ich die Aufschrift „Camere", was im Italienischen „Zimmer" bedeutet. Ich fragte nach und tatsächlich erhielt ich die Antwort, dass ich im nächsten Dorf mit dem Namen LUCIGNANO D' ARBIA eine Unterkunft bekommen kann. Also machte ich mich sofort dorthin auf den Weg.

Das Dorf war ein kreisförmig angelegter Ort mit dem bemerkenswerten Turm „Torre del Cassero". Die Kirche San Francesco aus dem 13. Jh. ist mit wertvollen Fresken geschmückt. Im Palazzo Comunale, ebenfalls aus dem 13. Jh., ist das städtische Museum untergebracht, in dem Werke von Sieneser Künstlern aus dem 14. und 15. Jh. zu sehen sind.

Nach dem Beziehen des Zimmers und einer kurzen Erholungspause spazierte ich durch den mittelalterlichen Backsteinort auf der Suche nach etwas Essbarem. Leider fand ich kein Restaurant, so dass ich zur eisernen Reserve greifen musste. Ein paar Kekse und Wasser waren mein Abendessen. Trotz Magenknurren schlief ich sehr gut, denn im Dorf war es beschaulich ruhig.

Der alte Pilgerweg ging früher mitten durch den Ort.
Ich konnte es an den uralten Toren erkennen. Die neue Straße führt in einem Bogen um das Dorf herum.

DONNERSTAG, 8. NOVEMBER

Ohne Frühstück machte ich mich am Morgen auf den Weg. Es war sehr neblig.

Vor dem Städtchen BUONCONVENTO überquerte ich den Fluss über die Brücke Ponte d' Arbia aus dem 14. Jh. Endlich fand ich eine Möglichkeit zum ausgiebigen Frühstück in dem bedeutenden Pilgerort. Innerhalb der Stadtmauern existierten früher sechs Hospize und drei Spitäler. Zum Teil bestehen sie noch heute.

Durch die südtoskanische Stadt fließt der Fluss Ombrone.

Gegen Mittag hob sich der Nebel. Meine Augen erfreuten sich an der lieblichen Landschaft. Auf dem Weg nach Torrenieri kam ich gut voran. Ein paar Kilometer hinter dem Ort traf man früher auf das Hospiz Triboli und ein Spital, das schon 1003 n. Chr. beurkundet worden war. Von diesen Einrichtungen ist leider nur noch der Name übrig geblieben.

In Richtung San Quirico d' Orcia marschierend, überquerte ich nun den Fluss Asso. Das Land weitete sich. Große Felder mit seltsamer grauer

Südtoskanische Landschaft

Erde lagen an der Hauptstraße. Man sagte mir später, dass aus dem grauen Lehm der rotbraune Backstein gebrannt wird. Auch vielfältige Terrakotta-Ware wird aus ihm hergestellt. Ich kam an zahlreichen Töpferwerkstätten vorbei, die ihre Exponate neben der Straße zum Verkauf anboten.

Ein Mann fuhr auf einem dieser hügeligen Felder mit einer Raupe. Mir schien es, als würde er schon ewig damit beschäftigt sein.

Die Landschaft war einzigartig, aber kaum besiedelt. Nur ab und zu konnte ich in der Ferne, meist auf einem Hügel, ein Anwesen entdecken. Keine Tankstelle, in der man eventuell etwas kaufen konnte, lag am Weg. Nichts.

An der Straße standen Hinweisschilder für Restaurants, die mehrere Kilometer von der Straße entfernt lagen. Ich verzichtete auf den zusätzlichen Weg und hoffte, dass bald eine bessere Gelegenheit kommen würde. Aber es kam keine.

Noch nicht einmal Wasser gab es.

Mit dem letzten Tropfen kam ich am Abend in SAN QUIRICO an.

Die Anhöhe zur Stadt hinauf schaffte ich mit letzter Kraft. Seit Buonconvento hatte ich nichts gegessen. Ahnte nicht, was mir bevorstand.

In dieser Lage konnte ich realistisch nachempfinden, wie es den armen Pilgern früher ergangen sein musste, wenn sie Hunger und Durst leiden mussten. Ich bat Gott um Hilfe.

Solche Situationen lassen den gläubigen Menschen die Nähe zu Gott intensiv spüren. Die Hoffnung auf seine Hilfe lässt ihn nicht verzweifeln. Im Gegenteil, das Gottvertrauen wird noch größer.

149

In der ersten Pizzeria in San Quirico, die ich antraf, kehrte ich ein und aß mich erst einmal richtig satt.

Die Stadt war eine der wichtigsten Aufenthaltsstätten für die Pilger in der südlichen Toskana. Der Pilgerweg führt wieder mitten durch den Ort, der von weitem wie eine Befestigungsanlage aussieht. Fast alle Häuser und Kirchen sind aus Naturstein erbaut. Zunächst hatte ich aber keinen Blick dafür, denn die Sorge um ein Quartier drückte mich. Ich suchte nach dem Pfarrhaus, hatte aber wieder einmal keinen Erfolg. Man ließ mich zwar zwei Stunden warten, aber der Pfarrer kam nicht zurück. Also entschloss ich mich im Hotel „Garibaldi" an der Via Cassia zu übernachten.

Der Nationalheld Guiseppe Garibaldi (1807 bis 1882) kämpfte für die Freiheit und Einigung Italiens. Er verteidigte 1849 die römische Republik gegen die Franzosen und befreite 1860 durch den „Zug der Tausend" Sizilien von der Bourbonenherrschaft, wodurch die Einigung Italiens beschleunigt wurde.

An diesem Abend war ich wieder einmal völlig erschöpft. Ich nahm mir aber vor, am nächsten Morgen noch den sehr interessant wirkenden Ort anzusehen.

FREITAG, 9. NOVEMBER

Wegen des schlimmen Erlebnisses am Vortag vergaß ich von nun an nie mehr, die Wasserflasche rechtzeitig nachzufüllen. Der Pilger lebt wirklich vom Wasser. Es ist das Wichtigste für das Überleben. Um diese Erfahrung war ich nun reicher.

Essen ist von sekundärer Bedeutung. Man hält es schon eine Weile ohne aus. Der gesunde Körper verfügt über Reserven, von denen man gar nichts ahnt. Die Schweizer Pilger hatten mir vorausgesagt, dass bei normaler Verpflegung auf einer längeren Pilgerreise erst nach etwa sechshundert Kilometern das Körpergewicht abnimmt. Bis dahin zehrt der Mensch von seinen Reserven. Bei mir waren davon reichlich vorhanden. Am Ende der Fußwanderung hatte ich zehn Kilogramm abgenommen.

In der schon im 8 Jh. urkundlich erwähnten Stadt San Quirico d'Orcia herrschte reges Treiben an diesem Morgen, denn es war Markttag.

Ich folgte dem Pilgerweg Francigena von der Porta Senese bis zur Porta Romana. Er führt an der im 12. Jh. im romanischen Stil erbauten Stiftskirche vorbei. Im 15. Jh. existierten in der Stadt vier Spitäler, von denen eins noch gegenüber der kleinen romanischen Kirche Santa Maria liegt.

Im Innenhof des Spitals sah ich eine wunderschöne Brunnenanlage und die für die Region typische Außentreppe, die zu den Wohnräumen führt. Das malerische Ensemble gefiel mir außerordentlich.

In meiner Fantasie sah ich überall Pilger, die hier ruhten oder ihre Wunden pflegten. Krankheiten und Seuchen zwangen sie oft längere Zeit zu pausieren. Nun war also auch ich an diesem geschichtsträchtigen Ort. Ein wunderbares Gefühl erfüllte mich.

Vor allem freute ich mich, dass ich bis hierher von Krankheit verschont geblieben war. Der Schutz funktionierte, so wie es auf dem Zettel in meiner Jakobsmuschel geschrieben stand.

Die Heilkraft der Mineralquellen in der Region Siena war schon im Mittelalter bekannt. Die Pilger nutzten die an der Francigena liegenden Thermalbäder in der Hoffnung, dort Linderung zu finden, denn Rotlauf, Geschwüre, Krätze und andere ansteckende Krankheiten setzten ihnen schwer zu. Durch die Anstrengungen des Weges war ihr Immunsystem so stark geschwächt, dass sie empfindlicher auf Krankheitserreger jeglicher Art reagierten.

Auf Grund des großen Zulaufes in Bagno Vignoni gestaltete man im Jahre 1334 im Innern des Ortes einen weiträumigen, leicht wannenförmigen Platz, der heute noch zu sehen ist. Die quadratische Badeanlage war damals in zwei Teile getrennt, um eine Vermischung der Geschlechter zu vermeiden. Außerdem verfügte sie über einen durch ein Dach geschützen Bereich, in dem die Kranken vor der Kälte geschützt baden konnten.

Von der Via Cassia aus konnte ich auf den Hügeln einige Burgen erkennen, welche die Straße im Tal der Orcia überwachten. Leider konnte ich sie nicht besichtigen, erfreute mich aber an ihrem Anblick. In Le Briccole schaute ich mir die kleine spätromanische San Pellegrino-Kirche an mit dem gleichnamigen Spital.

Von Ricorsi aus pilgerte ich hinauf nach ABBADIA SAN SALVATORE. Gerne wollte ich die von herbstlichen Esskastanienwäldern umgebene Stadt hoch oben am Amiata, einem erloschenen Vulkan, gelegen, besuchen. Der Marsch war lang und anstrengend. Doch bei der Ankunft wurde ich reichlich entschädigt.

Noch am Abend machte ich einen Spaziergang durch die mittelalterliche, fast vollständig aus grauschwarzem Trachyt erbaute Altstadt. War jedoch dann froh, dass ich in einem eigentlich schon geschlossenen Hotel ein preiswertes Zimmer fand. Der Mann an der Rezeption hatte Mitleid mit mir, der Pilgerin, und gab mir deshalb einen Extrarabatt. Über die Einsparung war ich sehr erfreut. Nur gut, dass ich mich nicht erkältet

S. Quirico
d'Orcia

Monte
Amiata

Orcia

Rigo

Abbadia S.
Salvatore

Paglia

Acquapendente

S. Lorenzo
Nuovo

Bolsena

_Lago
di Bolsena_

Montefiascone

Venezza

Viterbo

Monti Cimini

_Lago
di Vico_

Ronciglione

Sutri

Nepi

Monterosi

Baccano

Lazio

Mare Tirreno

Monte Mario

Tevere

ROMA

Tevere

habe, denn es war im Zimmer ohne
Heizung nachts doch schon empfindlich kühl.

SAMSTAG, 10. NOVEMBER
Schon sehr früh zog es mich durch die
engen Gassen der Stadt zur Abtei San
Salvatore.

Unter der 1036 errichteten Klosterkirche befindet sich eine weiträumige
Krypta, die von der alten Kirche erhalten geblieben ist. Sie hat drei Apsiden
und ist durch Säulen in dreizehn sehr
schmale Schiffe geteilt. Diese Säulen
haben schöne, mit plastischen, ver-
schiedenartigen Darstellungen versehene Kapitelle, die den Raum mit einer
eigenen Atmosphäre erfüllen. Dies war
für mich ein mystischer Ort.

Anschließend lief ich durch die
mittelalterlichen Gassen der Stadt. Es

Eingang zum Pilgerhospital

schien, als ob hier die Zeit stehen geblieben wäre. Ich versuchte, alte Pilgerspuren zu finden. Kein Problem, die Stadt war voll davon.

Aus einer kleinen Kapelle hatte man sogar ein Wohnhaus gemacht.
Nur die Fensternischen erinnerten noch an seine frühere, sakrale Nut-
zung. Besonders bemerkenswert erschienen mir die Häuserportale. Ihre
Verschiedenheit und Schönheit fand ich faszinierend. Leider musste ich
mich dann losreißen, denn vor mir lag noch ein langer Weg bis nach
ACQUAPENDENTE.

Mein Weg führte hinunter ins Tal nach Ponte del Rigo, wo die Flüsse
Rigo und Paglia sich treffen. Im nächsten Ort mit dem Namen „Cen-
teno" sind noch die Reste eines früheren, päpstlichen Zollgebäudes an
der toskanisch-lazialischen Grenze zu sehen. Die Straße führt dann weiter zum Übergang am Paglia-Fluss, der durch den so genannten „Ponte
Gregoriano", eine mächtige, von Papst Gregor XIII. (1578 bis 80) errichtete Brücke, überquert wird. Leider wurde sie im Zweiten Weltkrieg teil-
weise zerstört. In Acquapendente angekommen, machte ich mich zunächst auf die Suche nach einem Quartier. Ich war erst beruhigt, als ich
ein Bett in einer kleinen Pension gefunden hatte.

SONNTAG, 11. NOVEMBER

Ohne Frühstück verließ ich die Pension, was hier kein Problem war. Auf der Piazza gab es gemütliche Bars mit gutem Angebot. Oft trank ich „Caffee Latte", einen Espresso mit geschäumter Milch. Das war etwas mehr Flüssigkeit als der kleine Espresso.

Wegen seiner schönen Architektur fiel mir an der Piazza besonders der Palazzo der Visconti gegenüber dem Rathaus auf.

Acquapendente, in der Provinz Lazio gelegen, hatte auch durch die Kathedrale am römischen Stadttor Verbindung zu den Pilgerzügen ins Heilige Land. Sie war eine Heiliggrab-Kirche, an die früher ein Templerhaus angebaut war. Vom ursprünglichen Bauwerk ist nur die Krypta aus dem 12. Jh. erhalten geblieben. Trotz meiner wenigen italienischen Sprachkenntnisse konnte ich doch den Geschichtstafeln so manches Wissenswerte entnehmen. Es gab fast überall Hinweisschilder mit dem Erbauungsjahr in römischen Zahlen. Die Krypta soll ebenso bedeutend sein wie die in Abbadia San Salvatore. Leider hatte die Kirche am Sonntag nach dem Gottesdienst geschlossen. Doch die Form der seltsamen runden Kirchtürme aus rotem Tuffstein ohne Spitzdach blieb mir besonders in Erinnerung.

Acquapendente war so bedeutend als Pilgerstadt, dass sogar in Kriegs- und Pestzeiten die Stadttore immer offen gehalten werden mussten für die zahlreichen Pilger, so las ich.

Nun wanderte ich durch das römische Tor hinaus in Richtung Bolsena-See. Nicht weit von Acquapendente entfernt, entdeckte ich wieder etwas Interessantes. Unmittelbar an der Francigena stand eine verlassene Pilgerherberge. Es ist schade um das architektonisch bemerkenswerte Gebäude. Was könnte es wohl alles aus seiner langen Geschichte erzählen? Wir werden es leider nicht mehr erfahren.

Von SAN LORENZO NUOVO am nördlichen Seeufer wanderte ich nach BOLSENA, der Stadt am östlichen Ufer. Der Blick auf den Vulkansee mit seinen zwei „schwebenden" Inseln Bisentina und Martana war für mich beeindruckend.

Der alte, zum großen Teil unbefestigte Weg ließ sich gut laufen. Überall entdeckte ich die rote Lava-Erde, dann sogar den Rand des Vulkans. Ein paar Stücke des Lava-Gesteins nahm ich natürlich mit. Uralte Ölbäume am Pilgerweg vertieften den malerischen Eindruck.

Doch zu allem Schönen kam wieder ein Missgeschick. Ausgerechnet vor Bolsena, an einer Stätte römischer Ausgrabungen, war die Batterie meines Fotoapparates zu Ende. Was nun? Es war Sonntag. Kein Geschäft war geöffnet, also musste ich mich bis zum Montag gedulden.

Das Ehepaar aus Roth hatte mir eine Broschüre mitgegeben, in der ich las, dass die mittelalterliche Siedlung Bolsena auf das römische „Volsinis" zurückgeht. Der Ort selbst wurde unterhalb einer mächtigen Burg, die mit der Stadtmauer verbunden ist, an den Hangausläufern erbaut. Ich nahm Quartier im Hotel „Nazionale". Nach einem wohlschmeckenden Abendessen in einer kleinen Pizzeria spazierte ich zum See hinunter.

MONTAG, 12. NOVEMBER

Da es in Bolsena viel Sehenswertes gibt, beeilte ich mich mit dem Aufbruch. Besonders die Kirche Santa Cristina wollte ich mir anschauen. Sie wurde 1007 von Papst Gregor VII. geweiht. Bekannt hat sie das Eucharistie-Wunder gemacht. An der Stelle des berühmten Mirakels ließ man eine Kapelle erbauen.

1263 zweifelte ein deutscher Geistlicher an der Gegenwart Christi in Brot und Wein. Während der Messe tropfte plötzlich Blut aus der Hostie. Dieses Wunder soll mit der Einführung des Fronleichnamsfestes in Verbindung stehen. Raffael ließ sich 1512 von dem Wunder zu seinem Fresko im Vatikan mit dem Namen „Messe in Bolsena" inspirieren.

Von der Kapelle aus kommt man zu den Katakomben, wahrscheinlich einem frühchristlichen Friedhof. Der besteht aus einer Reihe von Galerien. Unter einem Altarüberbau befindet sich ein Steinblock mit den Fußabdrücken der Heiligen Christina.

Nach einer Legende soll Christina 292 auf Befehl ihres Vaters, des römischer Stadtpräfekten, mit einem Steinblock um den Hals in den See gestoßen worden sein, weil sie Christin war. Doch sie ging nicht unter, sondern erreichte sicher das Ufer. Zur Erinnerung daran sollen ihre Fußabdrücke im Stein erhalten geblieben sein. Wie ich in meiner Broschüre las, war diese Reliquie bei Rompilgern hoch begehrt.

Die Via Cassia führte nun am See entlang. Ein seltsames Felsengebilde, „geworfene Steine" genannt, erregte meine Aufmerksamkeit am Straßenrand. Wie sie wohl dort hin gekommen sind?

Auch von einem auf den Grund des Sees versunkenen Pfahldorf erfuhr ich auf einer Tafel, das jetzt im Museum in Bolsena aufbewahrt wird.

Dann führte die Straße hinauf zum weithin sichtbaren Ort MONTEFIASCONE. Das Städtchen entwickelte sich erst nach der Völkerwanderung an der Stelle des Versammlungsortes des etruskischen Städtebundes. Vor dem Ort sah ich die Überreste des „Ponte della Regina", einer schönen mittelalterlichen Brücke mit einem Bogen. Ich besuchte die Kir-

Pilgerstadtteil in Viterbo

che San Flavio, die im 12. Jh. anstelle eines heidnischen Tempels erbaut wurde. Sehr eigenartig sind die beiden übereinander liegenden Kirchenräume, sozusagen gibt es eine Unter- und eine Oberkirche.

In Montefiascone konnte ich endlich eine Batterie für meinen Fotoapparat kaufen. Ich war sehr froh darüber, denn es gab im ehemaligen Etruskerland reichlich alte Pilgerspuren zu entdecken und Wissenswertes zu erfahren.

Zum Beispiel die Bedeutung des Ausspruches: „Est! Est! Est!" Kaum ein Wein kann solch eine sonderbare Geschichte vorweisen. In einem Touristenführer erfuhr ich den Grund dafür.

Als der Bischof von Augsburg, Johann Fugger, um das Jahr 1100 im Gefolge des Kaisers Heinrich V. bei seinem Bußgang nach Canossa nach Italien kam, schickte er einen Diener voraus, damit er für die Rückreise ein Quartier mit guter Küche und gutem Wein ausfindig machen sollte. Der Bischof war ein großer Weinliebhaber. Sein Diener schrieb in Montefiascone an eine Tür gleich drei Mal das Wort, welches „Hier!" bedeuten sollte. Der Bischof soll auf der Rückreise dem berühmten Muskatwein sehr zugesprochen haben. Sein Grab befindet sich in der Kirche San Flaviano.

Auch die Häuser und Kirchen in Montefiascone bestehen zum größten Teil aus grau-schwarzem Trachyt. Auf dem höchsten Punkt ist ein gewaltiger Kuppelbau errichtet, den ich von weitem als Kirche definieren konnte.

Mein Weg führte nun wieder ins Tal hinunter in Richtung VITERBO.

Die alte Papststadt sollte mein nächstes Ziel sein. Von der Via Cassia aus konnte ich im Näherkommen die bemerkenswerte Stadt schon erkennen. Bei meiner Ankunft war ich überrascht von der Vielzahl der Sehenswürdigkeiten.

Eine Frau vom römischen Kirchenvorstand wollte mich in einem Kloster einquartieren, wie sie mir telefonisch mitteilte. Nach langem Suchen und Nachfragen fand ich endlich das Kloster im San Pellegrino-Stadtteil, obwohl es inzwischen dunkel geworden war.

Die Schwester an der Pforte wusste jedoch nichts von der Absprache. Sie öffnete mir deshalb nicht die Tür. Alle meine Bitten halfen nicht. Ich musste mich in der fremden Stadt nach einer

Pilgertor in Sutri

anderen Herberge umsehen. Auf der Suche nach einem Dach über dem Kopf ging ich durch das idyllische Pilgerviertel, das heute ein Künstler- und Handwerkerstadtteil ist.

Aus Verzweiflung fragte ich schließlich eine Polizistin um Hilfe. Sie schickte mich zur Touristeninformation, die Gott sei Dank, noch geöffnet war. Dort bekam ich eine Unterkunft im Hotel „Tuscia" zugewiesen.

DIENSTAG, 13. NOVEMBER

Ich besuchte zunächst die Kathedrale San Lorenzo, die im 13. Jh. als Ersatz für die frühere Stiftskirche errichtet wurde. Ihr Kirchturm erinnerte mich stark an den toskanischen Baustil. Im Stadtführer las ich, dass Viterbo vom 12. Jh. an ein wichtiger Herbergsort für die Rompilger war. Im 13. Jh. wurde die Stadt Bischofssitz. In dieser Zeit wurden der Papstpalast und andere, weltliche Paläste erbaut. Viterbo ist von einer etwa fünf Kilometer langen, imposanten Mauer umgeben.

Nicht weit von der Kirche Santa Maria Nuova, einer der ältesten romanischen Kirchen der Stadt, von deren Kanzel aus der Heilige Thomas von Aquin zum Volk gepredigt hat, befindet sich das „Quartiere di San Pellegrino".

Bei Tageslicht bestaunte ich nun die mittelalterliche Architektur des Pilgerviertels, mit Türmen und Häusern, die Doppelbogenfenster besitzen, sowie Bogenbrücken über Gassen, die sich zu kleinen, malerischen Plätzen ausweiten und eingerahmt sind von Häusern.

Auf der Piazza San Pellegrino besuchte ich die gleichnamige, romanische Kirche, die früher zu einem Hospiz gehörte. Die zahlreichen Beherbergungs- und Fürsorgeeinrichtungen für die Pilgerströme lassen heute die wachsende Bedeutung der Stadt für die durchziehenden Pilger erahnen.

Ein besonders markantes Bauwerk in Viterbo sind die Arkaden der Loggia des Papstpalastes an der Piazza San Lorenzo. Von diesem erhabenen Platz aus segneten die neu gewählten Päpste das Volk.

Die Schutzpatronin der Stadt ist die Heilige Rosa, deren unverwester Körper in der ihr gewidmeten Kirche ruht. Die junge Franziskanerin, die von 1233 bis 1252 lebte, führte das Volk während einer Belagerung zum Aufstand gegen Friedrich II. Bis heute feiert man die Schutzpatronin jedes Jahr im September mit einem großen Fest.

Nachdem ich mir alles im Schnelldurchlauf angesehen hatte, verließ ich die Stadt durch das römische Tor.

Mein Weg führte mich nun über Ronciglione nach Sutri. Ich hatte die „Via Ciminia" ausgewählt, die östlich um den Lago Vico, einen Vulkansee, herumführte. Dieser Weg ist schon seit dem 2. Jh. nach Christus dokumentiert. Er führt durch die Cimini-Berge.

Ich wanderte bei regnerischem Wetter das Ronca-Tal hinauf bis nach Poggio Nibbio.

Noch vor dem Ort machte ich einen Abstecher zur Abtei San Martino al Ciminio, die schon seit dem 9. Jh. bekannt ist. Besonders erwähnenswert finde ich die dreischiffige Zisterzienser-Abteikirche aus dem 13. Jh. mit ihrer tiefen Apsis.

Die hohe Luftfeuchtigkeit machte mir an diesem Tag sehr zu schaffen. Es war einsam in der mischwaldreichen Gegend. Selten kam ein Auto vorbei. Am Straßenrand lagen überfahrene Frösche, ca. zwanzig Zentimeter groß, mit Extremitäten so groß wie meine Hand. Die Landschaft kam mir ungeheuerlich vor. Ich wollte eine Rast machen, aber es fand sich kein geschützter Platz, so dass ich so schnell wie möglich weiterzog.

Von der Anhöhe her konnte ich später den Lago Vico sehen. In herbstlich gefärbten Wald eingebettet, lag er tief unten im Tal. Nach einer alten Sage ist der See das Werk des Herkules. Als der Held von den Bewohnern der Cimino-Gegend aufgefordert wurde, eine Kostprobe seiner

Kraft zu geben, rammte er seine Keule in den Boden. Er riss sie selbst wieder heraus, weil kein anderer dazu in der Lage war. Aus dem Loch schoss ein Wasserstrahl hervor. So soll der Lago Vico entstanden sein.

Danach marschierte ich nach RONCIGLIONE hinunter. In diesem Ort gab es früher mehrere Pilgerspitäler. Ich wanderte direkt auf der Via Cassia durch die Stadt, denn ich wollte es an diesem Tag noch bis SUTRI schaffen. Am Ziel angekommen, betrat ich durch das Francigena-Tor die berühmte Etruskerstadt. Man hatte mir unterwegs von ihrer Schönheit erzählt. Nun konnte ich sie mit eigenen Augen sehen.

Doch zunächst brauchte ich ein Bett für die Nacht. In einer kleinen Gasse, nahe der Piazza, fand ich ein preiswertes Zimmer. Nach einem kleinen Spaziergang hieß es für mich, es ist Zeit für die Nachtruhe.

MITTWOCH, 14. NOVEMBER
Sutri ist für die Pilger der letzte größere Etappenort vor Rom und auch der erste, wenn sie die Ewige Stadt wieder hinter sich gelassen haben.

Die altrömische Siedlung und der mittelalterliche Ort erheben sich auf einer Anhöhe, die den Straßenverlauf der Via Cassia kontrollierte. Dadurch hatten spätere Ansiedlungen wenig Raum, so dass sie sich im Tal unten zusammendrängen mussten. Die meisten Bauten aus dem Mittelalter befinden sich demzufolge dicht beieinander auf der befestigten Anhöhe. Die grauschwarzen Tuffsteingebäude enthalten sogar noch Elemente aus der römischen und etruskischen Zeit, wie z. B. der Palazzo Communale, das Rathaus, und der Palazzo Episcopale, der Bischofspalast. Ich sah Häuser aus dem 12. bis 15. Jh., die bis heute erhalten geblieben sind.

Der Dom ist romanischen Ursprungs. Mehrfach wurde er umgebaut. Heute sind noch der Turm von 1207 und die romanische Krypta, ein langobardisches Baudenkmal mit sieben kleinen Schiffen und einer durch Arkadenbogen geprägten Apsis, vorhanden. Die wiederverwendeten Säulen tragen römische Kapitelle aus vulkanischem Tuff.

Die Pilgerspitäler standen nahe dem Pilgertor an der Via Cassia.

Außerhalb der Stadtmauer, direkt an der Hauptstraße, befindet sich auch die kleine Pilgerkirche Chiesa di Santa Maria del Parto.

Sie befindet sich in einer der zahlreichen, in den Tuff gehauenen, etruskischen Grabstätten. Ihr Eingang ist durch herabhängende Grünpflanzen fast zugewachsen. Die Tür zur Felsenkirche war verschlossen. Ich musste zunächst bei der Touristeninformation nach einem Führer fragen, der mir dann öffnete.

Felsenkirche Santa Maria del Parto

Wir traten in einen kleinen Vorraum, der zur Römerzeit als Mithräum, Mithrastempel, gedient haben könnte. Von dort aus gelangten wir in den größeren Hauptraum. Dessen drei enge Schiffe sind geteilt durch Pfeiler, die aus dem Tuff herausgemeißelt wurden. Der Altarraum zeigt ein Fresko aus dem 13. Jh. von einem Pilgerzug.

Längere Zeit stand ich bewegungslos im Altarraum.

Ich wollte den mystischen Ort, so lange es ging, spüren.

Der Führer sprach leider kein Deutsch, aber ich konnte trotzdem ein wenig von seinen Ausführungen verstehen. Viel wichtiger war für mich die Besichtigung der Felsenkirche.

Neben der Francigena ist ein römisches Amphitheater zu sehen, das ebenfalls direkt in den Felsen gehauen worden war. Es ist sehr gut erhalten geblieben im harten Tuffgestein. Man sieht die Terrassen und Treppenanlagen noch deutlich. Sogar die Loge, in der vermutlich der römische Stadthalter gesessen hat, ist noch gut zu erkennen.

Es ist schon ein besonderes Gefühl, solche beeindruckende Bauwerke mit eigenen Augen zu betrachten. Ich war von Sutri fasziniert. Leider konnte ich nicht das nahe gelegene Nepi besuchen, denn es war zu weit entfernt für mich. Es soll eine ebenso bedeutende, etruskische Stadt sein. Von Sutri aus führt die Via Cassia weiter nach MONTEROSI.

In dieser Gegend existieren noch zahlreiche etruskische Grabhügel. Neben der Straße sah ich Nischen, die in den Felsen geschlagen wurden.

160

Amphitheater an der Via Cassia

In den oberen haben vielleicht die Menschen gewohnt, unten haben sie die Haustiere gehalten. Oder sind es Begräbnisstätten gewesen? Viele dieser Aushöhlungen sind bis heute gut erhalten geblieben.

In der Ortschaft LA GABELLETTA wurde früher der Wegzoll an die Apostolische Finanzkammer entrichtet. Pilgern war also damals auch teuer.

Im Dorf SETTE VENE, sieben Wasseradern, rastete ich.

Danach zog sich die Straße den Hügel hinauf. Von oben hatte ich einen herrlichen Blick zurück auf die Region Sutri. Vor mir lag das wegen seiner Wegelagerer und der Malaria berüchtigte Baccano-Tal.

Der Ort BACCANO liegt direkt an der alten Via Cassia. In einem großen Gebäude aus dem 17. Jh., das früher eine päpstliche Poststation war, fand ich ein Zimmer. Die Besitzerin hat das Haus in ein Restaurant mit Hotel umbauen lassen. Vielleicht hat schon Goethe auf seiner Reise nach Rom hier das letzte Mal die Pferde vor seiner Kutsche wechseln lassen.

In dem lang gezogenen Raum mit vielen Tischen speiste ich vorzüglich. Besonders imponierte mir der große Kamin, der eine wohlige Wärme ausstrahlte.

In der letzten Nacht vor Rom schlief ich sehr unruhig.

Je näher ich meinem Ziel kam, umso trauriger wurde ich.

Wie würde es sein bei der Ankunft?

Was kommt danach?

Wie werde ich mich fühlen, wenn ich nicht mehr unterwegs sein kann? Der Gedanke war schrecklich.

Am Liebsten wäre ich weiter gelaufen. Vielleicht noch bis nach Jerusalem, oder wenigstens, wie Johann Gottfried Seume aus Leipzig, bis nach Syrakus.

Aber das ging nicht, denn ich wurde in Rom erwartet.

Also vertraute ich mich wieder Gott an. Der würde schon wissen, wie es mit mir weiter gehen sollte.

DONNERSTAG, 15. NOVEMBER

Die Besitzerin des Hotels hatte mir als Anerkennung für meine weite Reise kostenlos Unterkunft gewährt. Unmittelbar neben der ehemaligen Poststelle steht das Zollhaus. Von hier aus sind es noch dreißig Kilometer bis nach Rom, so stand auf einem Schild geschrieben. Nun war also Rom schon fast zum Greifen nah.

Das sollte nun also meine letzte Etappe sein.

Ich hatte sie mir anders vorgestellt.

Wie, das konnte ich in Worten nicht ausdrücken.

Der direkte und kürzeste Weg in die Ewige Stadt führte über die neue Via Cassia. Aus dem alten Pilgerpfad ist in unserer Zeit eine vierspurige Autobahn geworden.

Was nun?

Ich entschloss mich diesen Weg zu nehmen, obwohl ich wusste, dass man auf der Autobahn nicht zu Fuß gehen darf.

An diesem Tag ernährte ich mich von den Abgasen der Fahrzeuge.

Es war sehr gefährlich und unangenehm, bei der hohen Verkehrsdichte diesen Weg zu nehmen. Ich vermutete, dass die anderen Straßen zur Innenstadt genauso frequentiert sein würden. Ich hielt also tapfer durch, obwohl die Autofahrer ständig hupten. Das Verkehrschaos wurde immer größer, je näher ich Rom kam.

Nach dem ländlichen Lazium erreichte ich ROM, eine Stadt mit Basiliken, Wehrmauern und Türmen, die ihre Bedeutung als Mittelpunkt der Welt voll und ganz bewahrt hat. Die Hauptstadt des heidnischen Weltreiches wurde durch Konstantin zur Hauptstadt der Christenheit. Bedeutende Kirchen entstanden an Stätten, die vorher bereits Pilgerziele waren, weil dort Märtyrer verehrt wurden. Diese Stätten lagen meist in der Nähe der Stadtmauer oder an den Konsularstraßen. Dort waren sie gut sichtbar.

Rom erkannte schon frühzeitig, dass durch die Pilger Geld in die Kassen fließt. Für die Aufnahme und Betreuung entstanden Hospize und

Spitäler, meist in der Nähe des Vatikans. Vom 8. Jh. an gab es Kolonien für ausländische Pilger. So zum Beispiel die Schola Francorum, die 787 von Karl dem Großen gegründet wurde. Außerdem die Scholae Frisonum, Langobardorum, Armenorum, Hungarorum und Teutonica. Noch heute befindet sich der Campo Santo Teutonico neben St. Peter und die deutschsprachige katholische Gemeinde von Santa Maria dell' Anima nahe der Piazza Navona.

Vom Monte Mario aus hatte ich einen wundervollen Blick auf die Ewige Stadt. Den Berg nennen die Rompilger „Berg der Freude". Das konnte ich nach den Strapazen des Weges gut verstehen.

Ich blieb stehen und genoss den großartigen Augenblick.

Auch in mir verkehrte sich die Trauer in eine freudige Erwartung.

Mein Weg führte nun durch das Stadtgebiet zur berühmten Tiberbrücke Ponte Milvio. Von da aus gelangte ich zur Piazza del Popolo, an der ich schon von der römischen evangelisch-lutherischen Kirchgemeinde und von Radio Vatikan erwartet wurde.

Die Präsidentin der ELKI, ein Kirchenvorstand, der Pfarrer und eine Gruppe von Konfirmanden hatten eine Kirchenfahne mitgebracht, die vom Kirchentag in Leipzig stammte.

Alle zusammen sangen einen Begrüßungschoral für mich.

Es war richtig feierlich.

Ich war glücklich am Ziel angelangt.

Tatsächlich hatte ich den Weg nach Rom geschafft.

106 Tage war ich unterwegs gewesen.

In 68 Tagen hatte ich 1854 km zurückgelegt.

Nicht einen Tag war ich krank.

Kein böses Erlebnis überschattete die Reise.

Der Schutz von oben und die Gebete und Wünsche der Menschen unterwegs und daheim hatten mich bis ans Ziel getragen.

Dafür war ich unendlich dankbar.

Der Pilger steht unter einem besonderen Schutz, wenn er sich für Gott öffnet. Das hatte ich unterwegs tatsächlich erlebt.

Das Interview mit Radio Vatikan wurde noch am selben Abend mehrmals gesendet.

Nach der wunderbaren Begrüßung fragte man mich, ob ich denn noch fähig sei bis zur lutherischen Christus-Kirche zu laufen. Kein Problem, sagte ich, wollte ich doch nun auch Rom unter meinen Füßen spüren.

Ein Konfirmand erklärte sich bereit, meinen Rucksack zum Kirchgemeindehaus zu tragen. Er kam ganz schön ins Schwitzen bei der Last.

Aber er trug ihn tapfer bis ans Ziel. Es war für ihn wohl eine besondere Ehre.

Unweit der Piazza del Popolo, in der Via del Corso, hatte einst Goethe gewohnt. Leider konnte ich die „Casa di Goethe" nicht besichtigen.

Auf unserem Weg kamen wir an der Villa Borghese, einem wunderschönen Park vorbei und an der Spanischen Treppe.

Wir hielten kurz inne, um den wundervollen Blick über die Dächer der Ewigen Stadt bis hin zum Petersdom zu genießen.

Meine Gedanken eilten voraus.

Wie würde es weitergehen?

Würde es möglich sein, die ökumenische Botschaft dem Papst persönlich zu übergeben?

Viele Fragen, die mich beschäftigten.

Alle Wege führen nach Rom, so hatte mir ein hoher Kirchenvertreter aus Regensburg vor meiner Pilgerwanderung geschrieben.

Jetzt war ich einen davon zu Fuß gegangen.

Den Weg bis ans Ziel zu schaffen, das hing von mir ab. Meine Willensstärke und mein Durchhaltevermögen waren unterwegs sehr nützlich.

Doch ohne die Begeisterung, die ich mir bewahren konnte, hätte ich es nicht geschafft.

Die körperlichen Voraussetzungen allein reichen nicht aus.

Die Wünsche der Menschen und ihre Gebete hatten mich unterstützt. Ich fühlte mich durch sie getragen.

Es war, als sei ich in Monstab als Schneeflocke losgegangen und in Rom als Riesen-Lawine angekommen. Aus der kleinen Idee war ein gewaltiges Gemeinschaftsprojekt geworden. Durch die zahlreichen Begegnungen und die vielen Interviews konnte die Botschaft viele Menschen erreichen.

Nie hätte ich das für möglich gehalten.

Es war einfach wunderbar, jeden Tag aufs Neue den Menschen von der Ökumene, von Thüringen und vom Altenburger Land zu erzählen. Aber auch ich hatte viel Neues erfahren und interessante Menschen kennen gelernt. Ich konnte die immer neu Tag für Tag auf mich einströmenden Eindrücke oft nicht sofort verarbeiten. Mein Gehirn saugte alles auf, um es abzuspeichern und später zu verarbeiten.

Lange Zeit werde ich noch brauchen, bis ich von den außergewöhnlichen Erlebnisse der Pilgerreise gelassen erzählen kann.

Es war ganz einfach zu viel für mich!

*Begrüßung in Rom an der Porta del Popolo, Präsidentin der ELKI Frau Naeve,
Kirchenvorstand Baron von Stohrer, Pfarrer Uhl und Konfirmanden*

Im Kirchgemeindehaus erwartete uns alle ein gemütliches Begrüßungs-
mahl. Man forderte mich auf vom Pilgern und von meinen Erlebnissen
zu berichten. Die Veranstaltung fand im Gemeindesaal statt.

Der Pfarrer erzählte mir später aus der Geschichte der römischen
Gemeinde. Ich staunte über das große Pfarrhaus mit mehreren Etagen,
das direkt an die Kirche angebaut war. Im Gegensatz zu der weißen Fassade des sakralen Bauwerks hatte man die Außenwände des Pfarrhauses
rotbraun angestrichen. Es befindet sich in der Via Toscana und erinnert
in seiner Farbgebung an die toskanische Landschaft. Vielleicht hat man
genau diese Verbindung bei der Gestaltung gewählt.

1883 hatte man die Idee, in Rom eine lutherische Kirche zu errichten.
Die 1819 unter dem Schutz des Gesandtschaftsrechts gegründete Gemeinde versammelte sich bis zum Neubau eines eigenen Kirchgebäudes
in einem Saal im Erdgeschoss des Palazzo Caffarelli auf dem Kapitol.
1823 gestaltete man ihn als schlichte Kapelle. Als das Personal der preußischen Botschaft das Reformationsgedenken feiern wollte, erregte das
natürlich Aufsehen. Erst seit wenigen Jahren hatten damals Christen, die
nicht zur römisch-katholischen Kirche gehörten, das Recht, ihre Toten
an der Stadtmauer beizusetzen. Möglichst unauffällig in den Morgen-
stunden sollte dies stattfinden, um keinen Anstoß bei den papsttreuen
Gläubigen hervorzurufen.

Und nun wollten sie auch noch die Reformation feiern.

Es war eine schwierige Situation.

Erst zwei Jahre später kam ein preußischer Botschaftsprediger nach Rom. Aus der gelegentlichen Versammlung wurde eine Gemeinde, die sich regelmäßig traf. Nicht nur deutsche Diplomaten kamen in die Ewige Stadt, sondern auch Künstler, Wissenschaftler, Handwerker, Geschäftsleute und Journalisten. Manche blieben nur kurz, andere für den Rest ihres Lebens.

Sechs große Rundbilder sind u. a. aus der Botschaftskapelle erhalten geblieben. Sie stellen die vier Evangelisten, Christus und Johannes den Täufer dar und schmücken heute das Innere der Christuskirche, die 1922 aus Travertin, einem Gestein aus der Umgebung, erbaut wurde. Sie hat rundbogige, romanische Formen, zwei kleine Türmchen über dem Mittelportal und einen hohen Glockenturm über der linken Seite der Apsis. Auch die prunkvolle Altarbibel, ein Geschenk der preußischen Königsfamilie, und der Taufstein sind von dort übernommen worden. Die Gestaltung der halbrunden Apsis erinnerte mich ein wenig an eine orthodoxe Kirche.

An der hinteren Wand des Kirchenschiffs entdeckte ich eine Tafel, die mein besonderes Interesse hervorrief. Der Text erzählt von einem kirchenpolitisch außergewöhnlichen Ereignis. Am zweiten Adventssonntag im Jahr 1983 feierte der Bischof von Rom, Papst Johannes Paul II., eine Vesper mit der römischen lutherischen Gemeinde. Er predigte sogar von der Kanzel. Ein Gemeindevorstand hatte ihn bei einem Zusammentreffen einige Zeit vorher eingeladen. Er sagte spontan zu.

Niemand hatte eigentlich so richtig daran geglaubt.

Doch er kam tatsächlich.

Dieses Ereignis war ein Durchbruch in den ökumenischen Beziehungen und wurde international stark beachtet. Eigentlich wollten die Verantwortlichen das öffentliche Interesse verhindern. Doch das gelang ihnen nicht.

Auf mich wartete dann in der Via Savoia ein Doppelbettzimmer als Quartier für die Tage in Rom. Der Pfarrer brachte mich hin. Nun hatte ich endlich ein wenig Zeit zum Frischmachen und Erholen.

Doch schon am Abend holte er mich wieder mit dem Auto ab. Wir fuhren zum Nachbarschaftstreffen. Einige Gemeindemitglieder treffen sich regelmäßig in einer immer wechselnden Wohnung. Meist sind es Frauen, die nach Italien geheiratet haben oder Beamte und Angestellte, die in einer internationalen Institution arbeiten. Ich stellte wieder einmal fest, dass die Gemeindemitglieder im Ausland viel enger verbunden sind. Die Kirchgemeinde ist sozusagen ihre Ersatzfamilie.

Bei dem Treffen war ich der Ehrengast.

Viele Fragen musste ich beantworten, obwohl ich doch schon ziemlich müde war.

So lernte ich Rom bei Nacht kennen. Die Sehenswürdigkeiten huschten meist angeleuchtet an unserem Auto vorbei. Der Pfarrer machte mich unterwegs immer aufmerksam, was gerade links und rechts zu sehen war. Doch ich war eigentlich nicht mehr so richtig aufnahmefähig. Erst spät kehrten wir in die Via Savoia zurück.

MEINE TAGE IN ROM

FREITAG, 16. NOVEMBER
In der komfortablen Wohnung in der Via Savoia, in der die römische Kirchgemeinde Gäste unterbringen kann, gibt es einen guten Geist, eine sehr nette, hilfsbereite Frau, die mich am Morgen in alle praktischen Gepflogenheiten einwies. Meine Wäsche nahm sie auch in ihre Obhut. An diesem Vormittag konnte ich meine Sachen ordnen und mich erst einmal in der neuen Umgebung orientieren.

Nachmittags nahm mich der Pfarrer zum Weihgottesdienst des neuen anglikanischen Bischofs mit. Wir gingen zu Fuß, da Autofahren in Rom ein Problem ist. Man sollte es nur tun, wenn man genügend Zeit hat. Der Weg führte durch mehrere Fußgängertunnel und Rolltreppenanlagen. Plötzlich kamen wir unterhalb der Spanischen Treppe heraus, in deren Nähe sich die anglikanische Kirche befindet.

Es waren zahlreiche, bekannte Persönlichkeiten aus verschiedenen Kirchen und von staatlichen Institutionen anwesend. Der Pfarrer stellte mich einigen Geistlichen vor. Leider ist mein Englisch nicht so gut, dass ich alles verstehen konnte, russisch wäre kein Problem für mich gewesen.

Schon allein die feierliche Atmosphäre war beeindruckend.

Die Gräfin aus Mailand holte mich nach unserer Rückkehr in die Via Savoia mit einem Taxi ab, um mit mir zum Abendessen auszugehen. In einem gemütlichen Fischrestaurant saßen wir lange zusammen und erzählten von den Erlebnissen seit unserer letzten Begegnung in Besozzo. Obwohl wir uns erst das zweite Mal trafen, hatten wir eine intensive Beziehung. Man nennt es wohl Seelenverwandtschaft.

Sie besuchte gerade ihre Tochter, die ein paar Tage vorher ihr erstes Baby bekommen hatte. Leider war es krank, deshalb waren wir in großer Sorge um das Neugeborene. Wir beteten für die Mutter und für die baldige Gesundung des Kindes. Sie verbrachte danach noch längere Zeit in Rom, um der jungen Familie beizustehen. Später berichtete sie mir telefonisch, dass sich alles zum Guten gefügt hatte, darüber war ich sehr froh.

Auf dem Weg zum Petersdom in Rom

SONNABEND, 17. NOVEMBER

Ich wollte den Petersdom besichtigen, um dort zu beten, wie ich es vielen Menschen unterwegs versprochen hatte.

Mit einem Stadtplan ausgerüstet, machte ich mich zu Fuß auf den Weg. Es war ziemlich weit. Ich kam an zahlreichen Denkmälern und Sehenswürdigkeiten vorbei. Mein Spaziergang führte über die Piazza Republica, die Via Nazionale hinunter mit einem kurzen Abstecher zum Quirinal, dem Palast des Staatspräsidenten, der ursprünglich als Sommersitz für den Papst erbaut worden war. Später übernahm ihn das italienische Königshaus.

Dann kam ich zum Venezianischen Platz, der „Piazza Venezia". Vor mir erhob sich das gewaltige, 1911 eingeweihte Monument für Italiens ersten König Vittorio Emanuelle II. Ich war beeindruckt von dem imposanten Bauwerk. Trotz des schlimmen Verkehrslärms erfreute ich mich an der Schönheit des Venezianischen Platzes. Große Gebäude in venezianischem Baustil und hohe Säulen aus antiker Zeit konnte ich entdecken. Noch nie hatte ich dergleichen gesehen.

Auf dem Kapitolshügel, einem antiken Tempelberg, befindet sich heute der Sitz der Stadtregierung und das einzige Standesamt Roms. Die berühmte Reiterstatue des Marc Aurel auf dem Vorplatz ist eine Kopie. Das Original befindet sich im Museum. Zu dessen kostbarsten Exponaten gehört die Wölfin mit den Zwillingen Romulus und Remus. Als erste Kunstsammlung der Welt wurden die Kapitolinischen Museen, in denen auch Gemälde von Tizian zu sehen sind, 1735 von Papst Clemens XII. für das Publikum geöffnet.

Für das Forum Romanum und das Collosseum hatte ich leider noch nicht genügend Zeit, ich wollte erst einmal zum Vatikan. Der viel befahrene Corso Vittorio Emanuele II. führte mich in dieser Richtung an vielen Kirchen vorbei, in die ich kurz hineinschaute. Am Argentinischen Platz konnte ich in tief unten liegende, antike Ruinen sehen. Das Besondere war, dass diesen ungestörten Ort zahlreiche herrenlose Katzen für sich in Anspruch nahmen. Sie werden dort von Tierfreunden versorgt.

Am Palazzo Cancelleria machte ich Halt. In ihm befindet sich der Sitz des vatikanischen Gerichts Sacra Rota.

Über die Brücke Ponte S. Angelo gelangte ich zur Engelsburg auf der anderen Seite des Tiber. Kaiser Hadrian ließ den gewaltigen Rundbau 130 Jahre n. Chr. als seine Grabstätte errichten. Die Päpste erkannten die Wichtigkeit des Bauwerks am Tiber. Sie bauten es zur Festung um und schufen einen Fluchtweg bis zum Petersdom. Dieser hat mehreren Päpsten das Leben gerettet.

Am Petersplatz angekommen, bestaunte ich erst einmal den riesigen Platz, den ich im Fernsehen schon so manches Mal gesehen hatte. Es war aber ein ganz anderes Gefühl, als ich dann selbst auf ihm stand.

Einhundertvierzig Heiligenfiguren schmücken die aus vier Säulenreihen bestehenden Kolonnaden. Eine breite Treppenanlage führt hinauf zum Petersdom, den eine riesige Kuppel ziert. Auf beiden Seiten des Doms befinden sich Vatikan-Gebäude.

Im Gebäude rechts neben St. Peter, das wusste ich bereits, hat der Papst u. a. seine Privatzimmer. In verschiedenen Fernsehübertragungen hatte ich gesehen, wie er vom Fenster aus den Gläubigen zuwinkte.

Ob ich ihn wirklich persönlich treffen sollte?

Mein Blick richtete sich auf seine Fenster hoch oben über dem Platz.

Der Vatikan ist mit vierundvierzig Quadratkilometern und weniger als eintausend Bürgern der kleinste Staat der Welt. Aber er hat alles, was ein Staat braucht. Eine eigene Gerichtsbarkeit, die berühmte Sacra Rota, eine Regierung und eine Post, einen eigenen Radiosender, Bahnhof, Krankenhaus, Supermärkte, Tankstellen usw. Und natürlich eine eigene Armee, die Schweizergarde. Diese tut, seit fast fünfhundert Jahren mit Hellebarden bewaffnet, ihren Dienst im Vatikanstaat. Mit ihren bunten Uniformen wirkt sie wie ein Relikt aus früherer Zeit.

Seit dem Abschluss der Lateranverträge, im Jahr 1929, ist der Vatikan wieder ein eigener Staat. Seine Verfassung weist ihn als eine der letzten absoluten Monarchien der Welt aus. Sie ist auch die einzige, deren Oberhaupt unfehlbar sein soll, so beschloss es das Erste Vatikanische Konzil 1870. Im gleichen Jahr wurde der Papst, der bis dahin auch weltlicher Herr über Rom war, entmachtet. Der Papst, als Kirchenoberhaupt von ca. einer Milliarde römisch-katholischen Christen in der ganzen Welt, ist außerdem auch Bischof von Rom.

Hinter den dicken Mauern des Kirchenstaates befinden sich auch die Vatikanischen Museen, die umfangreichsten Kunstsammlungen der Welt.

Nach der Personenkontrolle betrat ich den Petersdom. Das gewaltige Bauwerk beeindruckte mich stark. Minutenlang spürte ich eine wunderbare Atmosphäre, die mich vollkommen gefangen nahm.

Dann ging ich ganz langsam weiter, um mir alles genau anzuschauen.

In einer der vielen Seitenkapellen konnte ich ungestört beten. Es war der Wunsch von vielen Menschen unterwegs gewesen, dass ich auch ihre Anliegen im Petersdom vor Gott bringe. Ich erfüllte ihren Wunsch, so wie sie es mir aufgetragen hatten.

Es war für mich ein berührendes Erlebnis, in der Kirche, die auf dem Petrusgrab erbaut worden war, mit Gott zu sprechen.

1506 begann auf Anordnung Papst Julius II. der Bau von St. Peter. Die Kathedrale sollte die größte und schönste der Welt werden. Die Kuppel von Michelangelo ist das optische Zentrum des Doms, der zweihundert Meter lang und einhundertneunzehn Meter hoch ist. Über dem Petrusgrab befindet sich der Papstaltar mit einem dreißig Meter hohen Bronze-Baldachin. Der rechte Fuß der Petrusstatue aus dem 14. Jh. wird von fast allen Pilgern, die nach Rom kommen, geküsst.

Auf der rechten Seite standen viele Menschen vor einer Seitenkapelle und fotografierten. Hinter einer dicken Glasscheibe war eine Plastik aufgestellt. Auch ich sah sie mir an. Erst später las ich im Kirchenführer, dass dies die berühmte Pietà von Michelangelo ist. Die Schönheit des Kunstwerkes empfand ich als sehr eindrücklich.

Ich blieb ungefähr sechzig Minuten im Dom.

Als ich über den Petersplatz spazierte, hörte ich hinter mir einen „Hallo"-Ruf. Ich drehte mich um und sah einen jungen Mann mit Fahrrad, der mich bat, ein Foto von ihm zu machen. Gern wollte ich das für ihn tun. Wir kamen ins Gespräch. Sein Großvater war Schweizer, deshalb sprach er etwas deutsch. In englischer Sprache erzählte er mir danach, dass er, eben aus Madrid kommend, mit dem Fahrrad in den letzten Wochen eintausendachthundert Kilometer zurückgelegt hat.

Ich gratulierte ihm zu seiner glücklichen Ankunft am Ziel.

Er staunte nicht schlecht, als er erfuhr, dass eine Rompilgerin vor ihm stand. Im weiteren Gespräch stellte sich heraus, dass er in Mexiko-Stadt wohnt und dort den Papst bei einem Besuch erlebt hat. Es entstand in ihm der Wunsch, nach Rom zu pilgern. Eines Tages war es soweit. Er gab seine Ingenieurtätigkeit auf und machte sich auf den Weg. Zunächst einmal mit dem Flugzeug nach Madrid, dann weiter per Rad. Er hatte, genau wie ich, diesen Auftrag in sich gefühlt und erzählte mir von wunderschönen Erlebnissen unterwegs. Ich freute mich mit ihm.

Seltsam kam es uns beiden schon vor, dass wir uns ausgerechnet vor dem Petersdom begegneten. Das hatte bestimmt etwas zu bedeuten!

Ich lud ihn für den nächsten Tag zum Gottesdienst in die lutherische Kirche in der Via Toskana ein. Dann verabschiedeten wir uns.

Auf dem Weg zu meinem Quartier beschäftigte mich immer wieder diese sonderbare Begegnung.

Am Abend war ich zum Essen bei der Präsidentin der ELKI in Ostia eingeladen. Ein Baron, der zum Kirchenvorstand gehört, schickte seinen Chauffeur mit dem Auto. Dieser brachte mich und die Sekretärin des Dekanats, die aus Weimar stammte, nach Ostia.

Der Stadtteil liegt am Tyrrhenischen Meer.

In der Nähe der Ruinen der Hafenstadt des antiken Roms erwarteten uns die Gastgeber. Die Präsidentin und ihr Mann sind beide Meeresbiologen. Er arbeitet bei der Welternährungskommission in Rom.

Uns erwartete ein sehr schmackhaftes Abendessen. Es gab, wie könnte es anders sein, Fisch.

Die Präsidentin erzählte mir, dass sie einen Brief vom Vatikan erhalten hat, in dem uns eine Audienz beim Papst in Aussicht gestellt wird. Aber in welcher Form diese stattfinden soll, dass könnte man uns noch nicht sagen. Sie hatte sehr gute Kontakte zum Ökumenebüro des Vatikans und hoffte, dass die uns nützlich sein würden.

SONNTAG, 18. NOVEMBER

Beim Gottesdienst am Vormittag lernte ich die evangelisch-lutherische Gemeinde kennen. Man forderte mich auf, von der Pilgerreise zu erzählen.

Nach dem Gottesdienstes hörte ich plötzlich meinen Namen rufen. Der mexikanische Pilgerfreund war tatsächlich gekommen! Ich stellte ihn vor. Von diesem Moment an war er oft mein Begleiter. Beim Kirchenkaf-

Der Petersplatz in Rom

fee mussten wir beide viele Fragen beantworten. Die Gemeindemitglieder waren sehr an unseren Erlebnissen interessiert.

Am Nachmittag besuchten wir Pilger mit dem Pfarrer einen Gottesdienst in der koptisch- erythräischen Gemeinde. Die Zelebration der beiden Diakone dauerte fast zwei Stunden, war für meine Empfindung sehr
charismatisch. Ich spürte förmlich, wie nahe die Christen während der
Feier Gott waren. Unsere Gottesdienste erscheinen mir dagegen oft emo-
tionslos.

Danach wurde im Gemeindesaal für alle ein traditionelles Essen ge-
reicht. Es gab Speisen, die ich nicht kannte, aber mit Freude probierte.
Besonders gefielen mir die Festkleider der afrikanischen Frauen und die
Herzlichkeit, mit der man uns aufnahm. Es waren auch Vertreter der
katholischen und orthodoxen Gemeinden anwesend, die den lutherischen Pfarrer gut kannten. Ich erlebte wieder einmal reale Ökumene.

Es regnete stark, als wir die Kirche verließen.

Mein mexikanischer Freund kaufte für uns einen Schirm. Noch heute
besitze ich ihn und halte ihn besonders in Ehren, als Erinnerung an diesen wunderbaren Nachmittag.

Er lud mich zum Kaffee ein. In einer hübschen kleinen Bar erzählte er
mir auf Englisch von seiner Heimat, der Arbeit und der Familie. Später
besuchten wir noch gemeinsam ein Orgelkonzert in der lutherischen
Kirche. Ein sehr schöner Sonntag in Rom ging damit zu Ende.

MONTAG, 19. NOVEMBER

Die Thüringer Ökumene-Beauftragte der Landeskirche kam nach Rom geflogen. Die Präsidentin der ELKI holte sie vom Flugplatz ab. Ich freute mich sehr auf ihre Ankunft. Sie verkörperte für mich ein Stück lang vermisste Heimat. Außerdem schätze ich sie als Mensch. Der Brief, den sie damals vor meiner Wanderung an die Bischöfe geschrieben hatte, war der schönste, den ich je gelesen hatte. Für ihr Engagement bin ich ihr sehr dankbar.

Sie freute sich bei der herzlichen Begrüßung, dass ich es geschafft hatte und unterwegs eine gute Botschafterin war. Grüße vom Bischof und seiner persönlichen Referentin brachte sie ebenfalls mit. Beide hatten mich ab und zu unterwegs auf dem Handy angerufen. Ich freute mich über alle Grüße aus der Heimat. Viele Menschen hatten mich begleitet auf meinem Weg. Immer wieder telefonierten sie mit mir und erkundigten sich nach meinem Befinden. Manche riefen täglich an, wie die Freunde aus Varese zum Beispiel. Eigentlich fühlte ich mich nie allein.

Dafür kann ich nicht genug Danke sagen.

Die Präsidentin brachte den zweiten Brief vom Vatikan mit. Darin stand, dass wir zur Generalaudienz am 21. November eingeladen sind. Wir würden im Anschluss an den öffentlichen Teil Gelegenheit erhalten, den Papst zu treffen. Die Pilgerin möge schwarze Kleidung und, zum Zeichen der Pilgerschaft, die Jakobsmuschel tragen, so stand es in dem Schreiben vom Vatikan.

Nun hatte ich ein Problem. Woher sollte ich schwarze Kleidung nehmen? Ich hatte kaum noch Geld. Es war auch nicht mehr möglich ein Paket zu schicken. Jedoch wusste der Pfarrer Rat. Er bat mich, mit ihm in den Keller des Pfarrhauses zu kommen. Dort wurde ein großer Fundus an Kleidungsstücken für den Weihnachtsbasar aufbewahrt. Er war sicher, dass ich bestimmt etwas Passendes finden würde. Tatsächlich, ich fand eine Jacke und ein schwarzes Kleid. Die Gemeinde schenkte mir beides später. Wir waren alle sehr erleichtert über die unkomplizierte Lösung des Problems.

Die ELKI hatte sich inzwischen entschlossen, ebenfalls eine Grußbotschaft an den Papst mitzugeben. Wir freuten uns über Botschaft Nummer vier.

Am Abend besuchte ich mit dem Pfarrer und der Pastorin aus Apolda wieder einen Nachbarschaftskreis, diesmal in Rom-Süd. Wir verbrachten einen schönen Abend mit den gastfreundlichen Christen. Unter anderem trafen wir eine Österreicherin, die Lutheranerin ist und für den Papst

174

Chiesa Evangelica Luterana in Italia
Evangelisch-Lutherische Kirche in Italien

La Presidente del Sinodo / Die Synodalpräsidentin

Meine sehr verehrten Damen und Herren,

es ist mir eine große Freude, Ihnen durch den Mund der erstaunlichsten Frau, die ich je kennen lernen durfte, Grüße aus der Evangelisch-Lutherischen Kirche in Italien senden zu können. Arnhild Ratsch hat alle Menschen, denen sie bei uns begegnet ist - und auch unbedingt begegnen wollte, beeindruckt, begeistert und mit Ihrem großen Gottvertrauen zum Nachdenken gebracht.

Uns verbindet vieles: Auch wenn die kirchliche, kulturelle und soziale Situation in Italien anders erscheinen mag als bei Ihnen, so sind unsere Kirchen häufig mit denselben Problemen und Herausforderungen konfrontiert. Unser Umfeld ist anders geprägt - in Italien ist es katholisch, bei Ihnen mehr und mehr religionslos. Das bringt die Kirche in eine Diaspora-Situation, die für alle ihre Mitglieder eine Herausforderung darstellt.

Da auch in Italien alle lutherischen Gemeinden am ökumenischen Dialog beteiligt sind, ist ökumenisches Engagement, wie Frau Ratsch es vorgelebt hat, wesentlich als Zeichen des gemeinsamen Willens, in versöhnter Verschiedenheit miteinander vor Gott zu stehen. Wir wollen dabei die Kenntnisse der eigenen Tradition vertiefen, das geistliche Wachstum anregen und somit den gegenseitige Respekt fördern.

Diejenigen, die sich in diese Aufgabe so lebensnah einbringen wie Frau Ratsch, übernehmen einen stellvertretenden Dienst für die ganze Kirche. Sie leiden darunter, dass die tief empfundene geschwisterliche Einheit untereinander gerade in der zentralen Feier unseres Glaubens - am Tisch des Herrn - nicht zum Ausdruck kommen kann und der Schmerz motiviert sie zum Handeln. Uns allen sollte er Anlaß sein, die Differenzen zu benennen und uns gemeinsam auf den Weg zur Einheit der Christen zu machen - so wie Arnhild Ratsch ihren Pilgerweg angetreten ist: ohne nach Sicherheit oder persönlichem Ansehen zu schielen, ganz im Vertrauen auf Gottes Beistand zur rechten Zeit, auf daß wir eins werden.

Es grüßen Sie aus dem fernen Italien die lutherischen Gemeinden in Ispra-Varese, Mailand, Genua, Florenz und Rom!

Und stellvertretend für alle

Ihre

B. Naeve

Bärbel Naeve
Präsidentin der Synode der
Evangelisch-Lutherischen Kirche in Italien

Sede legale: Chiesa Evangelica Luterana in Italia: Via Toscana, 7 - 00187 Roma - tel 06 4880394 - fax 06 4874506 -e-mail cel.sbt@iol.it
Corrispondenza : Presidente del Sinodo della Chiesa Evangelica Luterana in Italia - Bärbel Naeve Via Euticrate, 58 - 00124 Roma / ITALIA - Telefono/Fax +39 06 509 0396 - e-mail baerbel.naeve@europe.com

Grußbotschaft der Evangelisch-Lutherischen Kirche in Italien

Texte übersetzt. Auch so etwas gibt es. Sie arbeitet außerdem für den Jesuitenorden. Später schickte sie mir das von ihr mit erarbeitete Jahresheft, das weltweit vertrieben wird. Ein Freund von ihr, der ebenfalls zur lutherischen Gemeinde gehört, hatte ein Buch mit Anekdoten über den Papst geschrieben. Die beiden schickten es mir später mit der Post.

So konnte ich im Nachhinein noch so manches Interessante aus dem Leben des Heiligen Vaters erfahren.

DIENSTAG, 20. NOVEMBER

Das Kamerateam des MDR-Fernsehens traf in Rom ein, um Aufnahmen von meiner Ankunft und von der Stadt zu machen und natürlich auch bei der Generalaudienz dabei zu sein.

Wir fuhren zum Petersplatz.

Dort befragten sie mich nach den Eindrücken von meiner Ankunft in Rom und den Erlebnissen, seit Pisa, auf den letzten Etappen der Pilgerwanderung. Auch wollten sie gern wissen, wie ich mir die Begegnung mit dem Papst vorstelle. Darauf konnte ich nur antworten, dass ich überhaupt nicht aufgeregt bin, weil ich eigentlich nicht weiß, was auf mich zukommen wird.

Das war meine ehrliche Antwort.

Der mexikanische Pilgerfreund begleitete uns auch an diesem Vormittag. Er schrieb mir ein paar Sätze, die er sich lange überlegt hatte, auf ein Stück Papier. Das sollte seine Botschaft an den Papst sein. Er hoffte, dass ich diesen Zettel mit übergeben kann.

Mittags trafen wir die Präsidentin der ELKI, die uns die aktuellen Informationen zur Audienz am nächsten Tag geben wollte. Sie hatte inzwischen den dritten Brief vom Vatikan erhalten. In diesem stand, dass wir am Mittwoch, den 21. November um 10 Uhr im Büro des Päpstlichen Rates zur Förderung der Einheit der Christen erwartet werden. Vor der Generalaudienz werde es dort einen kleinen Empfang geben. Ein Mitarbeiter des Büros hatte ihr mitgeteilt, dass man sogar in Erwägung gezogen habe, uns eine Antwort auf die ökumenische Botschaft zu geben. Aber wann und in welcher Form, das ist ungewiss.

Nachdem wir alles Notwendige besprochen hatten, nahm mich der Pfarrer mit zur Deutschen Schule. Dort stellte er mich im Religionsunterricht den Schülern vor. Wieder erzählte ich vom Pilgern und vom wichtigen Inhalt der ökumenischen Botschaft.

MITTWOCH, 21. NOVEMBER

Obwohl es der bemerkenswerteste Tag in meinem bisherigen Leben werden sollte, war ich überhaupt nicht aufgeregt. Im Gegenteil, ich freute mich auf das bevorstehende Ereignis.

In festlicher Stimmung zog ich das schwarze Kleid an und hängte die Jakobsmuschel um den Hals. Jetzt wird es ernst, so dachte ich.

Die Präsidentin der ELKI kam zur Via Savoia und brachte ihre Botschaft mit. Wir packten nun alle Dokumente in weißes Papier und schnürten das Bündel danach mit einer lila Schleife zusammen. Danach fuhren wir mit einem Taxi zum Vatikan, damit wir nicht wegen des Verkehrs zu spät kamen. Taxis und Busse dürfen in Rom gesonderte Fahrspuren benutzen. Vor dem Gebäude des „Päpstlichen Rates zur Förderung der Einheit der Christen" passierten wir die Schweizer Garde.

Ein Mitarbeiter der Institution, den die Präsidentin der ELKI und unsere Thüringer Ökumenebeauftragte von früheren Begegnungen her kannten, empfing uns. Es waren außer uns noch ca. sechzig Studenten der ökumenischen Fakultät aus der Schweiz anwesend.

Wir wurden einem Bischof aus Kanada vorgestellt. Dieser sprach sehr lange mit mir. Er wollte den Grund meiner Pilgerwanderung erfahren und vieles mehr. Ich wunderte mich, dass er mit mir so ausführlich sprach. Meine Begleiter und die Studenten ließen sich inzwischen den Steh-Imbiss schmecken. Das Fernsehteam war ebenfalls anwesend.

Vor der großen, einige Jahre zuvor neuerbauten Halle bekamen wir unsere Audienzkarten. Die jeden Mittwoch, außer, wenn der Papst auf Reisen ist, stattfindende Generalaudienz entspricht einem öffentlichen Staatsempfang. Ungefähr zehntausend Menschen haben in der Halle Platz. Die Sicherheitsvorkehrungen sind sehr streng, da immer wieder Attentate auf den Papst angekündigt worden sind.

Ich bekam zu meinem Erstaunen eine rote Audienzkarte, meine drei Begleiter je eine gelbe. Was das bedeutete, merkte ich sehr schnell. Ich durfte die Halle durch den Haupteingang betreten, meine Begleiter durch einen Nebeneingang. Mein Platz sollte in der ersten Reihe sein. Es war ein seltsames Gefühl, als ich mich beim Eintreten mehrmals auf dem Weg nach vorn ausweisen musste. Die Menschen hinter der Absperrung winkten mir zu. Sie riefen Worte in verschiedenen Sprachen, die ich aber nicht verstehen konnte. Die Halle war schon fast vollständig gefüllt.

Als ich in der ersten Reihe angekommen war, brachte mich ein Mitarbeiter des Protokolls zu meinem Platz. Neben mir saß ein Mann, der mich kurz darauf fragte, was die Muschel bedeutet. Ich erklärte es ihm.

Er schmunzelte. Dann erzählte er mir, dass er aus Südtirol gekommen ist, um eine neue Apfelsorte segnen zu lassen, die den Namen „Jakobus" trägt. Mir kam diese Begegnung sonderbar vor und ihm wahrscheinlich auch. Sein Begleiter trug eine ziemlich große Holzstatue des Heiligen Jakobus auf dem Arm.

Nun saß ich wie ein Häufchen Unglück in der ersten Reihe und mir wurde bewusst, welche Verantwortung ich hatte. Ich war nicht nur ökumenische Botschafterin der katholischen und evangelischen Christen in Thüringen, Sachsen und Sachsen-Anhalt. Ich war auch Stellvertreterin der Menschen, denen ich unterwegs begegnet war. Auch ihr Wunsch war es, die Einheit der Christen in versöhnter Vielfalt zu verbessern. Die Stellvertretung wurde zur großen Last, die auf meine Schultern drückte.

Wer bin ich eigentlich, dass ich hier sitzen darf?

Ich bin doch immer noch Arnhild Ratsch aus Tegkwitz, das kleine Dorf kennt hier kein Mensch. Nicht weit vom Papst entfernt darf ich in der ersten Reihe sitzen, den Kardinälen gegenüber, hinter mir zehntausend Menschen aus aller Welt, die extra hierher gekommen sind, um Johannes Paul II. zu sehen. Nur wenige Ausgewählte dürfen ganz vorn Platz nehmen. Ich gehöre dazu.

Sicherlich sind die meisten Pilger nicht, wie ich, zu Fuß nach Rom gekommen. Plötzlich begriff ich, warum ich zum Zeichen der Pilgerschaft die Jakobsmuschel tragen sollte.

Noch während mich diese Gedanken beschäftigten, erhoben sich alle Anwesenden. Fanfaren kündigten den Beginn der Audienz an.

Der Papst wurde in die Halle gefahren. Von seinem Wagen aus winkte er den Menschen zu und segnete einige, die in seiner Nähe standen. Dann, vor der Treppe, die zu seinem Stuhl hinaufführte, verließ er den Wagen und ging die letzten Stufen zu Fuß. Es fiel ihm sichtlich schwer.

Alle waren erleichtert, als er endlich Platz genommen hatte.

Die Parkinsonsche Krankheit macht ihm doch sehr zu schaffen. Er kann kaum noch gehen und auch seine Aussprache hat sich stark verschlechtert. Trotzdem verlas er während der Audienz seine Botschaft in mehreren Sprachen, wie man es von ihm jahrelang kennt.

Pilgergruppen aus aller Welt wurden danach namentlich begrüßt. Manche brachten ihm sogar ein musikalisches Ständchen. Ich bekam eine Gänsehaut, so berührend war die Atmosphäre in der Halle. Er war sichtlich gerührt, als Klänge heimatlicher, polnischer Musik zu hören waren. Mit dem Segen für die Anwesenden endete die Generalaudienz.

Der Protokollverantwortliche kam nun entlang der ersten Reihe und gab uns Anweisungen. Wir hätten jetzt die Möglichkeit, unsere Anliegen seiner Heiligkeit persönlich zu übermitteln. Auch ich erhob mich. Schritt für Schritt näherte ich mich der Treppe. Immer wieder schaute ich dabei in die unübersehbare Menschenmenge hinter der Absperrung.

Wo sind meine Begleiter? Ich konnte sie einfach nicht entdecken. Mir wurde immer ärmlicher, je weiter ich voran kam.

Was sollte ich tun?

Plötzlich war ich ganz allein unter zehntausend Menschen. Wie sollte ich es schaffen, vor den Papst zu treten? Noch auf der Treppe drehte ich mich um und suchte ein letztes Mal in der Menge nach meinen Begleitern. Ohne Erfolg.

Dann trat der Mann vor mir zur Seite. Ich stand „Seiner Heiligkeit" gegenüber. Der persönliche Sekretär winkte mich heran. Das Bündel mit den Botschaften trug ich unter dem linken Arm.

Ich trat einen Schritt näher zum Stuhl und beugte mich zu Papst Johannes Paul II. hinunter.

Ich sagte die Worte:

„Eure Heiligkeit! Ich bringe euch Grüße von den Christen in Deutschland, in der Schweiz und in Italien. Ich bin 2000 km zu Fuß hierher gewandert, um euch diese Botschaften zu übergeben."

Plötzlich fiel mir ein, dass ich ihm doch die Hand geben muss. Es ist üblich, dass die römisch-katholischen Gläubigen seinen Ring küssen. Ich wollte das als evangelische Christin nicht tun.

Ich drückte dem Papst ganz vorsichtig die Hand.

Danach übergab ich dem neben ihm stehenden Sekretär die Botschaften, weil sie für den Heiligen Vater zu schwer gewesen wären.

Und schon wurde der Nächste herangewinkt.

Ich trat zur Seite.

Die wenigen Stufen hinunter ging ich wie im Traum. Mir wurde sofort klar, dass ich in diesen entscheidenden Augenblicken völlig unfähig gewesen war, selbst zu denken und zu handeln. Es gibt nur eine Erklärung für mich:

Der Heilige Geist ließ mich genau die Worte sagen, die ich eigentlich sagen wollte, aber nicht konnte.

Ich fühlte mich stumm und gelähmt.

Die wenigen Minuten waren die schwersten, aber auch die schönsten in meinem bisherigen Leben.

Wenn ich heute das Foto anschaue, kann ich kaum glauben, dass ich die Frau auf dem Bild mit dem Heiligen Vater bin.

Es wird sicherlich noch sehr lange dauern, bis ich meine Gefühle während der Audienz verarbeitet habe.

Mir kamen die Tränen, so berührend war das Erlebnis für mich.

Durch einen Seitenausgang taumelte ich aus der Halle. Draußen traf ich meine drei Begleiter. Sie hatten die Audienz mit großer Anspannung verfolgt. Die Freude und das Glück sprudelten aus mir heraus, als die nervliche Belastung sich gelegt hatte.

Wir waren froh, dass alles gut gegangen war.

Mit Gottvertrauen hatte ich die Wanderung geschafft.

Der Wille des Herrn war es auch, dass ich die Privataudienz erleben durfte. Ich bin sehr dankbar und voller Freude, dass unser Anliegen zum guten Abschluss gebracht werden konnte. Unter Gottes Schutz und mit Hilfe vieler engagierter Menschen konnte ich meinen Auftrag erfüllen. Allein hätte ich es nicht geschafft.

Mir kam es im Nachhinein so vor, als hätte der Bischof aus Kanada in Stellvertretung des für die Ökumene zuständigen Kardinals, der zu dieser Zeit in Amerika weilte, die Glaubwürdigkeit unserer Initiative hinterfragt. Wahrscheinlich ist die Beurteilung positiv ausgefallen, denn es wurde uns im Gespräch nochmals zugesichert, dass wir eine Antwort auf die ökumenische Botschaft erhalten werden.

Ich bedankte mich bei meinen Begleitern, denn ohne ihren großen persönlichen Einsatz wäre die private Audienz bestimmt nicht möglich geworden.

Danach verließen wir das Vatikangelände.

Die Fernsehkamera war überall live dabei. Das Team hatte auch die Audienz aufgezeichnet. Sogar für meinen mexikanischen Freund hatte die Präsidentin der ELKI eine Audienzkarte besorgt. So konnte auch er den Papst sehen, was ihm sehr viel bedeutete.

Nun stärkten wir uns erst einmal richtig bei einem guten Essen. Später, gegen 14 Uhr, sollten wir die Audienzfotos abholen beim Fotografen des Vatikan.

Wir erhielten dort vier verschiedene Fotos. Die Veröffentlichungsrechte dafür behält der Vatikan. Es ist genau vorgeschrieben, auf welcher Seite und wie oft sie verwendet werden dürfen. Jede Zeitung muss ebenfalls dafür einen eigenen Vertrag abschließen.

Audienz bei Papst Johannes Paul II. Mit freundlicher Genehmigung von Fotografia Felici, Rom.

Lange mussten wir suchen und warten, bis unsere Fotos fertig waren. Die Präsidentin der ELKI kaufte für mich eine Serie. Wir bestellten weitere Abzüge, die später abgeholt werden konnten.

Als wir wieder auf die Straße traten, klingelte schon das Telefon. Radio Thüringen wollte gern ein Live-Interview mit mir machen. Bis zum Abend waren noch einige Anfragen von verschiedenen Zeitungen zu dem wichtigen Ereignis zu beantworten. Schon in den Abendnachrichten wurde in Radio und Fernsehen davon berichtet, so sagte man mir später.

Für mich war das alles nicht wichtig. Ich war froh und glücklich über diesen besonderen Tag in meinem Leben, alles andere war Nebensache.

Am Nachmittag trafen wir uns mit den Frauen der lutherischen Gemeinde. Nun war ich entspannt, denn ich hatte meinen Auftrag erfüllt. Ich erzählte locker und gelöst von der Audienz.

Der anschließende Bußtags-Abendgottesdienst in der Christuskirche wurde ökumenisch gefeiert. Der befreundete katholische Pater und die beiden Diakone der koptisch-erythräischen Gemeinde waren ebenfalls dazu eingeladen. Die Präsidentin und ihr Mann fuhren danach mit uns in ihre Lieblingsweinstube. Dort verbrachten wir bei erlesenem Wein und einem speziellen Essen gemütliche Stunden. Es war ein guter Abschluss dieses denkwürdigen Tages.

DONNERSTAG, 22. NOVEMBER

Das Fernsehteam des MDR wollte im Pfarrhaus ein Interview mit mir machen für die Sendung „Glaubwürdig". Es sollte nur fünf Minuten lang sein. Wir nahmen es im wunderschönen Pfarrgarten auf. Ich erzählte vor der Kamera, wie und warum das Romprojekt entstanden war. Voller Begeisterung berichtete ich, wie sich die Idee zu einer Vision entwickelt hatte.

Später besuchte mich mein Freund aus Mexiko. Er wollte sich verabschieden. Sein nächstes Ziel sollte Australien sein, wo er seine Freundin besuchen wollte. Der Abschied fiel uns schwer, denn wir waren in den wenigen Tagen wie Bruder und Schwester geworden. Der Glaube an Gott hatte uns zusammengeführt und viel Schönes gemeinsam erleben lassen.

Die ökumenischen Studenten, die in der römischen Gemeinde ein Praktikum absolvierten, trafen sich am Abend zum Gespräch mit einem der beiden Pfarrer. Sie wohnten mit uns in der Gästewohnung. Wir waren ebenfalls dazu eingeladen.

Es war sehr interessant, von ihrer Arbeit in der Hauptstadt der Christenheit zu erfahren. Sie erzählten nicht nur von gemeindespezifischen Projekten, sondern auch von archäologischen Ausgrabungen. Das fand ich ungeheuer spannend.

FREITAG, 23. NOVEMBER

Die Kirchgemeinde hatte für uns eine Führung durch das „Forum Romanum" organisiert. Ein geschichtlich sehr bewandertes Gemeindemitglied zeigte und erklärte uns das antike Areal. Wir hörten die römische Geschichte im Schnelldurchlauf, denn wir hatten nur drei Stunden Zeit. Die noch sichtbaren Zeitzeugen und die dazugehörigen Hintergrundinformationen beeindruckten uns sehr. Eigentlich hätten wir mindestens eine Woche gebraucht, um alle historischen Stätten zu sehen. Aber leider war das nicht möglich. Also begnügten wir uns mit einem groben Überblick. Ich war das bereits gewöhnt. Alle Eindrücke wurden wie von einem Schwamm aufgesaugt, damit sie später verarbeitet werden konnten.

Einige historische Informationen möchte ich hier wiedergeben.

Das Forum befindet sich neben dem Kolosseum. In der von Kaiser Vespasian im Jahr 80 n. Chr. erbauten Kampfstätte fanden bis ins 6. Jh. n. Chr. Gladiatorenkämpfe statt. Selbst die Ruine des gewaltigen Rundbaus ist für uns bis heute eindrucksvoll geblieben.

Unweit des Kolosseums steht der dreitorige Triumphbogen, den sich Kaiser Konstantin nach dem Sieg über seinen Rivalen Maxentius errichten ließ. Auf der linken Seite hinter dem Eingang zum Forum Romanum erhebt sich der Palatin-Hügel. Auf ihm befinden sich die Ruinen der Kaiservillen und die Farnesischen Gärten.

Mit dem Aufstieg des römischen Reiches wurde das Forum zum politischen und gesellschaftlichen Mittelpunkt der Stadt. Prächtige Tempel und Versammlungsgebäude wurden errichtet. Nach dem Untergang des gewaltigen Reiches sind heute nur noch antike Trümmer zu sehen.

Vom Kapitolhügel aus hatten wir eine wunderbare Aussicht auf das gesamte Forum.

Der Circus Maximus, eine großflächige Arena hinter dem Palatin, gehört zu den Sehenswürdigkeiten, von denen leider nur wenig erhalten geblieben ist.

Das Konsistorium der Evangelisch-Lutherischen Kirche von Italien lud die Ökumenebeauftragte und mich zum Mittagessen ein. Wir trafen uns an der Kirche Santa Croce in Gerusalemme, in der ein Stück vom Kreuz Jesu Christi aufbewahrt wird. Diese Reliquie hat Kaiserin Helena nach Rom bringen lassen.

Nach der Besichtigung der Kirche, die eine der sieben Hauptkirchen von Rom ist, speisten wir in einem nahe gelegenen Restaurant. Der Mitarbeiter des Päpstlichen Rates zur Förderung der Einheit der Christen war ebenfalls eingeladen.

Er machte mir nach dem Essen den Vorschlag, ein Jahr später wieder nach Rom zu kommen, um auf dem historischen Weg, der sieben Hauptkirchen der Stadt verbindet, zu pilgern.

Ich fand die Idee hervorragend und sagte sofort mein Kommen zu. So entstand schon im Geiste das nächste gemeinsame Pilgerprojekt. Das Sprichwort fand wieder einmal seine Bestätigung: Wer den Pilgervirus hat, wird ihn nicht wieder los. Im Gegenteil, man steckt andere Menschen damit an. Ich schlug vor, ein paar Freunde mit nach Rom zu bringen.

Der Präsidentin der ELKI gefiel die Idee ebenfalls. Das neue Pilgerprojekt könnte eine Fortsetzung der Zusammenarbeit der lutherischen Gemeinde mit der katholischen Gemeinde Santa Maria dell' Anima werden.

SONNABEND, 24. NOVEMBER

Ich schrieb neunzehn Karten und Briefe an Menschen daheim und unterwegs. Es sollte ein kleines Dankeschön sein. Nachmittags erledigte ich ein paar Einkäufe, denn ich wollte meiner Familie und Freunden kleine Geschenke mitnehmen. Deswegen spazierte ich zur Kirche Santa Maria Maggiore. Die Freundin in Monheim hatte von ihr geschwärmt.

SONNTAG, 25. NOVEMBER

Der Pfarrer der katholische Gemeinde Santa Maria dell' Anima hatte mich eingeladen, von der Reise und der Audienz zu erzählen. Am Ende des Gottesdienstes durfte ich sprechen.

Die Kirche der katholischen, deutschen Gläubigen in Rom und das Priesterseminar liegen in einem malerischen Viertel in der Schleife des Tiber gegenüber dem Vatikan.

Bereits 1398 wurde erstmals ein Hospiz für Personen der deutschen Nation eingerichtet, dem durch eine päpstliche Bulle mit Spenden über die anfänglichen Schwierigkeiten hinweg geholfen werden sollte.

Als Gründungsjahr der Gemeinde gilt das Jahr 1350. Papst Innozenz VII. verlieh dem Hospital einen Schutzbrief, durch den es unmittelbar dem Kardinalvikar von Rom unterstellt wurde. Er bestätigte seinen Zweck, die Armen und Pilger deutscher Nation zu sammeln und ihre Gesundheit wiederherzustellen. Vor allem Mitglieder der Kurie deutscher Abstammung förderten die Einrichtung.

1431 legte man den Grundstein für eine größere Kirche. Eine weitere päpstliche Bulle beauftragte 1444 die Anima mit der Seelsorge der deutschen Pilger und Armen, mit dem regelmäßigen Gottesdienst und der Spendung der Sakramente. Diese Pflichten wurden von einem Kaplanskollegium wahrgenommen. Von Kaiser Maximilian I. erhielt die Anima das Privileg der Reichsunmittelbarkeit. Im Jahr 1742 ging dieses kaiserliche Protektorat an das Haus Habsburg über.

Bereits 1499 entschloss man sich erneut zum Neubau einer Kirche. Der Grund dafür könnte die Rivalität zwischen den einzelnen Nationen gewesen sein. Beim Tod des „deutschen Papstes" Hadrian VI. im Jahr 1523 war die Kirche so gut wie vollendet.

Während der französischen Revolution diente sie als Heumagazin, die Sakristei als Pferdestall.

Sie hat also auch schwierige Zeiten erlebt.

Durch Papst Pius IX. wurde die Kirche 1859 wieder aufgewertet. Sie erfuhr durch die Einrichtung eines Priesterseminars eine Erweiterung ihrer Aufgaben. 1954 wurde schließlich noch eine deutsche Pilgerstelle eingerichtet.

Wir verließen die Kirche nach dem Gottesdienst durch einen der hinteren Ausgänge und kamen durch einen malerischen Innenhof. Beim anschließenden Kirchenkaffee lernte ich Menschen kennen, die mich herzlichst in ihre Gemeinschaft aufnahmen. Ich fühlte mich bei ihnen sehr wohl.

Die Deutsche Nationalkirche Santa Maria dell' Anima liegt unweit der Piazza Navona. Auf Roms populärstem Tummelplatz für Touristen und Einheimische steht der von Gian Lorenzo Bernini (1598 bis 1680) erbaute berühmte Brunnen der vier Ströme Nil, Donau, Rio de la Plata und Ganges. Bernini schuf viele bedeutende Kunstwerke in der Stadt. Am Ende der Piazza liegt die Kirche Sant' Agnes. Der Platz war in antiker Zeit ein Stadion.

Ich musste nun von Rom Abschied nehmen. Ein letztes Mal besuchte ich den Vatikan. Im Petersdom dankte ich im Gebet für die unvergesslichen Tage in der Ewigen Stadt und für die Menschen, denen ich hier begegnen durfte.

Danach ging ich quer durch das Stadtzentrum, um noch das Pantheon zu besichtigen. Den vom Feldherrn Agrippa gestifteten und 27 v. Chr. erbauten Tempel ließ Kaiser Hadrian einhundertfünfzig Jahre später umbauen und widmete ihn allen Göttern. Damit wurde im damaligen Religionsdurcheinander keiner vergessen. Die Päpste weihten den Tempel später Maria. Der imposante Rundbau mit seiner offenen Kuppel wurde zur Begräbnisstätte berühmter Persönlichkeiten. So liegen hier u.a. der berühmte Maler Raffael und Mitglieder des italienischen Königshauses begraben. Der ursprünglich erhöht liegende Tempel ist heute in einer Mulde versenkt. In zweitausend Jahren hat Rom fast sieben Meter Schutt angehäuft.

Am Trevi-Brunnen warf auch ich eine Münze ins Wasser, denn die verheißt sichere Wiederkehr. Das berühmte, 1751 erbaute, spätbarocke Kunstwerk steht auf einem winzigen Platz.

Der Spanische Platz mit der malerischen Treppe vor der französischen Kirche Trinità dei Monti war mein nächstes Ziel. Ich stieg die zahlreichen Stufen hinauf, um den herrlichen Blick auf den Platz und über die Dächer der Stadt noch einmal zu genießen.

Einmal im Leben muss man an diesem wunderbaren Ort gewesen sein. So dachte ich bei mir. Den Abend verbrachten wir mit dem Einpacken von Koffer und Taschen und mit der Verabschiedung von unseren Gastgebern.

Die ELKI mit ihren Gemeinden, die in ganz Italien verteilt sind, kümmerte sich rührend um mich und auch um die Pastorin aus Apolda. Ich fühlte mich auf meiner Wanderung vom Lago Maggiore bis nach Rom durch die Unterstützung der lutherischen Christen geborgen und umsorgt. Dafür war und bin ich ihnen sehr dankbar.

DIE RÜCKKEHR

DIE PRÄSIDENTIN der Evangelisch-Lutherischen Kirche in Italien brachte uns zum Hauptbahnhof in Rom. Von dort aus fuhren wir mit dem „Leonardo da Vinci-Express" zum Flughafen. Die Ökumenebeauftragte der Thüringer Landeskirche hatte für uns beide Flugkarten nach Frankfurt am Main gebucht. Von dort aus nahmen wir den Zug nach Weimar.

Eigentlich war ich sehr froh darüber, dass die Heimkehr nur wenige Stunden dauern sollte. Immerhin war ich fast vier Monate von zu Hause fort.

Die Rückreise konnte ich gerade noch bezahlen, denn ich war sehr sparsam mit dem Geld auf dem Spendenkonto gewesen. Große Tagesetappen in Italien hatten zur Folge gehabt, dass ich weniger Übernachtungen bezahlen musste. Auch die Schweizer Pilger hatten mir etwas Geld geschickt, weil die Freundin aus Horgen ihnen von meiner dramatischen Situation erzählt hatte. So konnte ich also mit der Hilfe vieler Menschen in die Heimat fliegen.

Ich wäre sehr gern zurück marschiert, aber die Freistellung vom Bürgermeisteramt endete am 30. November. Die Rückreise mit dem Zug wäre ebenso teuer geworden wie der Flug.

Das Wetter war herrlich an diesem 26. November, so dass wir vom Flugzeug aus eine gute Sicht nach unten hatten. Ich konnte die Küste von Italien erkennen, danach die Inseln Sardinien und Korsika sehen. Besonders beeindruckend war der Blick auf die Alpen.

Die Fahrt mit der Eisenbahn von Frankfurt am Main nach Weimar weckte seltsame Gefühle in mir. Die Landschaften huschten schnell am Fenster des Abteils vorbei. Mir wurde bewusst, dass ich mich erst wieder an diese Geschwindigkeiten gewöhnen musste. Die Umstellung fiel mir schwer.

In Weimar am Bahnhof erwarteten uns zwei Videofreunde aus dem Altenburger Land, in deren Verein ich Ehrenmitglied bin, mit dem Auto.

Die Begrüßung war sehr herzlich. Nachdem wir die Ökumenebeauftragte in ihrer Heimatstadt Apolda abgesetzt hatten, fuhren wir nach Tegkwitz.

Inzwischen war es dunkel geworden. Vor der Haustür verabschiedeten sich die beiden Freunde. Nachdem sie davongefahren waren, schloss ich die Haustür auf und trat ein.

Es war seltsam nach so langer Zeit wieder im eigenen Heim zu sein. Die Stille im Haus schmerzte. Es war ungeheizt und es roch unbewohnt.

Kein Mensch war da.

Keine Blume auf dem Tisch zur Begrüßung nach langer Zeit.

Kein „Herzlich Willkommen zu Hause".

Ich war allein.

Vielleicht musste das so sein?

Wer sollte denn schon da sein?

Die Kinder sind weit weg. Die Freunde haben alle mit sich zu tun. Mir wurde plötzlich bewusst, wie einsam ich doch eigentlich war. Das „Single-Dasein" hat eben auch solch negative Auswirkungen.

Ich stellte das Gepäck ab und setzte mich zunächst erst einmal an den Tisch des Esszimmers, schaute mich um und ließ den Raum auf mich wirken.

Dann ging ich in jedes Zimmer des Hauses. Alles war so, wie ich es verlassen hatte, nur der Staub war nicht zu übersehen.

Meine Nachbarn hatten sehr gut auf das unbewohnte Haus aufgepasst, alle notwendigen Arbeiten außen verrichtet und die Blumen versorgt. Dafür bin ich ihnen sehr dankbar. Eine gute Nachbarschaft ist in heutiger Zeit nicht mehr selbstverständlich.

Nun fing ich an, meine Sachen auszupacken. Dann gönnte ich mir ein wunderbares Bad, das mich herrlich erfrischte. Dabei kam ich zu der Überlegung, dass ich mich am liebsten drei Monate lang im Haus eingeschlossen hätte. Ich benötigte die Zeit, um all das Erlebte verarbeiten zu können. Es war ganz einfach zu viel gewesen. Meine Seele brauchte Zeit und Ruhe. Doch die hatte ich leider nicht. Ich ahnte, dass es schon am nächsten Tag mit der Ruhe vorbei sein wird.

Und so war es dann auch.

Kaum war ich dem Bade entstiegen und wollte es mir im Wohnzimmer gemütlich machen, da klingelte es.

Nanu, wer könnte das sein?

Wer wusste, dass ich an diesem Tag nach Hause kommen würde? Ich ging zur Haustür und sah draußen auf dem Hof unseren Pfarrer stehen

Kirche in Tegkwitz

mit einer Flasche Sekt in der Hand. Es war schon gegen 21 Uhr. Bevor ich ihn ins Haus bat, dachte ich noch, dass die Begrüßung doch bestimmt noch bis zum nächsten Tag Zeit gehabt hätte. Schnell verflog jedoch dieser Gedanke.

Nachdem ich die Tür geöffnet hatte, nahm er mich ganz herzlich in die Arme. Ich war etwas erstaunt, weil das sonst nicht seine Art war.

Nun gut, die Freude schien ehrlich zu sein. Bei der Aussendung hatte er mir gesagt, dass er mich unterwegs einmal besuchen würde. Leider war es nicht dazu gekommen. Auch angerufen hatte er nur ein einziges Mal. Am Freitag, den 23. November, spät abends, um zu fragen, ob ich wieder für die Gemeindekirchenratswahl am Sonntag den 25. November kandidieren würde. Ich sagte spontan zu.

Er stellte den Sekt als Begrüßungsgeschenk auf den Tisch. Da ich nichts anderes im Haus hatte, nicht einmal etwas zum Essen, bat ich ihn die Flasche zu öffnen. Wir erhoben das Glas auf meine gesegnete Rückkehr. Ich dankte ihm für all seine Unterstützung bei der Vorbereitung sowie beim Verwalten des Spendenkontos und für den schönen Aussendungsgottesdienst. Danach erkundigte er sich nach dem Verlauf der Pilgerreise. Ich berichtete kurz von meinen Erlebnissen.

Dann, nach einer kurzen Pause, rückte er mit dem wichtigen Grund für seinen eiligen Besuch heraus. Er teilte mir mit, dass ich bei der am Vortag stattgefundenen Gemeindekirchenratswahl, keine Stimme erhalten hatte. Elf Gemeindemitglieder hätten an der Wahl teilgenommen. Alle Anwesenden wären der Meinung gewesen, dass sie mich nicht mehr im Leitungsgremium der Kirchgemeinde Tegkwitz brauchen.

Spontan antwortete ich ihm, ich wäre sehr froh darüber.

O Schreck, dachte ich, was wird er jetzt von dir denken? Sicherlich versteht er nicht, wie ich es gemeint habe. Deshalb ergänzte ich den Satz ganz schnell. Ich würde mich sehr darüber freuen, dass nun andere engagierte Tegkwitzer Christen die Gemeinde und die romanische Kirche weiter aufbauen wollen. Damit war es an der Zeit den Staffelstab an sie zu übergeben.

Ihm fiel ein Stein vom Herzen, so sagte er. Hatte er doch befürchtet, dass ich über diese Entscheidung traurig und enttäuscht bin. Erleichtert fuhr er nach Hause.

So hatte also meine Rückkehr einen ganz unerwarteten Verlauf genommen. Ich legte mich in mein lang entbehrtes, eigenes Bett und schlief friedlich ein, im Vertrauen auf Gottes Zeichen. Ich hatte schon beim Verlassen meiner Heimat gefühlt, dass ich verändert nach Hause zurückkehren werde und dass der Herr mir einen neuen Weg zeigen wird.

Die Pilgerwanderung diente der Vorbereitung auf diesen neuen Weg. Wohin würde er mich wohl in der nächsten Zeit führen?

WIE GEHT ES WEITER?

NUN WAR ICH also wieder zu Hause. Hatte wie ein Stein in der ersten Nacht in meinem bequemen Bett geschlafen.

Von Ferne hörte ich gegen Morgen immer wieder das kleine Glöckchen der Kirchturmuhr schlagen. Sie erklang Stunde um Stunde. Ihr vertrauter Klang war Musik in meinen Ohren. Das Gefühl von Heimat ist manchmal an solche nebensächlich erscheinenden Kleinigkeiten gebunden.

Ein Ruheständler aus dem Dorf, der früher als Ingenieur gearbeitet hatte, pflegt seit vielen Jahren liebevoll die Kirchturmuhr. Er hat diese Aufgabe von seinem Vater übernommen. Von der Läuteanlage war seit dem II. Weltkrieg nur noch eine kleine Bronzeglocke übrig geblieben. Die beiden größeren wurden für Rüstungszwecke eingeschmolzen.

Seitdem ich 1993 nach Tegkwitz zurückgekehrt war, hatte ich das Läuten der Kirchturmglocke übernommen. Es brauchte schon etwas Übung und Kraft, um die Glocke von Hand richtig zum Schwingen zu bringen. Aber auch Geschick, um sie wieder rechtzeitig anzuhalten. Eine besondere Ehre war es für mich immer, wenn ich zu außergewöhnlichen Anlässen läuten durfte. So zum Beispiel am Jahreswechsel.

Ich stieg dann mit einer kleinen Flasche Sekt und einer Kerze in der Tasche die steile Treppe zum zweiundfünfzig Meter hohen Turm hinauf und schaute über das nächtliche Dorf. Die Kerze stellte ich an einen sicheren Platz und zündete sie an, denn im Turm gab es seit vielen Jahren kein elektrisches Licht mehr. Dann verfolgte ich gespannt die letzten Minuten bis zum Jahreswechsel. Pünktlich um 24 Uhr begann ich mit dem Läuten der Glocke. Bevor ich wieder hinunter stieg, trank ich den Sekt aus und verfolgte dabei das nächtliche Feuerwerk. Das Einläuten des neuen Jahres empfand ich immer als ein besonderes Privileg.

Die alte, genaue Läuteordnung hatte ich im Archiv unserer Kirchgemeinde gefunden. Dort war festgelegt, wann und wie lange der Klang der Glocken ertönen durfte. Die Vorfahren hatten die Glocken unter anderem auch angeschafft, weil sie den Beginn und das Ende der Arbeit ankündigten. Damals besaßen die Menschen kaum Uhren.

In der heutigen Zeit musste schon so manche automatische Läutanlage abgeschaltet werden, da sich die Anwohner gestört fühlten. So ändern sich die Zeiten.

Solche Gedanken beschäftigten mich an diesem ersten Morgen daheim. Was würde wohl heute auf mich zukommen?

Ich wollte lieber früh aufstehen, um meine Sachen auszupacken und mit dem Waschen der Kleidung zu beginnen.

Wer weiß, wie lange die Ruhe andauern wird?

Und schon klingelte der Nachbar, um mich zu begrüßen.

Ich bedankte mich für all seine Bemühungen um das Haus und die Katze. Nach vier Monaten hatte sich das Tier so sehr an ihn gewöhnt, dass es sogar am Hofhund vorbei den Weg zu seiner Haustür wagte. Dort hatte er ihr einen Korb aufgestellt, in dem sie in der Nacht schlafen konnte. Sie wollte in der Nähe des Menschen sein, der sie liebevoll versorgte. In dem unbewohnten Haus war es ihr wohl zu einsam.

Ich konnte die Katze gut verstehen.

Mein „Hausverwalter" brachte mir auch etwas Essbares zum Frühstück mit, weil ich nichts im Haus hatte. Da er für seinen hilfreichen Dienst in den vier Monaten meiner Abwesenheit keine Bezahlung annehmen wollte, lud ich ihn mit seiner Frau zu einem gemütlichen Kaffee-Nachmittag ein. Erfreut nahm er meine Einladung an.

Immer wieder, während ich einen gründlichen Hausputz vornahm, klingelte es an der Tür.

Es hatte sich herumgesprochen, dass ich heimgekehrt war.

Freunde und Bekannte kamen, um mich zu begrüßen. Immer wieder musste ich erzählen, wie es mir unterwegs ergangen war. Ich hatte keine Ahnung, was das Fernsehen und die Zeitungen über die Reise berichtet hatten. Verwundert hörte ich, dass viele Menschen meine Pilgerwanderung verfolgt hatten. Wer hätte das gedacht?

Ich bekam auch sehr viele Anrufe in den folgenden Tagen von nah und fern. Es war also nicht möglich sich einzuschließen, wie ich es mir gewünscht hatte. Natürlich freute ich mich auch über das große Interesse und vor allem darüber, dass man mich ganz selbstverständlich wieder in der Gemeinschaft zu Hause aufnahm.

Mit dem Fahrrad fuhr ich am Nachmittag ins Gemeindeamt. Auch dort war die Begrüßung sehr herzlich. Ich war gespannt, was sich inzwischen wohl alles so ereignet hatte. Mein Stellvertreter berichtete mir ausführlich. Alles war in bester Ordnung. Der Gemeinderat und die Verwaltungsgemeinschaft hatten gute Arbeit geleistet. Darüber freute ich mich sehr.

Wir verabredeten, dass ich am 1. Dezember das Amt wieder aufnehmen sollte, damit ich noch ein paar Tage Zeit zur Erholung hatte. Dieses Angebot nahm ich gern an. Ich brauchte wirklich Zeit. Meine Seele war noch nicht in Tegkwitz angekommen.

In den nächsten Tagen besuchten mich auch mein Bruder und weitere Freunde. So vergingen die letzten Novembertage wie im Fluge, ich wurde langsam wieder heimisch.

Ein paar Tage nach meiner Rückkehr erhielt ich von unserem Pfarrer die Nachricht, dass der Landesbischof mich in einem Gottesdienst begrüßen möchte. Auch der Landrat äußerte diesen Wunsch.

So kam es, dass ich zunächst in das Landratsamt in Altenburg eingeladen wurde. Dort gab es im historischen Lichthof einen Stehempfang, an dem auch unser Pfarrer und verschiedene Pressevertreter teilnahmen. Es wurden mehrere Ansprachen gehalten. Danach bedankte ich mich bei allen Institutionen für die Unterstützung des Romprojektes.

Nach dem öffentlichen Teil fand ein internes Treffen im Ratssaal statt. Der Landrat und auch sein Stellvertreter sowie die Referentin für Öffentlichkeitsarbeit waren da. Mehr als eine Stunde nahmen sie sich Zeit, um zu erfahren, wie ihre Botschafterin unterwegs aufgenommen worden war.

„Sie waren ein ausgezeichneter Werbeträger für unser Altenburger Land", sagte der Landrat in seiner Ansprache. Damit hatte er recht.

Vielen Menschen erzählte ich unterwegs von meiner Heimat, von den Menschen, der interessanten Geschichte und von den Problemen in der Gegenwart. Die meistgestellten Fragen an mich waren unterwegs: Wie ist es den Christen in der Zeit des DDR-Staates ergangen? Und: Wie hast Du die Wende erlebt?

Mir aber brannte vor allem eine wichtige Frage auf der Seele.

Wie würde es mit mir weitergehen?

Wo könnte ich einen Arbeitsplatz finden?

Ich nutzte den Empfang im Landratsamt, um diese Fragen zu stellen. Der Landrat versprach mir, dass er sich beim Arbeitsamt für mich bemühen würde.

Ich war erleichtert!

Die Ungewissheit machte mir in der folgenden Zeit doch sehr zu schaffen. Sofort nach meiner Rückkehr musste ich mich beim Arbeitsamt melden, so wie es Vorschrift ist, damit ich schnell wieder Arbeitslosengeld bekam. Mein Kontostand bei der Sparkasse war weit ins Minus abgerutscht. Hätte nicht eine gute Bekannte mir unterwegs telefonisch versichert, dass sie mein Konto im Rahmen des Dispokredits ausgleicht, wäre das Konto wahrscheinlich gesperrt worden. Das hätte natürlich schlimme Folgen für mich gehabt. Auch für so unkonventionelle Hilfe war ich sehr dankbar. Umgehend zahlte ich ihr das geliehene Geld zurück.

Meine Arbeitslosenzeit ging dem Ende entgegen. Dann würde ich einen Antrag auf Arbeitslosenhilfe stellen müssen. Sollte ich auch in dieser Zeit keine Arbeit finden, folgte anschließend die Sozialhilfe. Trotz umfangreicher Bemühungen um eine Arbeitsstelle und vielen Kontakten konnte ich nicht optimistisch in die Zukunft schauen. Viele Menschen haben zur Zeit das gleiche Schicksal. Ich nahm mir fest vor, gelassen zu bleiben und auf Gottes Hilfe zu hoffen.

Die Evangelische Akademie in Altenburg lud mich für Mitte Dezember zu einem Vortrag ein. Ich sollte in einer Abendveranstaltung von der Pilgerreise erzählen. Es wäre schön, wenn ich auch ein paar Dias zeigen könnte, so war der Wunsch der Leiterin. Unterwegs hatte ich etwa tausend Fotos gemacht. Davon wollte ich für mich eine Reisedokumentation anfertigen. Als ich die ersten Bilder von der Entwicklung abholen konnte, rahmte ich sie in mühsamer Kleinarbeit selbst, um Kosten zu sparen.

In der Taufhalle der Brüderkirche am Altenburger Marktplatz waren alle Stühle besetzt. Viele Freunde, Verwandte und Bekannte waren zu der Veranstaltung gekommen. Ich erzählte frei sprechend von meinen Erlebnissen und zeigte dazu Dias.

Es gab kein Manuskript. Warum auch? Alles war in meinem Gedächtnis abrufbar, so wie auf einer Speicherplatte im Computer. Das Publikum lauschte gespannt.

Als ich am Schluss von der Audienz erzählte, kamen mir die Tränen. Noch immer waren die berührenden Erlebnisse zu frisch. Es fiel mir schwer, darüber zu sprechen. Mir fiel auf, dass nach neunzig Minuten niemand aufstand. Alle Anwesenden saßen wie gebannt auf den Plätzen und rührten sich nicht. Ich spürte, dass sie ergriffen waren.

Anschließend beantwortete ich viele Fragen. Das große Interesse am Pilgern und an der besonderen Romreise war erfreulich, aber auch verwunderlich. Was war während meiner Pilgerwanderung geschehen?

Menschen, die mit Kirche eigentlich nichts am Hut hatten, verfolgten begeistert meine Reise. Sie erzählten mir, dass sie keine Sendung verpasst und alle Artikel in den verschiedenen Zeitungen gesammelt hätten.

Gott wollte sicherlich, dass sie über diesen Umweg nachdenklich werden sollten. Anders konnte ich mir die Begeisterung nicht erklären. Nein, ich wollte niemanden bekehren. Mein Ziel war, mit dieser Reise ein Zeichen zu setzten für Versöhnung. Wahrscheinlich war mir das auch gelungen.

Am Ende des Reiseberichtes sagte ich, dass ich unterwegs ökumenisch geworden bin. Das Publikum klatschte daraufhin. Das war eine wunderbare Reaktion.

Von diesem Tage an erhielt ich viele Einladungen in Kommunen, Kirchgemeinden und Vereine. Immer wieder sollte ich von der Pilgerwanderung nach Rom erzählen. Die Zuhörer forderten mich auf, darüber ein Buch zu schreiben.

Ich versprach, bald damit zu beginnen.

Nach mehreren Reiseerzählungen begriff ich, dass mir das wiederholte Erzählen bei der Verarbeitung der einmaligen Erlebnisse half. Das Schreiben würde sicherlich ebenso hilfreich dabei sein.

Nach und nach wurde mir auch bewusst, dass die Faszination der Zuhörer anhielt. Ich verstand das als das Wirken Gottes. Der Heilige Geist half mir auch bei den Reiseerzählungen, die richtigen Worte zu finden. Die anhaltende Begeisterung in mir kam ebenfalls von ihm.

Wie anders ist es zu erklären, dass ich bis heute mehr als fünfzig Mal von der Pilgerreise erzählt habe und immer wieder das Gleiche erleben durfte. Die Faszination an diesem historisch einzigartigen Romprojekt bleibt erhalten und den Pilgervirus, der mich unterwegs befallen hat, den gebe ich in jeder Veranstaltung weiter. Ich denke, auch das gehört zu meinem Auftrag von Gott.

Kurz vor Weihnachten reiste ich nach Zürich. Der Präsident der Sachsengruppe, zu der auch „Seine Königliche Hoheit von Sachsen", der Nachfahre von August dem Starken, gehört, lud mich zur Weihnachtsfeier ein. Ich sollte von meiner Romreise erzählen. Auch der Pilgerpfarrer fragte telefonisch an, wie es nun mit mir weitergeht. Ich freute mich, die Schweizer Freunde wieder zu sehen.

Es waren ein paar schöne Tage in der Stadt am Zürichsee. Dann kehrte ich nach Hause zurück.

Groß war mein Erstaunen, als ich in meinem Briefkasten ein Schreiben vom Bistum Erfurt fand. Das Kuvert enthielt außerdem ein Dankschreiben vom Vatikan und einen persönlichen Gruß von Papst Johannes Paul II.

STAATSSEKRETARIAT

Aus dem Vatikan, am 12. Dezember 2001

ERSTE SEKTION
ALLGEMEINE ANGELEGENHEITEN

Prot. N. 505.509

Sehr geehrte Frau Ratsch!

Am Ende Ihrer Pilgerreise nach Rom haben Sie dem Heiligen Vater, Papst Johannes Paul II., am 21. November 2001 im Rahmen der Generalaudienz eine ökumenische Grußbotschaft von Christen aus Thüringen, Sachsen und Sachsen-Anhalt und weitere Dokumente übergeben.

Ihre persönliche Initiative – die Pilgerreise zu Fuß nach Rom – ist ein beeindruckendes Zeugnis dafür, daß heute Christen unterschiedlicher konfessioneller Herkunft auf dem Weg zur sichtbaren Einheit unterwegs sind und dabei auch die Mühen, die mit einem solchen Weg verbunden sind, nicht scheuen.

Seine Heiligkeit dankt Ihnen für Ihren Einsatz und ermutigt Sie und Ihre Freunde, im Beten und Tun für die Einheit der Christen nicht nachzulassen. Er erbittet Ihnen dazu die tägliche Erfahrung der Nähe Gottes, der denen beisteht, die ihm aufrichtig und treu dienen.

Zum bevorstehenden Weihnachtsfest wünscht Ihnen der Heilige Vater innige Freude über die Geburt Jesu Christi, unseres Erlösers, und seinen Frieden, den die Welt und die Menschen so notwendig brauchen.

Mit besten persönlichen Wünschen
verbleibe ich mit freundlichen Grüßen

Sandri

Erzbischof Leonardo Sandri
Substitut

Frau
Arnhild Ratsch
MONSTAB / Altenburger Land

Thüringen (Deutschland)

Die Antwort des Vatikans

195

Meine Freude darüber war unbeschreiblich.

Durch Internet und Zeitungen hatten in vielen Ländern die Menschen von meiner Pilgerwanderung mit dem ökumenischen Anliegen erfahren.

Es war mir tatsächlich gelungen, ein Zeichen zu setzen.

In den folgenden Monaten erhielt ich zahlreiche Briefe aus dem In- und Ausland, von Menschen, denen die Einheit der Christen viel bedeutet.

Das Bürgermeisteramt und die zahlreichen Ehrenämter füllten mich in der folgenden Zeit aus. Ich war nun wieder eine vollbeschäftigte Arbeitslose.

Ein unverständlicher Zustand. Auf der einen Seite wurde ich dringend gebraucht, auf der anderen Seite fand sich niemand, der für meine Arbeit bezahlen wollte oder konnte.

Nun wagte ich, darüber in der Öffentlichkeit zu sprechen, dass ehrenamtliche Arbeit auch Geld kostet. Die Aufwendungen für Benzin, Telefon und PC-Kosten verschlangen von meinem monatlichen Budget fast dreißig Prozent. Je mehr Ehrenämter ich übernahm, desto mehr musste ich an meinem persönlichen Lebensunterhalt einsparen. Aber wo konnte ich noch sparen?

Die einzige Möglichkeit war, weniger zu essen. Mit Müsli, Obst und Kaffee kam ich gut über die Runden. Der Zustand erschien mir trotzdem sehr bedenklich. Ich war zurück in der alten Tretmühle, wie der Hamster im Laufrad fühlte ich mich. Das machte mich traurig.

Das Weihnachtsfest und der Jahreswechsel vergingen rasch. Dann, Anfang Januar, informierte mich unser Pfarrer, dass nun der Termin für den Begrüßungsgottesdienst mit dem Landesbischof und der Ökumenebeauftragten vereinbart worden ist. Die Landeskirche bestand darauf. Zur Aussendung gehört nun mal auch die Begrüßung, so war die Meinung des Bischofs.

Der Gottesdienst fand am Sonntagnachmittag in der Kirche zu Monstab statt. Es war ein furchtbar kalter Tag Anfang Januar. In der nur wenig beheizbaren Kirche hatten sich wieder viele Menschen aus nah und fern eingefunden, trotz angekündigtem Glatteis.

Es war ein besonders feierliches Willkommen.

Ich war glücklich, dass ich meinen Auftrag erfüllen konnte und dass ich die Menschen, die an mich geglaubt hatten, nicht enttäuscht habe. Vor allem bedankte ich mich bei den Anwesenden für die Unterstützung, ohne die ich mein Ziel mit Sicherheit nicht erreicht hätte. Das war mir sehr wichtig.

Jede Gelegenheit nutzte ich nach meiner Rückkehr, um allen, die mir geholfen hatten, Danke zu sagen. Besonders der Evangelisch-Lutherischen Landeskirche in Thüringen, der Superintendentur Altenburger Land, der Kirchgemeinde Tegkwitz, dem katholischen Pfarrer in Rositz, dem Landratsamt Altenburg, dem Gemeinderat Tegkwitz, der Verwaltungsgemeinschaft in Mehna und allen Menschen, die für mich gebetet oder gespendet hatten. Nach dem Gottesdienst saßen wir noch lange im engeren Kreis in einem nahe gelegenen Restaurant bei guten Gesprächen zusammen. Auch in dieser Runde fragte ich nach meiner Perspektive. Ich erhielt leider keine verbindliche Antwort von den Kirchenvertretern. Eine feste Anstellung war bisher nicht möglich gewesen. Es sah auch jetzt nicht danach aus.

Am 20. Januar sollte ich nach Zürich ins Pilgerzentrum kommen. Ich

Begrüßungsgottesdienst in Monstab mit Landesbischof Hoffmann und Superintendent Modersohn

fuhr hin, obwohl ich mir den Grund dafür nicht denken konnte. Im Gespräch fragte mich der Pfarrer, ob ich mir vorstellen könnte, im Ausland zu arbeiten. Ich antwortete, ohne zu überlegen mit: „Ja, ich bin bereit". Er gab mir eine Stellenausschreibung für die Tätigkeit als Sigrist und Hauswart. Ich sollte mich schnellstens bewerben, wenn ich Interesse hätte. Dann holte er die Präsidentin der Kirchenpflege herbei, die mich kennen lernen wollte. Wir hatten ein gutes Gespräch.

Ich bewarb mich und durfte mich kurze Zeit später bei der Personalkommission vorstellen. Die „Swissair"-Pleite hatte dafür gesorgt, dass es plötzlich viele Arbeitslose in der Region Zürich gab. So hatten sich 69 Schweizer um die Arbeitsstelle beworben. Fünf Bewerber wurden ausgewählt, davon war ich die Letzte. Ob das wohl ein gutes Zeichen war? Mit Ablehnungen hatte ich schon mehrere Erfahrungen gemacht.

Eine Diakonissenschwester in meiner Heimat hatte mich ein Jahr zuvor getröstet, als ich die Stelle der Heimleiterin im Magdalenenstift in

Altenburg nicht bekam, weil mir die erforderliche Ausbildung fehlte. „Der Herr hat andere Pläne mit Ihnen", sagte sie. Aber welche? Immer wieder hatte ich mir diese Frage gestellt. Die Pilgerwanderung gehörte auch zu seinem Plan, das hatte ich inzwischen begriffen.

Ich war ganz ruhig im Gespräch mit der Personalkommission der Reformierten Kirchgemeinde Außersihl. Auch in dieser Situation vertraute ich darauf, dass der heilige Geist mir die richtigen Worte schenken wird.

Er tat es. Ich bekam die Anstellung.

Das Wunder war geschehen. Mit 48 Jahren hatte ich eine feste Arbeitsstelle erhalten, deren Inhalt mir wie auf den Leib geschrieben ist.

Mitte Januar ernannte mich der Landrat im Rahmen des Neujahrsempfanges zusammen mit zehn anderen Persönlichkeiten zur offiziellen Botschafterin des Altenburger Landes. Der Botschaftergedanke hatte sich also bewährt. Nun sollten auch andere auf ihrem jeweiligen Fachgebiet wirksam werden. Ich war die einzige Kirchenvertreterin.

Schon ein paar Jahre vorher hatte mich das Landratsamt für eine Ehrung vorgeschlagen. Für die Initiative mit der Bezeichnung „Zeit andern schenken" wurde ich von der damaligen Bundesfamilienministerin aus Bonn ausgezeichnet.

Beim Schreiben der Broschüre über die Geschichte der Diakonie im Altenburger Land habe ich 1998 gelernt, was es bedeutet, anderen Menschen Gutes zu tun und wie dankbar sie dafür sind. Ein Lächeln ist oft genug, ist der Lohn für alle Mühe.

Das theologische Studium half mir beim Verstehen biblischer Grundlagen in Bezug auf die Nächstenliebe. Nie hatte ich das Ziel, im Gottesdienst zu predigen. Aber Gott und die Menschen zu lieben, dass ist meine Lebensaufgabe geworden.

Ich hatte mit niemand vorher über die Bewerbung in der Schweiz gesprochen. Nun musste ich es tun, denn ich sollte am 1. März 2002 bereits die neue Arbeitsstelle antreten. Zunächst besprach ich meinen Weggang in der Familie, dann im Gemeinderat und im Landratsamt. Auch die Superintendentur informierte ich.

Es kam mir vor, als wären alle erschrocken.

Oder täuschte ich mich?

Für mich war es ein schwerer Entschluss. Aber ich hatte keine andere Wahl. Selbst das Arbeitsamt empfahl mir nach jedem Strohhalm zu greifen, der sich mir anbot. Die Aussichten einer festen Anstellung sind zur Zeit fast aussichtslos, wenn man um die fünfzig Jahre alt ist, so sagte man mir.

Ich habe den Strohhalm ergriffen und das Wunder erlebt.

Dafür bin ich unendlich dankbar.

Alles ging nun sehr schnell. Nachfolger im Bürgermeisteramt für die Zeit bis zur Neuwahl wurde mein Stellvertreter. Mit einer kleinen Abschiedsfeier bedankte ich mich bei den Gemeinderäten für die gute Zusammenarbeit.

Es war ein trauriger Abschied.

Nun musste ich das Haus meiner Vorfahren unbewohnt zurücklassen. Eine schwierige Situation. Auch in diesem Punkt kam in letzter Minute Hilfe. Unser Polizist bat mich, ob er nicht für etwa ein Jahr in meinem Haus möbliert wohnen kann.

Etwas Besseres konnte mir nicht passieren.

Für wenig Miete überließ ich ihm das Haus mit der Bitte, alles in Ordnung zu halten. Meine Nachbarn erklärten sich sofort bereit, die Aufgabe als Hausverwalter wieder zu übernehmen. So konnte ich einigermaßen beruhigt den neuen Lebensabschnitt beginnen, der mich nach Zürich führte.

Ich hatte keine Erwartungen. Wollte einfach mit Freude annehmen, was der Herr für mich bereithielt.

Also machte ich mich wieder mit Gottvertrauen auf den Weg.

Er weiß, was gut für mich ist.

Gott hatte mir nie mehr aufgeladen als ich tragen konnte in den letzten Jahren. Immer wieder dachte ich in schweren Zeiten an ein Zitat aus einem Heft der Diakonie. Dort stand geschrieben: „Nur wer selbst schon einmal gelitten hat, der kann das Leiden anderer verstehen".

So werde ich auch weiterhin unterwegs sein und die wechselnden Pfade mit Schatten und Licht ganz bewusst gehen.

Das macht mich glücklich, weil es ein besonderes Geschenk ist.

INHALT

Legende der historischen Romwegkarte von Seite 51

Das ist der Rom weg von meylen zu meylen mit puncten verzeychnet von eyner stat zu der andern durch deutsche lantt

Wer wissen wyl wye fer von eyner Stat zu der andern ist wo do zwischen keyn . / punct ist , der messe mit eynem zirkel von dem punct der stat zu dem punct der / andern Stat und setz den zirkel hie unten auf die punct der jetlicher (?) tut by (?) gemeyn / Preußsche (?) meyl un eyn strich zehen meyl so aber dye meyl in landen nit gleych / seyn nymt man gewonlich solcher meyl hye verzeychent sey fur funf in lande / Suaben(?) hesse westfaln Saxen mark pomern behem Und in Sweyez zwo fur eyne
Nach dem Compast zu wandern geschigt also den prief legt man nyder und setzt / den compast mit der seyten an eyn leysten oder gleich auf dissen Compast und / ruckt den prief pys die zungle gericht seyn so ligt der prief recht den last / man ligen un(?) ver:uckt und sezt Nur nach den Compast mit der seyten (?) auf der / punct zweyer fig(gurinen) stet und merkt wye dye zung stet (stee) auf den acht teyl. / Also stet sye auch wen man zwischen den selben zwegen wandert.

Transkription:

Wer wissen will, wie weit es von einer Stadt zur andern ist, zwischen denen kein Punkt ist, der messe mit einem Zirkel von dem Punkt der einen Stadt zu dem Punkt der andern Stadt und setze den Zirkel hier unten auf die Punkte, von denen jeder eine gemeine (gewöhnliche) Preußische (?) Meile angibt, und jeder Strich zehn Meilen. Da aber die Meilen in den Ländern nicht gleich sind, nimmt man gewöhnlich die hier angegebenen Meilen mal fünf im Lande Schwaben(?), Hessen, Westfalen, Sachsen, Mark Pommern und Böhmen, und in der Schweiz teilt man die hier angegebenen Meilen durch zwei.
Nach dem Kompass wandert man folgendermaßen: Man legt die Karte flach hin und setzt den Kompass mit der Seite an eine Leiste oder gleich auf diesen Kompass (Abbildung). Nun dreht man die Karte, bis der Zeiger ausgerichtet ist. So liegt die Karte richtig. Man lässt sie so liegen und verrückt den Kompass, bis er mit der Seite auf den Punkten zweier Figuren steht und merkt sich die Zeigerstellung auf einen Achtelkreis genau. So steht der Zeiger auch, wenn man zwischen diesen Punkten entlangwandert.